Elogios para
Implacable

"*Implacable* avivará su pasión po[r] [...] [...]
decisión de estar firme en la fe y perseguir el destino que Dios ha estipulado para usted".

— JOYCE MEYER, AUTORA DE ÉXITOS DE VENTAS Y MAESTRA DE LA BIBLIA

"John Bevere tiene el mandato en su vida de servir al Cuerpo de Cristo. Su deseo de ver que todos se encuentran y viven el destino que Dios les ha dado es evidente en sus enseñanzas. Su amor por Cristo y su profunda revelación de la Palabra de Dios harán que usted también persiga la causa de Cristo de manera implacable".

— BRIAN Y BOBBIE HOUSTON,
PASTORES PRINCIPALES, HILLSONG CHURCH

"Una cosa es escribir sobre un tema, y otra ser una demostración viva de lo que uno comparte. Tanto en palabra como en su vida, John Bevere revela el poderoso efecto que produce la búsqueda implacable de los propósitos de Dios. Él inspira a los lectores a pasar de la pasividad espiritual a una búsqueda apasionada de la voluntad de Dios...¡un reto que vale la pena aceptar!".

— JAMES ROBISON, PRESIDENTE DE LIFE Outreach INTERNATIONAL,
FORTH WORTH, TEXAS

"John Bevere capta el criterio más importante para navegar a través de las vicisitudes de esta vida. Desafía a cada creyente a ir más allá del objetivo de la estabilidad para pasar al atributo mucho más necesario de convertirse en alguien *Implacable*. Las personas que logran grandes objetivos en su vida, lo hicieron en parte porque eran implacables. Le animo a tomarse el tiempo de leer atentamente esta palabra tan necesaria".

— OBISPO T. D. JAKES, THE POTTER'S HOUSE

"Hay demasiadas maravillas puntuales en la Iglesia. Muy pocos terminan fielmente. Pero no tiene por qué ser así. John Bevere, uno de los hombres más inspiradores en el Cuerpo de Cristo de nuestros días, nos desafía de manera convincente a que nuestras vidas no están destinadas a ser cuentos con moraleja de lo que podrían haber sido. Su fe y su pasión no tienen que apagarse o consumirse. Usted puede ser *Implacable*".

— STEVEN FURTICK, PASTOR PRINCIPAL,
ELEVATION CHURCH Y AUTOR DE SUN STAND STILL

"Cada libro que John Bevere escribe es una digna contribución para edificar una vida sólida, saludable y fructífera en Cristo y para Él. Gracia John, ¡por darnos otro ladrillo!".

— Jack W. Hayford

"Implacable es la forma en que el enemigo se comporta con nosotros. Es tiempo de que nosotros también seamos implacables tanto en nuestra fe como en nuestras acciones. Dios está levantando un pueblo tenaz que no descansará hasta hacer su voluntad. Este libro es una herramienta de valor incalculable para este propósito".

— Christine Caine, directora de Equip & Empower Ministries, y fundadora de The A21 Campaign

"Hace unos años me regalaron una pulsera que tenía grabada la palabra IMPLACABLE...y desde entonces la he llevado puesta, para que mi corazón recuerde mi búsqueda de Cristo y su propósito para mi vida. Este libro, escrito por el increíble John Bevere, sigue narrando la gran historia de nuestra pasión y búsqueda de Jesús y su increíble amor por nosotros. Sé que esta enseñanza abrirá el espacio de su corazón que desea más".

— Darlene Zschech, líder de alabanza y cantante/compositora

"*Implacable* es uno de los libros más espiritualmente provocadores que he leído. John nos anima a no solamente soportar esta vida sino a vencer con la autoridad de Dios en cada área de nuestras vidas. Es un mensaje oportuno de capacitación para el Cuerpo de Cristo que le lanzará hacia el llamado de Dios para su vida de una forma agresiva y osada. Si verdaderamente tiene el deseo de terminar bien y vivir de manera implacable en cada área de la vida a la que Dios le está llamando, tiene que leer este libro".

— Stovall Weems, pastor de Celebration Church, Jacksonville, Florida, y autor de *Awakening*

"El nuevo libro de John Bevere *Implacable* es uno que deben leer todos los que han experimentado algún tipo de adversidad. *Implacable* le ayudará a avanzar en la gracia de Dios a medida que Él usa los valles y las tormentas de la vida para equiparnos para su propósito para nosotros. John nos recuerda que Dios nunca nos deja y que nosotros tampoco deberíamos dejarle".

— Jentezen Franklin, pastor principal de Free Chapel, y autor de éxitos de ventas del *New York Times*

EL PODER QUE NECESITA PARA NO DARSE POR VENCIDO

IMPLACABLE

JOHN
BEVERE

CASA
CREACIÓN

La mayoría de los productos de Casa Creación están disponibles a un precio con descuento en cantidades de mayoreo para promociones de ventas, ofertas especiales, levantar fondos y atender necesidades educativas. Para más información, escriba a Casa Creación, 600 Rinehart Road, Lake Mary, Florida, 32746; o llame al teléfono (407) 333-7117 en Estados Unidos.

Implacable por John Bevere
Publicado por Casa Creación
Una compañía de Charisma Media
600 Rinehart Road
Lake Mary, Florida 32746
www.casacreacion.com

El texto Bíblico ha sido tomado de la versión Reina-Valera © 1960 Sociedades Bíblicas en América Latina; © renovado 1988 Sociedades Bíblicas Unidas. Utilizado con permiso. Reina-Valera 1960™ es una marca registrada de la American Bible Society, y puede ser usada solamente bajo licencia.

El texto bíblico indicado con «NTV» ha sido tomado de la Santa Biblia, Nueva Traducción Viviente, © Tyndale House Foundation, 2010. Usado con permiso de Tyndale House Publishers, Inc., 351 Executive Dr., Carol Stream, IL 60188, Estados Unidos de América. Todos los derechos reservados.

Originally published in English under the title:
Relentless by John Bevere
Copyright © 2011 by John P. Bevere Jr.
Published by WaterBrook Press,
an imprint of The Crown Publishing Group, a division of Random House, Inc.
12265 Oracle Boulevard, Suite 200 Colorado Springs, Colorado 80921 USA.

International Rights contracted through:
Gospel Literature International
PO Box 4060, Ontario, California 91761-1003 USA

This translation published by arrangement with WaterBrook Press, an imprint of The Crown Publishing Group, a division of Random House, Inc.

Spanish Edition © 2012 Casa Creación

Traducido por: Belmonte Traductores
Director de diseño: Bill Johnson

Visite la página web del autor: www.messengerinternational.org

Library of Congress Control Number: 2012931472
ISBN: 978-1-61638-759-4

Impreso en los Estados Unidos de América
12 13 14 15 16 ★ 7 6 5 4 3 2 1

Dedico este libro a mi hijo…

Alec Bevere

Has vencido obstáculos
y te has levantado sobre la adversidad.
Tu vida ya es un testimonio del favor y la gracia de Dios.
Estoy muy orgulloso de ti y te amaré siempre.

Índice

INTRODUCCIÓN

Poco después de comenzar a escribir este libro, vi una película que ilustra gráficamente la importancia de ser implacable. *Los demonios de la noche*, con Michael Douglas y Val Kilmer, está basada en un acontecimiento que ocurrió a finales del siglo XIX.

Contratan a un brillante ingeniero militar llamado Patterson (Val Kilmer) para supervisar la construcción de un puente ferroviario para atravesar el río Tsavo de Uganda y así aumentar el alcance del tren británico en el este de África. El proyecto ya va retrasado cuando Patterson llega al lugar.

Enseguida descubre por qué. Los trabajadores han ido desapareciendo. Se desvanecen bajo el manto de la noche, y nunca se les vuelve a ver. Patterson rápidamente se entera de que dos leones han estado merodeando por el campamento. Para impedir que sigan matando a hombres, pone trampas e intenta diferentes métodos, pero la pareja letal de leones parece anticiparse a los movimientos de Patterson y siempre logran escapar de sus trampas.

Cuando la cifra alcanza la treintena de muertos, el ferrocarril busca la ayuda del cazador estadounidense Charles Remington (Michael Douglas). Su habilidad en el rastreo y la caza es por todos conocida, sin embargo, los leones continúan matando a su antojo. Noche tras noche causan la muerte hasta que los trabajadores empiezan a creer que los leones son espíritus malignos a los que nadie podrá detener. Cuando la cifra de muertes sobrepasa los ciento treinta, el pánico y el temor se apoderan de los hombres en el campamento, y Patterson y Remington observan impotentes mientras los trabajadores huyen subiéndose a un tren que les sacará de Tsavo.

Y este es el momento decisivo que me conmueve. Las líneas están claramente dibujadas. Por un lado tenemos a un supervisor cobarde que alimenta el temor de sus hombres mientras les incita a abandonar el trabajo que habían acordado terminar. Por el otro lado tenemos a tres hombres, Remington, Patterson y el ayudante de Patterson, que *se niegan a abandonar* sus obligaciones o a permitir que el temor les lleve a la derrota.

A los tres hombres les queda hacer frente a los astutos monstruos por sí solos. Fracasan en su intento de matarles repetidas veces. La tarea que tienen por delante es desalentadora y extremadamente peligrosa. Podría costarles la vida, pero están decididos a detener la oposición y terminar el puente. Llevan consigo armas superiores. Remington y Patterson están convencidos de que finalmente vencerán si son sabios, vigilantes y decididos…y si se niegan a abandonar.

El espacio y el tiempo no me permiten dar muchos más detalles, pero debe saber esto: finalmente acabaron con los leones asesinos, pero la victoria llegó a un gran precio.

Los trabajadores regresaron, y ahora ven a su ingeniero del proyecto, Patterson, de una forma muy distinta. Él es quien se enfrentó a la muerte y no cedió. Los hombres le tienen en tan alta estima que se unen a su causa y logran lo que parecía imposible: ¡terminar el puente a tiempo!

Como embajadores de Dios, nosotros también construimos puentes. Los nuestros no cruzan ríos; unen la brecha entre el cielo y la tierra. De igual forma, nos enfrentamos a la oposición, y las Escrituras dibujan a nuestro adversario como un león que busca a quien devorar. Pero, al igual que los leones de Tsavo, nuestro enemigo no tiene armas…nosotros sí. Él ha sido desarmado, y nosotros nos hemos armado con las armas más poderosas que los hombres y las mujeres podrían tener.

Hay batallas que ganar y fortalezas que vencer. A menudo están arraigadas en mentalidades, modos de operación y patrones que el enemigo ha infundido en las personas de este mundo. Nuestra oposición es fuerte, pero "en Cristo" somos más poderosos.

Así que estamos ante una pregunta muy importante: *¿Seremos como los trabajadores temerosos que huyeron de la adversidad para salvar sus vidas, o seremos valientes e implacables en la consecución del mandato del cielo?* Creo que este mensaje incorpora verdades que tienen el potencial de forjar en usted una postura implacable. Estas verdades no sólo le fortalecerán para que sea más fuerte, sino que también le equiparán con el poder para vencer y marcar una diferencia positiva.

Es esencial que esté arraigado en este conocimiento. Durante demasiado tiempo el pueblo de Dios ha estado en el cautiverio y ha sido destruido por la falta del mismo (véase Isaías 5:13; Oseas 4:6). El conocimiento correcto establece un fundamento de fe, y por la fe producimos un cambio en un mundo perdido y oscuro.

Usted fue creado para marcar la diferencia en su ámbito de influencia. Juntos, ¡aceptemos en oración el desafío mientras descubrimos el poder implacable para no rendirnos nunca!

1

IMPLACABLE

Vale más terminar algo que empezarlo.

ECLESIASTÉS 7:8 (NTV)

Imagine que está de acuerdo conmigo en esto: *cómo "terminamos" es más importante que cómo "comenzamos".*

En la vida cristiana, la meta definitiva será cuando nuestro Señor nos diga al final: "Bien hecho, buen siervo y fiel".

¿Qué será necesario para que usted y yo oigamos esas increíbles palabras de Aquel que significa todo para nosotros?

Para terminar la vida bien necesitamos vivir la vida bien. No cabe duda de que esto incluye saber cómo "no abandonar". Significa tener un espíritu *implacable*.

¿Cómo adquirimos eso? ¿Y por qué es tan importante?

Sinceramente, me preocupa que muchos creyentes no vayan a terminar bien. Dios una vez me dio una visión aleccionadora que tiene que ver con el tema de este libro.[1]

> Un hombre estaba remando en una barca contra la fuerte corriente del río. Le costaba mucho avanzar contra la corriente del agua; era una tarea dura, pero factible.
>
> Otros barcos de pasajeros, mayores y más lujosos, pasaban a su lado frecuentemente río abajo. Las personas que iban en esos barcos se reían, bebían y estaban a gusto. De vez en cuando miraban al hombre que batallaba contra la corriente y se burlaban de él. Tuvo que luchar para obtener cada

centímetro de progreso mientras ellos hacían muy poco, nada, para avanzar.

Pasado un rato, el hombre se cansó de luchar contra la corriente. Cansado y desanimado, dejó de remar. Durante unos momentos siguió avanzando río arriba debido a la inercia, pero pronto comenzó a detenerse. Entonces algo triste y terrible ocurrió: aunque aún estaba orientado hacia arriba, su barca de remos comenzó a avanzar río abajo.

Pronto el hombre divisó otro barco de pasajeros. Este era diferente a los otros barcos porque, al igual que su propio barco, este barco también estaba orientado río arriba, pero avanzaba río abajo con la corriente. Este barco también transportaba personas que se reían, socializaban y estaban a gusto. Como señalaba río arriba, la dirección en la que el hombre quería ir, decidió subirse al barco y unirse a ellos. Se convirtieron entonces en un grupo unido. A diferencia de los otros barcos que vio viajando rio abajo, este barco miraba río arriba, pero tristemente, siguió avanzando río abajo con la corriente.

¿Cuál es la interpretación de esta visión? El río representa el mundo y la barca de remos es nuestro cuerpo humano que nos permite vivir y funcionar en este mundo. El hombre del barco de remos es un creyente; sus remos simbolizan la gracia inmerecida de Dios. Los barcos de pasajeros reflejan a los que se unen con un propósito, y la corriente del río representa el fluir de este mundo, que está bajo la influencia del maligno.

Con los remos de gracia, el hombre tiene la capacidad de resistir la corriente y avanzar contra corriente hacia su destino en hacer avanzar el Reino de Dios. Su fortaleza física representa su fe. Tristemente, su fortaleza flaquea y se cansa de luchar. No cree tener lo necesario cuando realmente sí lo tiene y, por consiguiente, al final se queda sin fuerza y abandona.

Cuando el hombre deja de remar, el barco continúa avanzando (río arriba) por un corto período de tiempo debido a la inercia, y aquí es donde entra el engaño. Él aún ve algo de fruto en su vida, aunque lo que lo produjo ya no le empuja. Cree falsamente que puede vivir a gusto, sin tener que estar alerta y vigilante, y al mismo tiempo tener una vida cristiana de éxito.

Finalmente, el barco se detiene, y entonces comienza a descender río abajo, lentamente al principio, pero finalmente a la velocidad de la corriente.

Esta es la parte reveladora de la visión: aunque su barco está señalando hacia arriba, él comienza a discurrir con la corriente. Ahora tiene la apariencia de un cristiano, conoce el lenguaje, las canciones y las manera del Reino, pero en realidad está siendo conformado según los patrones del mundo (véase 1 Juan 1:15-17).

Al final nuestro protagonista ve otro barco, un grupo de "creyentes" como él. Todos se consideran parte de la Iglesia porque también están orientados río arriba. Conocen el lenguaje, las canciones y las maneras. Sin embargo, están a gusto porque se han conformado con una vida "cristiana" sin fruto y están bajo la influencia del maligno que controla la corriente.

Los que están en este "barco cristiano" ya no son perseguidos ni nadie en el mundo de los no creyentes se burla de ellos. De hecho, son aceptados y a veces aclamados por los que ejercen la influencia en el mundo. Han dejado de presionar, proseguir, proseguir, como el apóstol Pablo animaba a todos los cristianos a hacer: "prosigo a la meta, al premio del supremo llamamiento de Dios en Cristo Jesús" (Filipenses 3:14). De hecho, estos creyentes desviados resisten muy poco o nada los caminos del mundo.

Piense en lo que escribió el apóstol Juan:

> Porque todo lo que hay en el mundo, los deseos de la carne, los deseos de los ojos, y la vanagloria de la vida, no proviene del Padre, sino del mundo. Y el mundo pasa, y sus deseos; pero el que hace la voluntad de Dios permanece para siempre (1 Juan 2:16-17).

La visión que le he descrito refleja tres tipos de personas: el *creyente*, el *no creyente* y el *engañado*.

- El *no creyente* fluye con la corriente, totalmente ajeno a la realidad de querer, querer, querer.
- El *creyente* debe proseguir, proseguir, proseguir en la lucha de la fe para obtener avance del Reino.
- El *engañado* esconde su motivo de querer, querer, querer a través de una "apariencia cristiana" y el mal uso de las Escrituras.

Sé que esta visión presenta una visión preocupante de las personas de fe en la actualidad, pero nos fuerza a cada uno de nosotros a plantearnos una pregunta vitalmente importante: "¿A qué persona me asemejo *yo*?". A fin de cuentas, la Palabra de Dios nos ordena...

Examinaos a vosotros mismos si estáis en la fe; probaos a
vosotros mismos. ¿O no os conocéis a vosotros mismos, que
Jesucristo está en vosotros, a menos que estéis reprobados?
(2 Corintios 13:5).

Después de ver esta visión y ser consciente de su interpretación,
quedé aún más convencido por estas palabras escritas a los cristianos
hebreos:

Por lo cual, levantad las manos caídas y las rodillas paralizadas;
y haced sendas derechas para vuestros pies, para que lo cojo no
se salga del camino, sino que sea sanado (Hebreos 12:12-13).

Como hijos de Dios, deberíamos querer desesperadamente terminar bien para su gloria. Usted y yo nunca deberíamos querer apar-
tarnos de la gracia de Dios cansándonos, dejando de remar y dejándonos
llevar por la corriente del sistema de este mundo.

Podemos ver en las Escrituras numerosos ejemplos de lo que
ocurre con las personas que terminan bien y con las que no. Piense en
Salomón, hijo de David, y el hombre más sabio, rico y poderoso de su
tiempo. Alcanzó alturas a las que ningún ser humano en generaciones
previas ni muchas generaciones después pudo ni siquiera acercarse. Sin
embargo, flaqueó (dejó de remar) en la última parte de su reinado, ale-
jando su corazón de Dios para alinearse con el sistema del mundo.

Como Salomón tenía muchas mujeres extranjeras, es muy probable que sufriera grandes conflictos en su casa por estar decidido a
darle lealtad y obediencia a Jehová. Para mantener la paz, no permaneció leal a Jehová, sino que construyó altares e incluso adoró a los
dioses ajenos de sus esposas.

Salomón sufrió grandemente por su necedad, pero sus hijos y nietos
también se vieron afectados incluso más profundamente. El reino que
se le confió, un reino fuerte debido a la fidelidad de su padre David y
que fue aún más fuerte con el excelente comienzo de Salomón, sufrió,
fue dividido y finalmente se desvaneció porque él no fue capaz de terminar bien. La historia de Israel habría sido muy distinta si Salomón
hubiera permanecido *implacable*.

Comparemos ahora a Salomón con Juan el Bautista. Juan era decidido y se aferraba a la verdad, viviéndola y proclamándola con valentía.
Al igual que Salomón, sufrió la adversidad, pero las posibles consecuencias de Juan eran mucho peores, porque no fue una o varias esposas,
sino el rey de Judea el que no aceptó la verdad que Juan proclamaba.
Salomón tuvo un conflicto interno, en su propia casa, pero Juan sufriría

la cárcel, torturas y posiblemente la muerte. Sin embargo, en medio de unas consecuencias tan crueles y extremas, Juan permaneció inconmovible en su declaración de la verdad, tanto en la manera en que vivía como en el mensaje que proclamaba. El resultado: el legado de Juan es superior al de Salomón.

Pero Juan y Salomón no fueron los únicos que conocieron la adversidad, la fuerte corriente de un río, sino que también nos ha pasado a usted y a mí. Nos encontramos en una seria batalla contra la falta de valores en el mundo. Su influencia es poderosa, engañosa, seductora. Es muy fácil cansarse, pensar que no pasa nada por dejar de perseverar, relajarse y dejarse llevar por las corrientes actuales. Pero la única forma en que usted y yo podemos terminar fuertes es siendo implacables en nuestra fe. Al hacerlo nos convertiremos en algo que tendrán que tener en cuenta, una amenaza genuina para el reino de las tinieblas.

Un espíritu implacable

¿Qué significa ser implacable? El término describe una actitud o postura de decisión, persistencia y rigidez. Dicho de manera simple, es no ceder o transigir. Transigir es ser más benévolo, aflojar o incluso conceder. Algunos sinónimos que nos ayudan a definir implacable son "firme, riguroso, severo, intransigente, imparable, tenaz", e incluso "obstinado". Otras descripciones incluyen "constante, valiente, decidido, firme, persistente" y "estricto".

Implacable se puede aplicar a una fuerza maligna y rígida, pero para nuestros propósitos vamos a considerarlo en un sentido bueno y positivo. Por tanto, aplicaremos el término a alguien que es valiente, osado y decidido a terminar la tarea que tiene entre manos. Ya sea a corto o largo plazo, un corazón implacable terminará conforme al fin deseado. Nada le hará desviarse de terminar el objetivo.

Al contemplar a un creyente implacable, hablaremos de alguien que es totalmente rígido en su fe, esperanza y obediencia a Dios, a pesar de la adversidad. El creyente implacable, comprometido en cada área a terminar bien, es alguien que hace historia en el sentido más estricto de la palabra, y se le recordará siempre en el cielo como alguien que mereció la acogida del Maestro: "Bien hecho".

Estas palabras acerca de ser implacable no siempre han descrito a un hombre que conozco bien: ¡yo! De hecho, en vez de tener un espíritu implacable, tuve un espíritu "de abandono". Para ser claro, me rendía.

Me convertí en hijo de Dios en 1979 mientras estudiaba en Purdue

University. Al terminar ese semestre regresé a casa rebosando tanto entusiasmo que inmediatamente compartí mi nueva fe con mis padres católicos. ¿La respuesta de mi madre? "John, esta es una de tus nuevas modas. Pronto lo dejarás cómo has hecho con todo".

> El creyente implacable... es alguien que hace historia en el sentido más estricto de la palabra.

El penetrante picotazo de su comentario no fue sus palabras negativas o lo que parecía una acusación degradante. No, fue precisamente lo opuesto porque, aunque me doliera, ella tenía razón: yo tenía un historial de dejar casi todo.

Me acuerdo de luchar con el temor, al ser soltero, de no ser capaz de tener un matrimonio duradero. Normalmente dejaba de ver a las chicas después de la segunda o tercera cita. Eran atractivas y talentosas, y tenían una gran personalidad, pero me cansaba de ellas. Otros chicos después salieron con esas mismas chicas y formaron relaciones duraderas. Pero mi patrón era ir de una chica a otra.

Y no era solamente en cuestiones de chicas donde lo dejaba. Comencé a tomar clases de piano, pero rogué que me sacaran después de seis meses. Mis padres no me lo permitieron, así que finalmente me volví tan apático que mi maestra de piano les rogó a mis padres que me permitieran dejar el piano. En todos sus años como maestra de piano, ¡yo fui el único estudiante al que animó a dejarlo!

Después, hablé con mis padres para que me permitieran tomar clases de guitarra. Compramos una guitarra muy cara y comencé a rasguear con pasión, pero duró sólo unos meses.

En el deporte, el mismo resultado. Jugué al beisbol y lo dejé después de un par de años. Después fue el baloncesto, y me duró tan sólo una temporada. Luego fue el turno del golf, y de nuevo no pasó de un año. En atletismo: el mismo resultado.

La lista continúa. Comenzaba a leer libros pero nunca los terminaba. En la secundaria leí sólo un libro de pasta a pasta: *El viejo y el mar*, de Ernest Hemingway. Era una lectura obligatoria, y como el libro era corto y me gustaba pescar, lo terminé.

Me uní a varios clubes y tras un corto período de tiempo los dejé. Comencé a ver cosas de especial interés para mí y compré equipos muy caros, sólo para que se quedaran en el armario o se oxidaran por falta de uso después de un fuerte y entusiasmado comienzo.

En resumidas cuentas, mi mamá tenía razón con su declaración. ¿Volvería a repetir mi patrón de comportamiento tan arraigado en mí? ¿Abandonaría el cristianismo, la nueva fe que había encontrado en Dios, mi nueva pasión? ¿Terminarían mis Biblias y libros de estudio en el armario junto a mis otros intereses cortamente vividos?

La buena noticia es que este antiguo derrotista ha permanecido apasionado por Jesucristo durante más de treinta años hasta el día de hoy. Estoy tan comprometido hoy, sí, incluso más, que cuando llegué a casa y les hablé a mis padres sobre mi nueva fe. El Dios Todopoderoso, mi Padre, me cambió para dejar de ser alguien que se cansaba rápidamente, y a través de su Espíritu Santo, formó dentro de mí la virtud de un espíritu implacable.

Dios me hizo ser un *creyente implacable*.

Si usted ha recibido a Jesucristo como su Señor, esa misma virtud está disponible para usted, pero hay que desarrollarla. Ese es el propósito de este libro: revelar cómo puede aumentar y mejorar esta capacidad que Dios le ha dado gratuitamente para que pueda vivir bien y terminar fuerte.

DIOS ESCRIBIÓ UN LIBRO ACERCA DE USTED

¿Sabe quién es usted y lo mucho que Dios le necesita para cumplir su destino de avanzar su causa aquí en la tierra? ¿Le sorprende que el Padre celestial dependa de usted?

¡Dios ha diseñado específicamente toda una vida para usted! Toda su vida fue desarrollada antes de que usted naciera. El salmista declara:

> Me viste antes de que naciera.
> Cada día de mi vida estaba registrado en tu libro.
> Cada momento fue diseñado
> antes de que un solo día pasara (Salmos 139:16, NTV).

Dios escribió un libro acerca de usted incluso antes de que sus padres pensaran en tenerle, *antes de que un solo día pasara*. Los famosos y los gobernantes no son los únicos con libros que cuentan la historia de su vida. No, su historia también ha sido escrita, pero la asombrosa realidad es esta: fue Dios el que la desarrolló y escribió antes de que usted naciera.

Quizá proteste, diciendo: "John, ¡no tienes idea de con quién estás hablando! Mi vida ha tenido baches, golpes e incluso naufragios a causa de mis malas decisiones. ¿Planeó Dios todo eso?".

No, ¡y mil veces no! Dios planeó nuestras vidas, y nos toca a nosotros decidir tomar buenas decisiones para caminar en el estimulante camino que Él creó para nosotros. Las malas decisiones nos pueden desviar, pero el arrepentimiento genuino puede enderezar el barco.

Quizá se pregunte de nuevo: "Pero me han ocurrido cosas terribles que no fueron resultado de malas decisiones. La vida me ha deparado golpes muy duros. ¿Acaso planeó Dios esas decepciones y dificultades?".

¡Otra vez, no! Vivimos en un mundo caído y, por consiguiente, Jesús dijo que tendríamos tribulaciones y que sufriríamos adversidades. La buena noticia es que como Dios sabía qué tipo de males vendrían sobre usted antes de que naciera, en su sabiduría preparó caminos para escapar e incluso salir triunfante. Por eso en su Palabra llama a los creyentes implacables "vencedores".

Hebreos 12:1 nos exhorta a todos: "corramos con paciencia la carrera que tenemos por delante". Dios ha puesto delante de usted, de mí y de todos sus hijos una carrera. Para que pueda terminar la carrera bien tendrá que correr con paciencia, o siendo *implacable*. No se puede terminar de ninguna otra manera. Es interesante observar que esta es la única virtud que destaca este pasaje. El escritor no dice: "Corramos con alegría" o "corramos con propósito" o "corramos con seriedad". No me malentienda; la felicidad, el propósito y la seriedad, como muchas otras virtudes, son importantes en el caminar cristiano, pero la virtud clave aquí es implacable.

Es necesario un espíritu *implacable* para poder terminar bien. Para terminar bien se necesita paciencia y aguante. Me encanta el pasaje de Hebreos 12:1 en una versión de la Biblia que dice: deja lo demás, empieza a correr, ¡y nunca abandones! Terminar nuestra carrera es crucial no sólo para nosotros sino también para todos aquellos a los que debemos influenciar. Es importante no darnos la vuelta ni desviarnos del camino que Dios ha puesto ante nosotros. Si usted es un hijo de Dios, ¡tiene todo lo que necesita! Dios ha puesto dentro de usted ese poder que le capacita, el Espíritu Santo. Si se mantiene firme, podrá declarar con el apóstol Pablo: "He peleado la buena batalla, he acabado la carrera, he guardado la fe" (2 Timoteo 4:7).

Quizá esté sufriendo la adversidad en su matrimonio, familia, empleo, empresa, escuela, finanzas, salud o en cualquier otra área. Su situación puede parecerle desesperante y sin solución: corrientes de aguas que intimidan y agotadoras que intentan forzarle a abandonar y navegar con la corriente. La buena noticia es esta: "Para los hombres es imposible, mas para Dios, no; porque todas las cosas son posibles para Dios" (Marcos 10:27). No importa lo difíciles que sean sus circunstancias, no son imposibles para Dios. Pero Jesús puso un calificativo importante en esta promesa. *Si puedes creer*, dijo Jesús, "al que *cree* todo le es posible" (Marcos 9:23). Para ver que lo imposible se convierte en posible es necesario que la personas sea un *cristiano implacable*. De esto se trata este mensaje: estar frente a algo que sobrepasa su capacidad humana y, por la fuerza y la gracia de Dios, ver que lo imposible se hace posible.

¡Escúcheme! Dios desea llamarle "grande delante de Dios" (Lucas 1:15). Él está *de su lado*, y nadie quiere que usted tenga éxito en la vida más que Dios mismo. Él ha preparado para usted una vida fabulosa y anticipa un gran final en el que usted dejará un legado de fe, significado y grandeza para beneficio de otros. Pero todo depende de que usted sea un creyente *implacable*.

Quizá esté pensando: *Pero John, honestamente, yo no soy exactamente una persona decidida. No tengo un historial de permanecer firme en las situaciones difíciles.*

Si esto le describe a usted, tengo más buenas noticias. Su historial no

> Nadie quiere su éxito en la vida más que Dios.

importa, porque por la gracia de Jesucristo usted no está destinado a repetir el pasado. No me cabe duda de que es posible que usted se convierta en un *creyente implacable* y que termine bien. Usted es un candidato para el gran gozo al ver un fin deseable. Ya sea para un capítulo corto de su vida o para toda su vida, usted está destinado a ser grande delante de Dios. ¡Esta es su promesa!

No hay manera de escapar de la adversidad que nos espera a todos si seguimos el camino de Jesús. Las probabilidades son altas, y las recompensas eternas de valor incalculable. Usted tiene un enemigo despiadado que, hablando claro, quiere destruir su influencia y arruinar la misión que Dios le ha encomendado. Por lo que respecta a Satanás, usted es una amenaza y él debe detenerle; sin duda que él se alegrará cuando usted esté "muerto". Pero debido a lo ocurrido en la cruz, ¡Satanás es un enemigo derrotado! Todas las batallas que libremos contra él ¡ya están ganadas de antemano! Pero aun así tenemos que luchar contra él, contra sus ejércitos y su influencia, de manera implacable. Juntos aprenderemos cómo.

Usted ha sido creado para marcar la diferencia en este mundo. Es un hijo del Rey, destinado a gobernar en su nombre. ¡Las llaves del Reino están en su bolsillo! Si camina cerca de Él y comprometido a ser implacable en su fe, Él le dará toda la fuerza y guía que usted necesite para vencer las fuertes corrientes que fluyen en contra de usted.

Antes de continuar, encomendemos este viaje juntos al Señor:

Amado Dios, que al leer este libro tu Espíritu Santo me enseñe e ilumine. Quiero más que una mera información o inspiración; quiero conocer las riquezas y la grandeza del llamado que has puesto sobre mi vida. Quiero conocer el poder que has puesto dentro de mí para alcanzar mi destino.

Por medio de este mensaje, fortaléceme para estar firme en la verdad e implacable en la batalla contra cualquier adversario que se levante para obstaculizar lo que tú quieres lograr a través de mí. Tú me has traído para un tiempo como este; oro para que el mensaje de Implacable me equipe para ayudarme a cumplir tu plan divino mientras doy gloria a tu nombre y gozo a tu corazón. Hago esta petición en el nombre de Jesucristo. Amén.

2

Reinar en vida

Porque la palabra de Dios es viva y eficaz.

Hebreos 4:12

Si leyéramos la Palabra de Dios exactamente como es, la mayoría de nosotros seríamos drásticamente diferentes de lo que somos.

A veces nuestro mayor desafío es simplemente creer más a su Palabra que a nuestras condiciones existentes. Si sus asuntos no le son favorables en este instante, usted sabe que eso puede cambiar, que sus circunstancias no son para siempre. Lo único que es absolutamente inconmovible es la Palabra de Dios. Jesucristo dijo hace años: "El cielo y la tierra pasarán, pero mis palabras no pasarán" (Lucas 21:33). Mire hacia arriba y observe el sol que le ha dado luz y calor a nuestro planeta desde que el hombre ha estado aquí. Pasará antes de que se demuestre que la Palabra de Dios no es verdadera. ¡La Palabra de Dios permanece para siempre!

Nuestro Padre Todopoderoso declara: "Porque yo apresuro mi palabra para ponerla por obra" (Jeremías 1:12). Observe que Él está listo. ¿Cuándo lo hará? La respuesta simple es: cuando alguien cree en Él. Jesús afirma que "al que cree todo le es posible" (Marcos 9:23). ¡Así que creamos de manera implacable!

Vamos a reinar en esta vida

En los próximos cuatro capítulos vamos a explorar y desarrollar una verdad extremadamente importante, una verdad que es vital para nuestro intento de terminar bien como creyentes implacables. Le avisaré de que quizá pudiera parecer que nos estamos desviando un poco del tema, pero permanezca conmigo. Le aseguro que al final todo encajará para ayudarnos a terminar nuestro viaje.

Con esto en mente, examinemos uno de los versículos más poderosos del Nuevo Testamento:

> Mucho más reinarán en vida por uno solo, Jesucristo, los que reciben la abundancia de la gracia y del don de la justicia (Romanos 5:17).

Lea cuidadosamente la frase *reinarán en vida*. Otra versión en inglés dice reinarán como reyes en vida. Usted y yo, como hijos de Dios, ¡tenemos que reinar como reyes o reinas! Estas palabras no son solamente palabras de hombre, porque sabemos que "toda la Escritura es inspirada por Dios" (2 Timoteo 3:16). Por tanto, Dios dice literalmente que *reinaremos en vida* por el poder de su Hijo. Observe que no dice: "Reinarán en el cielo algún día" o "reinarán en la próxima vida". No; dice claramente que debemos reinar en esta vida como reyes o reinas por medio de Cristo.

Una de las principales definiciones de mi diccionario de un rey o reina es alguien que es supremo o preeminente en una esfera en particular. La palabra *reinado* se define como dominio o basta influencia. Reinar como rey o reina es tener un dominio supremo e influencia sobre una esfera en particular. ¿En qué esfera debemos ser insuperables o supremos? En la esfera de la vida.

En otras palabras, la vida en esta tierra no nos debe superar; tenemos que gobernarla. Esta es la Palabra de Dios, ¡su promesa para usted! Le animo a fijar esto firmemente en su corazón.

TÓPICO

Piense en el tópico que todos hemos oído decir durante años. Cuando las situaciones se vuelven difíciles, desfavorables, perjudiciales e incluso ponen en peligro nuestra vida, personas con buenas intenciones a menudo lanzan el tópico asegurando que "Dios está en control". Esta frase implica que no hay razón para luchar contra la oposición porque Dios, debido a su gran amor y buena naturaleza, de algún modo cambiará la adversidad que le rodea por un bien final porque Él es quien está en control de todo.

La verdad es que *Dios nos pone a nosotros en control*. Ahora bien, antes de que deje de leer este libro, por favor escúcheme.

En los Salmos leemos: "Los cielos son los cielos de Jehová; Y ha dado la tierra a los hijos de los hombres" (Salmos 115:16). Otra versión en inglés dice que los cielos son de Dios, pero nos ha puesto como encargados de la tierra.

¿Quiénes están a cargo de la tierra? ¡Nosotros!

El Dios Todopoderoso es el Creador soberano, y tomó la decisión soberana de dar al hombre el gobierno de la tierra y cómo tratar los asuntos pertenecientes a la misma. Si Dios hubiera retenido el control de la tierra como muchos creen, entonces cuando Adán comenzó a llevarse el fruto prohibido a la boca, Dios habría intervenido y se lo habría quitado de su mano. "¿Qué ocurre contigo, Adán?", habría exclamado Dios. "¿No ves las consecuencias de lo que estás a punto de hacer? ¿No te das cuenta de todo el dolor, sufrimiento, enfermedad, dolencia, hambre, pobreza, asesinato, robo y muchas cosas más que vendrán sobre ti y tus descendientes? Eso sin mencionar los terremotos, tornados, huracanes, pestilencia, sequías y peligros de animales salvajes. ¿No entiendes que toda la naturaleza entrará en un estado de corrupción? Y, lo más importante, ¿que yo tendré que enviar a mi propio Hijo para sufrir una muerte terrible para volver a redimir para mí a la humanidad?".

Pero Dios no frenó a Adán, porque Él había entregado la tierra como legado a la humanidad. Nuestro amoroso Creador Dios no es como muchos que dan autoridad y después la revocan si no les gusta la manera en que se está ejerciendo. Cuando Dios da algo, es un regalo permanente. Así lo dice su Palabra: "Porque irrevocables son los dones y el llamamiento de Dios" (Romanos 11:29).

Alguno puede debatir, diciendo: "Pero la Biblia dice que 'De Jehová es la tierra y su plenitud'" (Salmos 24:1). Como respuesta, permítame contarle algo que ha formado parte de nuestra familia en los últimos años.

> Cuando Dios da algo, es un regalo permanente.

Hace ya algún tiempo, Shirley, la madre de Lisa, que tiene setenta años, vivía sola en un apartamento de Florida sin ningún pariente cerca. Lisa y yo realmente queríamos que estuviera cerca de nuestra familia, y un día Lisa vio unos apartamentos en venta a no más de cinco minutos de nuestra casa. ¡Eran perfectos! Así que fuimos a Shirley con una oferta de compra de uno de los apartamentos para que ella viviera, y le invitamos a formar parte de nuestro equipo en Messenger International. Mamá aceptó gozosa. Compramos el apartamento, y para que Mamá se sintiera un tanto independiente, decidimos cobrarle un alquiler simbólico mensual. Hace un par de años que se mudó, y está floreciendo en todas las áreas de su vida.

Durante todo este tiempo como propietario, no le he dicho ni una sola vez cómo debe decorar su casa o situar los muebles, lo que debe cocinar para desayunar, comer o cenar, o qué electrodomésticos comprar. La mamá de Lisa está a cargo de las operaciones diarias. Yo soy el propietario de la casa, yo tengo el título de propiedad de la casa, pero se la he alquilado y es ella quien debe hacerse cargo de los asuntos de esa propiedad como desee. Ella puede pedirme ayuda cuando quiera, pero yo no voy a intervenir a menos que me lo pida.

Del mismo modo, la tierra es del Señor, Él es el propietario, pero se la ha alquilado a la humanidad. Escuche lo que Él dijo cuando nos creó y nos dio el "apartamento" de la tierra:

> Así que Dios creó a los seres humanos a su propia imagen. A imagen de Dios los creó; hombre y mujer los creó. Luego Dios los bendijo con las siguientes palabras: «Sean fructíferos y multiplíquense. Llenen la tierra y gobiernen sobre ella» (Génesis 1:27-28, NTV).

Dios nos puso a cargo de su gran apartamento. Usted y yo, y no Dios, estamos en control de cómo se debe vivir la vida en este planeta.

UN NUEVO PROPIETARIO

El gran problema se produjo en el huerto del Edén, cuando el diablo entró en el cuerpo de la serpiente y convenció a Adán y Eva para desobedecer la Palabra de Dios y creer su mentira. Cuando la humanidad hizo esto nos entregamos a un nuevo propietario cuyo nombre es Satanás. Y no sólo nos dimos a él, sino que también le dimos todo lo que estaba bajo nuestro dominio. Todos los descendientes de la humanidad, así como la naturaleza misma, ahora estaban bajo el dominio del maligno.

Este cambio cuántico al nuevo propietario explica el encuentro que más tarde hubo entre Satanás y Jesús. El diablo llevó a Jesús a la cima de una montaña y le mostró todos los reinos del mundo. Satanás se los ofreció: "A ti te daré toda esta potestad, y la gloria de ellos; *porque a mí me ha sido entregada*, y a quien quiero la doy" (Lucas 4:6).

¿Cuándo se le "entregaron" todos los reinos del mundo al diablo? Ocurrió en el huerto del Edén miles de años antes cuando Adán abandonó el derecho a reinar la tierra que Dios le había confiado. Lo que Dios le había dado al hombre ahora estaba en manos de su archienemigo. Por eso las Escrituras nos dicen: "Sabemos que somos de Dios, y el mundo entero está bajo el maligno" (1 Juan 1:9).

EL PLAN DE RECUPERACIÓN

Dios deseaba volver a poner en manos de la humanidad lo que Adán perdió. Sin embargo, no podía venir en forma de deidad y arrebatarla, porque Dios no retracta la autoridad que da y Adán la había entregado de manera oficial. Un hombre la perdió, así que un Hombre debía recuperarla. Por eso Jesús tuvo que venir como el "Hijo del Hombre". Nació de una mujer, lo cual le hizo cien por ciento hombre. Su padre fue el Espíritu Santo, lo cual le hacía cien por ciento Dios (y así estar libre de la maldición del pecado). Sin embargo, se nos dice claramente que "se despojó a sí mismo, tomando forma de siervo, hecho semejante a los hombres" (Filipenses 2:7). Aunque era Dios, dejó a un lado su deidad y caminó por esta tierra como un hombre.

Jesús vivió en una perfecta obediencia a su Padre. Debido a su inocencia y voluntaria aceptación de la cruz, pudo volver a comprar con su propia sangre lo que Adán había perdido. Las Escrituras dicen que "despojando a los principados y a las potestades, los exhibió públicamente, triunfando sobre ellos en la cruz" (Colosenses 2:15). Ahora sólo Él posee la autoridad que Adán entregó. Por eso Él dice claramente: "Toda potestad me es dada en el cielo y en la tierra" (Mateo 28:18).

Un día Él volverá y restaurará toda la naturaleza como estaba antes de la caída de Adán en el huerto del Edén. Como escribió el apóstol Pablo:

> Porque la creación fue sujetada a vanidad, no por su propia voluntad...porque también la creación misma será libertada de la esclavitud de corrupción, a la libertad gloriosa de los hijos de Dios (Romanos 8:20-21).

La naturaleza está aún sujeta a vanidad: nuestros cuerpos físicos aún envejecen y mueren, el mundo físico está aún corrupto y decae, las bestias salvajes siguen cazando y comiéndose a los animales más débiles, las serpientes siguen teniendo veneno mortal, la enfermedad sigue creciendo y los huracanes y tornados aún destruyen. Sin embargo, hay Alguien que tiene autoridad sobre todo y puede darle la vuelta a la situación, y es Cristo.

¿Quién es Cristo?

Por tanto, la pregunta ahora es esta: ¿Quién es *Cristo*? Es aquí donde una mente sin renovar les roba una vez más a los hijos de Dios. Cuando muchos piensan en Cristo, piensan sólo en Jesucristo, casi como si *Cristo* fuera su apellido. Estas personas preciosas no piensan en otra cosa que en nuestro Gran Rey que murió en la cruz y resucitó. Sí, el nombre *Cristo* se refiere a nuestro Señor y Salvador, pero veamos lo que dice la Palabra de Dios.

Pablo nos dice: "Vosotros, pues, sois el cuerpo de Cristo, y miembros cada uno en particular" (1 Corintios 12:27). Nosotros los creyentes, juntos, somos el Cuerpo de Cristo. Cada uno de nosotros es una "parte del Cuerpo" vital. Jesús es la cabeza, y nosotros somos el cuerpo; ¡así de simple!

Individualmente, usted tiene una cabeza encima de sus hombros, pero también tiene dos manos, dos pies, dos rodillas, dos brazos, un pecho, un estómago, un hígado, dos riñones, etcétera. Cuando piensa en usted, ¿piensa en su cabeza como algo separado o distinto de su cuerpo? ¿Llamaría usted a su cabeza de una forma y a su cuerpo con otro nombre diferente? Claro que no. Usted es un ser, una persona. Si usted viera mi cabeza, se refería a ella como John Bevere. Si mi cabeza estuviera momentáneamente oculta, y usted viera sólo mi cuerpo, aún se referiría a él como John Bevere. Mi cabeza y mi cuerpo son uno.

Del mismo modo, la cabeza de Cristo y su Cuerpo son uno. Jesús es la cabeza, y nosotros somos partes diferentes de su Cuerpo, por eso somos uno en Cristo. Así que cuando usted lee *Cristo* en el Nuevo Testamento, tiene que ver no sólo a Aquel que murió en la cruz sino también a usted mismo. Por eso la Escritura dice: "Porque el que santifica y los que son santificados, de uno son todos" (Hebreos 2:11). Jesús mismo oró: "Mas no ruego solamente por éstos, sino también por los que han de creer en mí por la palabra de ellos, para que todos sean uno; como tú, oh Padre, en mí, y yo en ti, que también ellos sean *uno en nosotros*" (Juan 17:20-21).

Usted es uno con Jesús. ¡Literalmente, *uno*!

Para que no piense que estoy sacando un sólo versículo o dos de su contexto, permítame compartir rápidamente algunos otros versículos que fortalecerán su fe y su entendimiento de este emocionante principio. Le pido que lea despacio y meditando estos versículos como si nunca antes los hubiera leído:

- Pedro escribe que hemos sido renacidos por la Palabra de Dios para que podamos ser "participantes de la naturaleza divina" (1 Pedro 1:23; 2 Pedro 1:4). La palabra naturaleza se define como "las cualidades innatas o esenciales, o el carácter de una persona". Usted y yo tenemos las mismas cualidades esenciales de Jesús, así como mi mano tiene la misma composición genética que mi cabeza porque soy un ser humano, y no *dos*.

- El apóstol Juan escribe: "Porque de su plenitud tomamos todos" (Juan 1:16). ¿Ha visto la palabra *plenitud*? Cuando unimos las palabras de Juan con las de Pedro, encontramos que hemos recibido la *plenitud* de las cualidades esenciales de Cristo o su composición genética espiritual.

- Después, en su primera Epístola, Juan escribe: "Pues como él [Jesús] es, así somos nosotros en este mundo" (1 Juan 4:17). No se está refiriendo a la siguiente vida en este pasaje. No, escribe en tiempo presente: Como Jesús es, así somos *nosotros*. Exactamente como Jesús es, así también somos nosotros ¡ahora mismo, hoy!

- Pablo escribe: "¿No sabéis que vuestros cuerpos son miembros de Cristo?" (1 Corintios 6:15). La forma en que dice esto implica que este conocimiento debería ser básico. ¿Le falta esta realidad elemental? ¿Verdaderamente creemos como Iglesia estas palabras?

LA AUTORIDAD DE CRISTO

Ahora que sabemos que estamos incluidos cuando oímos la palabra *Cristo*, veamos lo que significa esta revelación en cuanto al nivel de poder y autoridad que tenemos en Él. En su carta a los Efesios, Pablo oró apasionadamente para que cada seguidor de Cristo pudiera comprender "la supereminente grandeza de su poder" (Efesios 1:19).

¡Qué palabras tan descriptivas! ¡Qué magnitud implícita! ¿Está usted de acuerdo en que el Señor de gloria tiene un poder ilimitado e inmensurable? ¿Afirmaría usted que su poder sobrepasa con mucho cualquier grandeza, cualquier otra autoridad, cualquier otro poder que pudiera haber en el universo? Estoy seguro de que usted apoyará esta idea sin dudarlo.

Sin embargo, ¿diría usted lo mismo acerca de *usted*? Más importante aún, ¿realmente lo creería? Si no es así, sin darse cuenta se ha separado de Cristo. ¿Es usted parte de un cuerpo diferente? ¿No es usted parte de Cristo, miembro de su Cuerpo? Quizá esté pensando:

John Bevere, ¡se está usted arriesgando demasiado! ¿De verdad? Para demostrarle que no, continúe con la siguiente frase del versículo anterior: "y cuál la supereminente grandeza de su poder *para con nosotros los que creemos*" (Efesios 1:19).

Pablo estaba haciendo referencia a nosotros todo el tiempo. ¿Por qué? Como creyente en Jesucristo, usted es parte de Cristo. Por tanto, ¡usted tiene exactamente el mismo poder que tiene Cristo! "Pues como él es, así somos nosotros en este mundo". ¿Está permitiendo que esto cale en su corazón?

Sigamos analizando la oración que hace Pablo por nosotros en Efesios:

> …según la operación del poder de su fuerza, la cual operó en Cristo, resucitándole de los muertos y sentándole a su diestra en los lugares celestiales (Efesios 1:19-20).

¿Cree usted que el Señor Jesucristo fue crucificado, murió, fue sepultado, resucitó de los muertos y ahora está sentado en los lugares celestiales de autoridad? Si usted es un cristiano auténtico, seguro que lo cree. ¿Pero cree todo esto con respecto a *usted mismo*? Es muy probable que la mayoría de los creyentes no se vean de este modo. Sin embargo, Pablo escribe:

> ¿O no sabéis que todos los que hemos sido bautizados en Cristo Jesús, hemos sido bautizados en su muerte? Porque somos sepultados juntamente con él para muerte por el bautismo, a fin de que como Cristo resucitó de los muertos por la gloria del Padre, así también nosotros andemos en vida nueva (Romanos 6:3-4).

Observe que este pasaje no se refiere al hecho del bautismo en agua, sino a nuestra "inmersión" en el Cuerpo de Cristo por el Espíritu de Dios cuando nacimos de nuevo (véase 1 Corintios 12:13). Nosotros somos el Cuerpo de Cristo; por tanto, en el momento en que fuimos inmersos en Él, nuestra historia cambió. Morimos con Él, fuimos sepultados con Él, resucitaremos con Él, y, como seres nuevos, ¡vivimos como vive Él! Otra vez: "Pues como él es, así somos nosotros en este mundo". ¡Estamos en Cristo! *Somos* Cristo! ¡Somos su Cuerpo! ¡Somos uno con Él!

Según Efesios 1:20, como somos parte de Cristo ahora estamos sentados en un lugar de gobierno. De hecho, es el lugar de autoridad más alto en el universo, después del que tiene Dios Padre. Jesús dijo:

"Toda potestad [todo el poder para reinar] me es dada en el cielo y en la tierra" (Mateo 28:18). Pablo continúa:

> Sobre todo principado y autoridad y poder y señorío, y sobre todo nombre que se nombra, no sólo en este siglo, sino también en el venidero (Efesios 1:21).

¿Cree usted que el Señor Jesús está sentado por encima de todo reino, autoridad y poder en este mundo y en el universo? Como cristiano, claro que sí. Pero le vuelvo a preguntar: ¿Cree esto con respecto a *usted mismo*? Quizá no se ve así. Es muy probable que no crea esta realidad.

> Como somos parte de Cristo ahora estamos sentados en un lugar de gobierno.

Si es así, se ha separado de Cristo en su pensamiento o en lo que cree. ¿Es usted parte de un cuerpo diferente? No, ¡usted es parte de Cristo! Todos estamos en Cristo. Todos *somos* Cristo. ¡Somos su Cuerpo! Escuche con atención cómo Pablo confirma esto:

> Y sometió todas las cosas bajo sus pies, y lo dio por cabeza sobre todas las cosas a la iglesia, la cual es su cuerpo, la plenitud de Aquel que todo lo llena en todo (Efesios 1:22-23).

Somos su Cuerpo, la medida completa de Jesucristo, totalmente uno con Él. Pablo dice que sometió *todas las cosas* bajo sus pies. Aunque usted sea un dedo del pie del Cuerpo de Cristo, aun así está muy por encima, no sólo un poco, de todo reino, poder y dominio en esta tierra y debajo de la tierra. En Cristo, su autoridad ha sido restaurada y hecha aún mayor que la que perdió Adán.

Es muy posible que Dios previera que nos costaría entender la magnitud de esta realidad, por eso inspiró a Pablo a dejarlo muy claro en el segundo capítulo de Efesios. No deja lugar a dudas. Recuerde que los capítulos y los versículos se añadieron después: esto es una carta, un pensamiento continuo:

> Y juntamente con él nos resucitó, y asimismo nos hizo sentar en los lugares celestiales con Cristo Jesús (Efesios 2:6).

La cabeza no está separada del cuerpo. Todos estamos juntos, sentados en un lugar de gobierno, autoridad y poder en la esfera de lo celestial. En otras palabras, estamos en una esfera que está por encima de cualquier fuerza de esta tierra, es más, ¡*muy por encima*!

No hay ni un sólo demonio, ángel caído, o incluso el mismo Satanás

que tenga poder o autoridad sobre nosotros. Reinamos de manera
suprema ¡debido a nuestra posición y autoridad en Cristo!
¡Aleluya!

REINAR EN VIDA

A la luz de lo que hemos destacado, volvamos a leer el versículo que
citamos al principio de este capítulo.

> Mucho más *reinarán en vida por uno solo, Jesucristo, los que*
> *reciben la abundancia de la g*racia y del don de la justicia
> (Romanos 5:17).

Céntrese por un momento en la frase "reinarán en vida por uno
solo, Jesucristo". Como miembros del Cuerpo de Cristo, debemos
reinar por encima y contra toda oposición a la vida y la piedad. Como
somos los que tenemos que reinar en la tierra, si las cosas se tuercen y
van mal, ¿es debido a que no estamos cumpliendo o ejerciendo nuestra
autoridad?

Hace muchos años, mi pastor anunció a nuestra gran congregación que yo entraría a formar parte del ministerio de la predicación.
Pocos días después, un ministro algo mayor que yo se acercó mi esposa
y le dijo: "Lisa, tengo una palabra de Dios para tu esposo".

Éramos muy jóvenes y estábamos desesperados por crecer y
aprender (como nos sigue ocurriendo). Lisa respondió: "Dígame la
palabra y yo se la comunicaré a John".

El ministro dijo: "Dile a John que si no camina en la autoridad
que Dios le ha dado, otra persona se la quitará y la usará contra él".

Cuando Lisa me comunicó esas palabras, atravesaron mi ser como
una espada de luz que penetró hasta mi corazón. Y he sido testigo
durante los años de lo ciertas que fueron sus palabras, no sólo para mí,
sino para cualquiera que está en Cristo. Me ha dolido muchas veces ver
a muchas personas que en verdad aman a Dios pero están controlados y
atados por las fuerzas opositoras y las situaciones. Nuestro Señor Jesús
pagó un precio muy elevado para hacerlos libres; sin embargo, ellos
siguen atados. Las adversidades climatológicas, los desastres naturales,
enfermedades, dolencias, influencia demoniaca, circunstancias de oposición; la lista es interminable. Estas fuerzas controlan y dominan a
algunas personas que son verdaderamente reyes y reinas en esta vida
pero que ignoran quiénes son en Cristo.

Si usted es una de esas personas que en vez de reinar ha sido gobernado, tengo para usted buenas noticias. Si de verdad cree sin dudar la Palabra de Dios que hemos desenterrado en este capítulo, su vida comenzará a cambiar. Ahora conoce el poder y la autoridad que tiene para ayudar a los que no la conocen o están desesperados; ahora puede llevar la buena vida del Reino a los que la necesitan.

El apóstol Juan hizo una frase rotunda a todos los que somos parte del Cuerpo de Cristo: "El que dice que permanece en él, debe andar como él anduvo" (1 Juan 2:6).

Jesús ya había dicho eso cuando dijo: "Como me envió el Padre, así también yo os envío" (Juan 20:21). Como reinó Jesús, así quiere que reinemos. Cuando llegó la tormenta para destruir a Jesús y a su equipo, Él habló contra el viento y el mar, y obedecieron. Cuando necesitó comida para las masas en el desierto, multiplicó lo poco que tenían y alimentó a miles, y aún le sobró más de lo que tenían cuando comenzaron. Cuando no tenía barca y tuvo que cruzar el mar, caminó sobre las aguas. Cuando se acabó el vino en la boda, convirtió el agua en vino. Hizo que una higuera se secara con las palabras de su boca. Volvió a poner una oreja en el soldado que la había perdido a filo de espada. Limpió a los que estaban enfermos, devolvió la vista a los ciegos, el oído a los sordos e hizo caminar a los cojos. Ninguno de estos desafíos terrenales fueron nada para Aquel que *reinó en vida*.

Los hombres inspirados por los demonios no le intimidaron; Él tenía una respuesta para detener las palabras de ellos en cada confrontación. Los gobernantes malvados no pudieron atraparle. Las multitudes enojadas no pudieron tirarle por la ladera de la montaña; simplemente caminó por medio de ellos y se fue. Las personas endemoniadas no le asustaban; simplemente los liberaba. La lista es casi interminable, como Juan resumió como cierre de su relato de la vida de Jesús: "Hizo además Jesús muchas otras señales en presencia de sus discípulos, las cuales no están escritas en este libro...si se escribieran una por una, pienso que ni aun en el mundo cabrían los libros que se habrían de escribir" (Juan 20:30; 21:25).

Jesucristo reinó en vida. Reinó sobre la oposición y la adversidad, trajo el cielo a la tierra, puso el listón en su lugar para que nosotros lo siguiéramos, y espera que lo hagamos aún a un nivel mayor: "De cierto, de cierto os digo: El que en mí cree, las obras que yo hago, él las hará también; y aun mayores hará" (Juan 14:12).

Lo cual no lleva a las siguientes preguntas lógicas. ¿Cómo reinamos en vida? ¿De dónde viene el poder?

3

LA FUENTE DE PODER

Mucho más reinarán en vida por uno solo, Jesucristo,
los que reciben la abundancia de la gracia
y del don de la justicia.

ROMANOS 5:17

Como hemos descubierto, sabemos que debemos reinar en vida como reyes y reinas. La vida en esta tierra no debe reinar sobre nosotros; nosotros debemos reinar sobre ella.

La siguiente pregunta lógica a plantear es: *¿Tengo el poder o la capacidad para hacerlo?*

Bien, piense en un chihuahua y en un oso pardo.

Los chihuahuas son perros pequeños y ladradores. Pueden ser muy persistentes e incluso implacables. ¿Alguna vez se ha encontrado con un chihuahua con carácter? Ladrará sin parar hasta conseguir sacarle de su supuesto territorio. Incluso intentará morderle el tobillo. Si usted le empuja amablemente, seguirá con empeño su afán por dominarle. Sin embargo, si usted se cansa de la conducta del perro, lo único que tiene que hacer es darle una buena patada y un fuerte grito y el chihuahua saldrá disparado, intimidado y vergonzosamente derrotado. ¿Por qué? El perrito no tiene poder sobre un ser humano adulto.

Por el contrario, si un oso pardo adulto tiene la misma determinación de sacarle de su territorio y usted no tiene un buen rifle a mano, tendrá muchos problemas. El oso podría vencerle fácilmente e incluso acabar con su vida.

Como sabemos muy bien, hay fuerzas que no quieren que terminemos bien. Al luchar contra ellas, ¿cómo sabemos si tenemos o no poder sobre esas fuerzas? Cuando se trata de luchar contra enemigos sobrenaturales, ¿somos como el chihuahua o como el oso pardo? ¿De dónde viene ese poder para reinar?

La respuesta la encontramos también en Romanos 5:17: Podemos reinar por la "abundancia de la gracia" de Dios. (Mi libro *Extraordinario* ofrece una explicación detallada del significado completo de gracia, así que aquí hablaré sólo de los puntos más importantes).

LA GRAN DESCONEXIÓN

Es en el tema de la "gracia abundante" donde se produce una gran (quiero decir *enorme*) desconexión entre los cristianos evangélicos de América.

En 2009 nuestro ministerio realizó una encuesta por todo América sondeando a miles de seguidores de Cristo nacidos de nuevo, de varias denominaciones y congregaciones independientes, que creían en la Biblia y que asistían a la iglesia los domingos en la mañana. La encuesta pedía a la gente que "dieran tres o más definiciones o descripciones de la gracia de Dios". Una abrumadora mayoría de los que respondieron definieron la gracia de Dios como (1) salvación; (2) un regalo inmerecido; y (3) perdón de pecados.

Estoy muy contento de que los cristianos de América entiendan que somos salvos por gracia y sólo por gracia. La salvación no se produce rociando con agua, asistiendo a cierta iglesia, cumpliendo leyes religiosas o haciendo buenas obras que compensen las malas. Efesios 2:8-9 dice claramente: "Porque *por gracia* sois salvos por medio de la fe; y esto no de vosotros, pues *es don de Dios*; no por obras, para que nadie se gloríe". Es reconfortante saber que los cristianos evangélicos están firmemente establecidos en el conocimiento de que la gracia de Dios no se puede ganar o merecer, sino que hay que recibirla sólo a través de la fe en la obra redentora de Jesucristo en el Calvario.

> Es una tragedia ver a gente con buen corazón intentando ganarse el favor de Dios.

Es una tragedia ver a gente con buen corazón intentando *ganarse* el favor de Dios. He sido testigo de muchas situaciones desgarradoras en las que hombres y mujeres dependen de sus propias palabras o comportamiento para intentar ponerse a cuentas con Dios. No importa lo bueno que la sociedad diga que usted es, Efesios 2:8-9 nos enseña que no podemos salvarnos por nuestros propios esfuerzos del inminente juicio que sufrirá la humanidad. La salvación se recibe sólo por fe, porque es un don de Dios a través de la muerte y resurrección de su Hijo.

Es también trágico observar personas a que han recibido, por fe, el regalo de Dios de la salvación eterna, pero que después empezaron a vivir como si pudieran ganar su gracia a través de sus obras. Estos creyentes sienten que deben orar más tiempo, ayunar más a menudo y hacer más obras de caridad u otras acciones cristianas. El apóstol Pablo tuvo que reprender a la iglesia de los gálatas por este mismo mal entendimiento: "De Cristo os desligasteis, los que por la ley os justificáis; de la gracia habéis caído" (Gálatas 5:4). Es triste ver a tantos cristianos con buen corazón cayendo en esta misma trampa.

La encuesta también reveló que, en general, los cristianos en América saben que es por la gracia de Dios que nuestros pecados han sido borrados. Efesios 1:7 confirma esta maravillosa verdad: "en quien tenemos redención por su sangre, el perdón de pecados según las riquezas de su gracia". Es un regalo gratuito de Dios que perdona nuestros pecados para siempre. ¡Gracias a Dios!

Así, la mayoría de los creyentes americanos parecen estar bien establecidos en las verdades fundamentales de que la gracia de Dios incluye la salvación, es un regalo inmerecido y es perdón de pecados. Parece que los ministros del evangelio han hecho un buen trabajo enfatizando estas áreas importantes, y creo que esto le agrada a Dios.

Pero entonces llega la tragedia que reveló la encuesta. Sólo el dos por ciento de los miles de encuestados creían que "la gracia es un otorgamiento de poder de Dios". Sin embargo, es exactamente la forma en que Dios describe su gracia:

> Bástate *mi gracia*; porque *mi poder* se perfecciona en la debilidad. (2 Corintios 12:9).

Si usted mira este versículo en una edición de la Biblia con letra roja, donde todas las palabras que Jesús dijo están en rojo y las demás en negro, verá que las palabras de arriba no están en negro, sino en rojo. Con lo cual, aunque estas palabras las dijera el apóstol Pablo, no son suyas, son palabras del Señor mismo. Dios define su gracia como su otorgamiento de poder. Sin embargo, según la encuesta, sólo el dos por ciento de los cristianos de América saben y entienden esto. (El dato exacto fue 1,9 por ciento, ¡que es menos de dos de cada 100 creyentes! Nuestro Dios Todopoderoso define su gracia como su otorgamiento de poder; sin embargo, menos de dos de cada 100 cristianos lo saben. ¡Es algo alarmante!).

GRACIA-OTORGAMIENTO DE PODER

La palabra *debilidad*, usada en el versículo de 2 Corintios 12:9, significa "incapacidad". Dios está diciendo: "Mi gracia (poder) es óptima cuando afrontas situaciones que van más allá de tu capacidad para manejarlas". Esto lo podemos ver en los comentarios de Pablo con respecto a los creyentes de Macedonia: "os hacemos saber *la gracia de Dios* que se ha dado a las iglesias de Macedonia...Pues doy testimonio de que con agrado han dado conforme a *sus fuerzas*, y aun *más allá de sus fuerzas*" (2 Corintios 8:1.3). La gracia de Dios hizo posible que los cristianos de Macedonia pudieran ir más allá de su propia capacidad. Eso es gracia, es el otorgamiento de poder de Dios.

Anteriormente, Pablo había escrito a la misma audiencia: "que con sencillez y sinceridad de Dios, no con sabiduría humana, sino con *la gracia de Dios*, nos hemos conducido en el mundo, y mucho más con vosotros" (2 Corintios 1:12). De nuevo, la gracia está representada como el otorgamiento de poder de Dios.

Pedro define la gracia de Dios de la misma forma. "Gracia y paz os sean multiplicadas...Como todas las cosas que pertenecen a la vida y a la piedad nos han sido dadas por su divino poder [*gracia*]" (2 Pedro 1:2 -3). De nuevo se hace referencia a la *gracia* como "su divino poder". Pedro está diciendo que todo lo que necesitamos para vivir como Dios quiere está disponible a través del otorgamiento de poder su gracia, la cual hemos recibido por la fe.

Avancemos un poco más yéndonos al griego. La palabra griega usada con más frecuencia para *gracia* en el Nuevo Testamento es *charis,* definida por James Strong en su muy respetada concordancia *Exhaustive Concordance of the Bible* como "regalo", "beneficio", "favor", "misericordioso" y "liberalidad". Si usted aúna esta definición inicial con versículos elegidos de los libros de Romanos, Gálatas y Efesios, puede ver claramente el aspecto de la gracia con el que la mayoría de los cristianos de América están familiarizados. Sin embargo, Strong no se detiene aquí. Sigue definiendo *gracia* como "la influencia divina sobre el corazón, y su reflejo en la vida".

De esta definición podemos ver que hay un *reflejo externo* de algo que se ha hecho en el corazón, lo cual subraya el otorgamiento de poder de la gracia. La Biblia nos dice que cuando Bernabé llegó a la iglesia en Antioquía "y vio las evidencias de la gracia de Dios, se alegró" (Hechos 11:23, NVI). No escuchó acerca de la gracia, vio la evidencia de la misma. Vio el otorgamiento de poder del corazón que se reflejaba en cómo vivían las personas sus vidas.

Por eso Santiago escribe: "Muéstrame tu fe [gracia] sin tus obras, y yo te mostraré mi fe [gracia] por mis obras" (Santiago 2:18). He insertado la palabra *gracia* junto a *fe* porque es a través de la fe como tenemos acceso a la gracia de Dios (véase Romanos 5:2). Santiago está diciendo: "Déjame ver la evidencia del poder, que es el verdadero indicador de que realmente has recibido la gracia cuando creíste".

La enciclopedia *Encyclopedia of Bible Words*, de Zondervan, dice esto acerca de *charis*: "Esta gracia es una fuerza dinámica que afecta mucho más que nuestra posición con Dios otorgándonos justicia. La gracia afecta también a nuestra experiencia. La gracia siempre está marcada por la obra de capacitación de Dios dentro de nosotros para vencer nuestra impotencia".

Tras una lectura minuciosa de cada versículo en el Nuevo Testamento en relación con la gracia, tras horas de estudio de todos los diccionarios de griego que he podido conseguir, y después de hablar con personas que hablan griego con fluidez, mi definición resumen personal de *gracia* es algo así:

> Gracia es el otorgamiento de poder gratuito de Dios que nos da la capacidad de ir más allá de nuestra capacidad natural.

¿POR QUÉ ES TAN TRÁGICO?

¿Por qué es una tragedia que sólo el dos por ciento de los cristianos en América entienda el otorgamiento de poder de la gracia de Dios? Permítame ilustrarlo con un caso hipotético.

Imagine que hacemos una investigación y descubrimos a una pequeña tribu que vive en la selva cerca del ecuador en África. Sabemos que esta tribu tiene que caminar más de tres kilómetros cada día para conseguir agua fresca del arroyo más cercano. Después tienen que llevar la pesada agua hasta su campamento para dar agua fresca a su pueblo.

Cuando las personas del poblado necesitan comida, los animales no atraviesan su campamento y dicen: "Somos su desayuno; mátennos". No, los hombres de la tribu tienen que salir donde están los animales y cazarlos. A veces después de matar un ñu o un antílope tienen que llevar el pesado animal muerto durante doce o quince kilómetros de regreso al campamento.

Cuando necesitan provisiones que no pueden encontrar en la selva, tienen que caminar más de cincuenta kilómetros hasta el poblado más cercano, comprar o cambiar las provisiones, y recorrer de vuelta la misma distancia para llevarlas al campamento.

Al descubrir todo esto, decidimos darles un regalo. Sí, vamos a *favorecerles* siendo *misericordiosos* (llenos de gracia) y a *beneficiarles liberalmente* (estas son todas las definiciones de *gracia* que da Strong). Decidimos comprarles un Land Rover nuevo.

Compramos el vehículo, lo enviamos por barco a la costa de África, y después lo conducimos personalmente hasta su área. Después de estacionarlo en un lugar cercano, entramos en la selva, llegamos hasta el jefe con su pequeña tribu y les hacemos salir para enseñarles el Land Rover. Con una gran sonrisa les decimos: "¡Este es nuestro regalo para ustedes!".

Invitamos al jefe a sentarse en el asiento del pasajero. Uno de nosotros se sienta al volante y arranca el vehículo. Con alegría exclamamos: "¡Jefe, este Land Rover es increíble! ¡Tiene aire acondicionado! Así que cuando el calor sea extenuante, lo único que tiene que hacer es apretar este botón y fijar la temperatura que desee, y tendrá una temperatura agradable aunque fuera el calor sea bochornoso".

Después le decimos: "También, este Land Rover tiene calefacción, así que cuando haga frío, presione este botón y regule la temperatura, y experimentará una temperatura agradable aunque fuera haga un frío espantoso.

"También pusimos una emisora de radio por satélite XM en este Land Rover. ¿Sabe lo que significa? Significa que puede sintonizar programas de todo el mundo estando dentro de este vehículo". Entonces sintonizamos con una emisión en directo de la BBC en Inglaterra, y el jefe se queda fascinado.

"Pero aún hay más, jefe", continuamos. "También hay un reproductor de DVD en este Land Rover". Sacamos unos cuantos DVDs, insertamos uno, damos al Play y el jefe queda fascinado al ver la nítida y colorida pantalla en la que se proyecta la película.

"¡Y esto no es todo! Este Land Rover también tiene un reproductor de CD". Insertamos un CD de adoración, y el jefe se maravilla al oír cómo el vehículo se llena de una bella música de adoración.

Ambos salimos del Land Rover, y el jefe pregunta: "¿Qué tenemos que darle por este magnífico regalo?".

"Nada", le aseguramos. "No podría pagárnoslo nunca. Es un regalo totalmente gratuito para usted y su tribu, ¡porque les amamos!".

El jefe y su tribu están muy agradecidos. Nos vamos, y meses después, nos enteramos de que la tribu sigue recorriendo a pie más de cinco kilómetros cada día para buscar agua. Sigue caminando kilómetros hasta sus lugares de caza y llevando sus pesadas capturas hasta su campamento, y que aún siguen caminando cincuenta kilómetros para conseguir las provisiones del poblado más cercano. ¿Por qué? Porque no les dijimos que la función principal del Land Rover es el *transporte*.

Le indicamos al jefe todo lo que el vehículo tenía a excepción de uno de los elementos más importantes: este Land Rover le transportará siempre que tenga que ir a algún lugar y podrá llevar la carga por ustedes.

De igual modo, muchas personas en el liderazgo cristiano no les han dicho a los cristianos occidentales que la principal definición funcional de la gracia de Dios es *su otorgamiento de poder*.

LA PRINCIPAL DEFINICIÓN FUNCIONAL

Quizá quiere desafiarme: "¿La principal definición funcional de la gracia es el otorgamiento de poder? ¿Cómo puede hacer esta afirmación?".

Me encontraba recientemente en oración, cuando sentí que el Señor me hacía una pregunta que me hizo pensar: *Hijo, ¿cómo presenté la gracia en mi libro, el Nuevo Testamento?* Como he escrito más de una docena de libros, esta pregunta realmente significaba mucho para mí. Siempre que presento un nuevo término en un libro, quizá uno con el que la mayoría de los lectores no estarán familiarizados, doy primero la definición principal. Después en el libro se pueden dar definiciones secundarias, pero es importante desde el principio dar la definición principal.

Por ejemplo, si fuera escribir una carta al jefe para informarle del Land Rover, diría en el primer párrafo:

> *Jefe, le queremos dar un Land Rover nuevo. Su función principal es el transporte. Ahora su pueblo ya no tendrá que llevar los cargamentos de agua tan pesados sobre sus espaldas durante kilómetros diariamente; alguien de la tribu puede llevar el vehículo hasta allí y cargar en él el agua. Ahora su pueblo ya no tendrá que caminar kilómetros y kilómetros hasta llegar a su campamento con las presas que han cazado a cuestas; alguien puede llevar allí el vehículo y subir la presa al maletero. Aún más, su pueblo no tendrá que caminar cincuenta kilómetros para conseguir provisiones del poblado más cercano; pueden ir hasta allí en el vehículo y cargar las provisiones en la décima parte del tiempo.*

Sería importante darle el propósito principal del Land Rover desde principio, porque el jefe y su pueblo nunca antes han visto un vehículo.

Después, en el segundo párrafo de la carta, quizá le hablaría del aire acondicionado y la calefacción. Podía dedicar el tercer párrafo a la radio por satélite y el cuarto párrafo a los reproductores de DVD y CD. Luego terminaría la carta informándole de que es un regalo, pero le daría la función principal del vehículo en el primer párrafo.

Con esto en mente, regresemos a la pregunta que me hizo el Señor: *¿Cómo presenté la gracia en mi libro, el Nuevo Testamento?*

Yo respondí: "No lo sé". Fui a mi computadora, abrí la concordancia bíblica, y descubrí cómo presenta Dios su gracia en el Nuevo Testamento. Lo hace en Juan 1:16: "Porque de su [Jesús] plenitud tomamos todos, y gracia sobre gracia".

Observe que Juan escribe "gracia sobre gracia". Tengo un amigo griego que vive en Atenas. Es un ministro que no sólo habla griego como su lenguaje principal, también ha estudiado griego antiguo. Él es a quien acudo cuando se trata de griego. Me dijo que en este versículo, Juan está diciendo que Dios nos ha dado "la mayor abundancia de gracia". En otras palabras, el apóstol nos está diciendo que el desbordamiento, o abundancia, de lo que hace la gracia ¡es lo que nos da la plenitud de Jesucristo! ¿Escuchó eso? ¡La plenitud de Jesucristo! Eso habla de capacidad y poder.

Quiero estar seguro de que entiende lo que se dice aquí. Imagine que me acerco a un tenista no profesional. Está en el nivel C de su club local, y le digo: "Ahora tenemos medios científicos para darle la plenitud (la capacidad total), de Roger Federer". (Si no conoce mucho el tenis profesional, Federer está entre los mejores jugadores de la historia de este deporte). ¿Cuál cree que será la respuesta de este jugador de clase C? Seguro que diría: "¡Por supuesto! ¡Dénmelos ahora mismo! ¿Qué tenemos que hacer?". Y cuando le hubiéramos dado la plenitud de Roger Federer, ¿qué ocurriría? Ya lo sabe: ganaría el campeonato de su club, luego se clasificaría para el Abierto de Estados Unidos y lo ganaría, y luego también ganaría unos cuantos torneos de Wimbledon.

Imagine ahora que me acerco a un estudiante que está comenzando sus estudios de arquitectura en una universidad estatal y le digo: "Ahora tenemos unos nuevos métodos científicos para poner dentro de usted la plenitud (toda la capacidad) de Frank Lloyd Wright". ¿Cuál cree que sería la respuesta de este joven estudiante? Exclamaría: "¡Vaya, pónganlo en mí ahora mismo!". Y cuando lo hubiéramos hecho, ¿qué haría este estudiante? Dejaría su escuela y lanzaría su propia carrera plagada de éxitos.

Un último ejemplo para afianzar del todo este punto. Imagínese que me acerco a un empresario con problemas y le digo: "Tenemos los medios científicos para darle la plenitud (la capacidad total) de Bill Gates". ¿Cuál cree que sería la respuesta de este empresario en apuros?

Gritaría: "¡Lo quiero! ¡Hagámoslo!". ¿Qué haría después de recibir la capacidad completa de Bill Gates? Comenzaría a pensar en formas de diseñar nuevos productos y de hacer inversiones en empresas que nunca había pensado antes.

Bien, la gracia no nos ha dado a ninguno de nosotros la plenitud de Roger Federer, Frank Lloyd o Bill Gates. Esa sería una gracia para cosas de poco. No, la gracia de Dios nos ha dado la plenitud ¡de Jesucristo mismo! ¿Entiende esto? ¡Eso es capacidad! ¡Eso es poder!

Así que Dios no presenta la gracia en el Nuevo Testamento como un regalo gratuito, aunque siempre estaré agradecido de que sea su regalo gratuito. Tampoco la presenta como la remisión de nuestros pecados, aunque de nuevo estoy agradecido de que su gracia borre nuestros pecados. No, Él presenta la gracia como el otorgamiento que nos da la plenitud de Jesucristo.

Si se acuerda del capítulo anterior, Pedro escribe que la gracia de Dios nos hace "participantes de la *naturaleza divina*" (2 Pedro 1:2-4). La palabra naturaleza describe las cualidades esenciales o características de una persona. Por tanto, ¡la gracia de Dios nos da de forma gratuita la plenitud de las cualidades

> La gracia de Dios nos ha dado la plenitud de Jesucristo mismo.

esenciales y características de Jesús mismo! Y por esto Juan dice: "pues como él es, así somos nosotros en este mundo" (1 Juan 4:17). ¿Entiende la magnitud de estas palabras?

¡Esto subraya nuestro poder y potencial para reinar en vida! La gracia de Dios nos ha recreado para que seamos exactamente como Jesús es; nos ha dado el poder para vivir como Él vivió. Estamos literalmente en Cristo, somos su Cuerpo, somos Cristo en la tierra, somos cristianos, y por eso Juan escribe valientemente: "El que dice que permanece en él, debe andar como él anduvo" (1 Juan 2:6).

Que estas palabras calen en su corazón: tenemos que vivir como Jesús vivió en esta tierra. Esto no lo encontramos en la Biblia como una sugerencia, ¡sino como un mandato !

4

CÓMO CAMINÓ JESÚS

El que dice que permanece en él, debe andar como él anduvo.

1 JUAN 2:6

S i queremos caminar como lo hizo Jesús, debemos preguntarnos: "¿Cómo caminó Jesús?".

En primer lugar, caminó en increíble piedad y pureza. Los deseos de este mundo no se apoderaron de Él, sino que reinó sobre los deseos no naturales y la impiedad. Del mismo modo, el apóstol Pablo nos informa de cuál es la manera aceptable de servir a Dios:

> *Limpiémonos* de *toda* contaminación de carne y de espíritu, *perfeccionando la santidad* en el temor de Dios (2 Corintios 7:1).

¿Ha leído las palabras "limpiémonos"? Es interesante que no dice que "Dios va a purificarle". Permítame aclarar esto. La sangre de Jesús nos limpia de todo pecado, ese es un beneficio de la redención; sin embargo, el apóstol aquí está hablando de la santificación; en otras palabras, vivir lo que se hizo gratuitamente por nosotros. Para decirlo de manera simple, se trata de cómo debemos vivir como creyentes. Está hablando de la transformación externa que debería ocurrir como resultado de nuestra redención.

¿Se fijó también en la palabra *toda* en este versículo? No debemos purificarnos de *algunas* cosas o de la *mayoría* de las cosas que contaminan nuestro cuerpo o alma, sino de *toda* contaminación. Se espera de nosotros que nos purifiquemos para que seamos *totalmente* santos. Pedro lo afirma al escribir: "como aquel que os llamó es santo, sed también vosotros santos en toda vuestra manera de vivir" (1 Pedro 1:15). Si nos tomamos estas palabras en serio y no las diluimos (como hacen y enseñan algunos), entonces la manera aceptable de servir a Dios es caminar en la misma piedad que lo hizo Jesús. ¿Cómo podemos hacer eso? Por la gracia de Dios.

Permítame ilustrarlo. Cuando estaba en la secundaria era un pecador muy eficaz. ¿Qué significa eso? Bien, mi naturaleza era pecar, y lo hacía con bastante eficacia.

En mis años de adolescencia mi padre nos preguntó a mi hermanita y a mí si queríamos ir al cine a ver una película llamada *Los Diez Mandamientos*, de Charlton Heston. En mi ciudad natal de tres mil habitantes, en el cine no se echaban quince películas de manera simultánea, sino de una en una. No teníamos Xbox ni juegos de la Wii o grandes pantallas planas de televisión ni ningún otro tipo de dispositivos multimedia como los que tenemos hoy; tan sólo teníamos una pequeña televisión a color. Así que si alguien me invitaba a ir al cine en la gran pantalla, no había duda de que accedía a ir de muy buena gana.

Estábamos sentados en el cine viendo la película, y de repente hubo una escena en la que la tierra se abría y se tragaba a Datán y a todos sus amigos malvados que se oponían a Moisés. Tragados vivos, directos al infierno. Como pecador muy eficaz que era yo, al ver esa imagen en la gran pantalla comencé a arrepentirme como un loco. Empecé a repasar secuencialmente todo mi comportamiento malo y lujurioso, pidiendo perdón y prometiéndole a Dios que nunca volvería a hacer esas cosas. ¡Salí del cine como un joven totalmente cambiado! Pero me duró solo una semana, y luego volví a mi mal comportamiento. ¿Por qué? Porque tenía el *arrepentimiento*, pero no la *gracia*.

Años después, cuando estaba en la universidad, uno de mis hermanos de la fraternidad presentó las cuatro leyes espirituales de Cruzada Estudiantil. Tras haber leído las cuatro leyes, recibí a Jesucristo como mi Señor, y se convirtió en mi Salvador. En ese momento me convertí en un hijo de Dios. Pero la verdad es que seguía viviendo de la misma forma pecaminosa en la que había vivido antes de recibir a Cristo. Esto se debía a una falta de enseñanza y conocimiento bíblico, porque no conocía el poder que ahora estaba disponible para mí.

Pasaron unos pocos años, y entonces hubo un versículo que ya había leído anteriormente varias veces, que me pareció salirse de la página: "Seguid…la santidad, sin la cual nadie verá al Señor" (Hebreos 12:14). Estas palabras me pegaron como una tonelada de ladrillos. *Vaya*, pensé, *yo quiero ver a Dios y aquí dice que para que lo pueda hacer ¡tengo que vivir una vida santa!* Desgraciadamente, tampoco lo entendí bien: me convertí en un legalista. Comencé a azotar a los que tenía a mi alrededor con un razonamiento legalista. Les demandaba que vivieran una "vida santa", pero no podía capacitarles para hacerlo. Seguía basando la vida santa en la capacidad humana y la fuerza de voluntad, y no en el poder capacitador de Dios. Terminaba haciendo que mi esposa, amigos y todo aquel que se acercara a mí se sintieran muy incómodos.

Poco después, el Señor me habló cuando estaba en oración: *Hijo, la santidad no es una obra de tu carne; es un producto de mi gracia.* ¡Eso era! Eso era lo que faltaba. Entendí entonces que la gracia es la presencia de Dios en mi vida que me capacita para poder hacer lo que no sería capaz de hacer por mi propia capacidad: limpiarme de todo lo que contamina el cuerpo o el alma y ser totalmente santo. Esta es la forma aceptable de servir a Dios. Por eso el escritor de Hebreos sigue diciendo:

> Así que, recibiendo nosotros un reino inconmovible, tengamos gratitud, y mediante ella sirvamos a Dios agradándole con temor y reverencia (Hebreos 12:28).

La gracia nos capacita para servir a Dios de manera aceptable; nos capacita para purificarnos de lo que no podríamos purificarnos en nuestras propias fuerzas.

Según la encuesta nacional que hemos estado examinando, podemos deducir que un 98 por ciento de los cristianos de Estados Unidos ¡está intentando vivir una vida piadosa en sus propias fuerzas! Sólo el 2 por ciento sabe que la gracia es el otorgamiento de poder de Dios, lo cual significa que es imposible que el 98 por ciento participe de este otorgamiento porque no son conscientes de que está disponible. Recibimos de Dios por fe, y usted no puede tener fe en lo que no conoce. Como dijo Pablo: "¿Y cómo creerán en aquel de quien no han oído?" (Romanos 10:14). Sólo nos podemos beneficiar de aquello que sabemos que tenemos.

Volviendo a nuestro ejemplo de la tribu africana, si la tribu no sabe que la función principal del Land Rover es el transporte, no lo conducirán. Se subirán en él para disfrutar del aire acondicionado, la calefacción, el reproductor de DVD, la radio y el reproductor de CD, pero nunca pensarán en conducir el vehículo.

En cierta ocasión compré una buena cámara de fotos. Abrí la caja, saqué la cámara e inmediatamente comencé a hacer con ella lo que siempre había hecho con otras cámaras: enfoqué e hice las fotos que quería. Francamente, pienso que es lo que hace la mayoría de la gente cuando se compra una cámara nueva.

Tras varios años con mi excelente cámara, un día sentí la curiosidad de saber por qué un amigo mío hacía tan buenas fotos nocturnas, de paisajes, de acción y de primeros planos. Le pregunté y descubrí por qué; supe que mi cámara tenía todas las posibilidades que tenía la cámara de mi amigo. Saqué el manual de instrucciones de la cámara y comencé a aprender cómo usar todas las características de mi cámara. ¡Pronto comencé a hacer fotos mucho mejores! Había sido ignorante de lo que tenía y, por tanto, no podía disfrutar de sus beneficios.

Lo mismo ocurre con ese lamentable 98 por ciento. No han sacado el manual de instrucciones de la vida, la Biblia, para descubrir lo que la gracia les ha proporcionado. Tan sólo han imitado lo que han visto que la mayoría modela y enseña. No conocen el potencial que tienen, y están limitados.

¿Qué ocurre si intentamos vivir una vida santa en nuestras propias fuerzas? Una de dos: o bien nos convertimos en legalistas hipócritas (hablando de manera estricta pero viviendo interna y secretamente de otra forma), o seguimos con nuestra liberal manera de vivir mientras nos aferramos a la creencia no bíblica de que "la gracia cubre todo el pecado que yo he decidido seguir practicando". Así que vemos la idea de "vivir como Jesús" como un noble objetivo pero irreal.

Debido a esta mentalidad, algunos creyentes y maestros se han inventado una doctrina un tanto loca: "La redención de Jesucristo nos hace hijos de Dios; sin embargo, todos seguimos siendo pecadores, atados a nuestra humanidad". Incorrectamente pensamos que estamos atados a vivir una vida nada distinta de la del resto de la humanidad perdida, y así podemos justificar y cubrir nuestro comportamiento impío y lujurioso. Esto nos lleva a un falso sentimiento de paz.

Pero esto no es lo que el evangelio proclama en el Nuevo Testamento. La buena noticia es que Jesús no sólo pagó el precio para liberarnos del *castigo* del pecado, ¡sino que también pagó igualmente el precio para liberarnos del *poder* del pecado! Esto es claro en las palabras de Pablo: "Porque el pecado no se enseñoreará de vosotros; pues no estáis bajo la ley, sino bajo la gracia" (Romanos 6:14). La ley sólo podía frenar a la gente. La gracia, por el contrario, es el otorgamiento de poder que nos libera de lo que no podríamos liberarnos por nuestras propias fuerzas: el pecado. Por eso Pablo exhortó a los cristianos en Corinto: "os exhortamos también a que no recibáis en vano la gracia de Dios" (2 Corintios 6:1).

Pablo no está hablando de malgastar el tipo de gracia que se ha enseñado en muchas de nuestras iglesias occidentales. Ese tipo de gracia suena algo parecido a esto: "Sé que no estoy viviendo como debería, pero no pasa nada porque soy salvo y estoy cubierto por la gracia de Dios". En muchos casos se ha ido incluso más lejos, ya que muchos cristianos piensan o dicen: "Puedo hacer lo que quiera porque mi salvación no está basada en mi desempeño sino en lo que Jesús hizo por mí. Estoy cubierto por la gracia". Así que ahora no hay prácticamente ninguna convicción para vivir una vida piadosa. ¿Podemos malgastar esta gracia? La realidad es que no podemos. Esta mentalidad es una burda distorsión del propósito y poder de la gracia de Dios.

Sin embargo, cuando entendemos que la gracia es la presencia de Dios que nos concede el poder y la capacidad para hacer lo que no podríamos hacer por nuestra propia capacidad (limpiarnos de todo lo que contamina nuestro cuerpo o alma y ser totalmente santos), entonces podríamos entender cómo pudimos malgastarla.

Digamos que diez años después decidimos ir a visitar a esa pequeña tribu en África. Viajamos a la mismo zona donde estacionamos el Land Rover, y para nuestra sorpresa, vemos que el vehículo sigue estacionado exactamente en el mismo sitio. El vehículo está lleno de polvo y de arena, y la hierba ha crecido a su alrededor. Abrimos con dificultad de la puerta, y al revisar los instrumentos descubrimos que el cuentakilómetros marca exactamente lo mismo que cuando lo dejamos allí hace una década. Seguro que nos diríamos unos a otros: "¡Han desperdiciado el regalo que les hicimos hace diez años!".

Quizá esta tribu escribió canciones sobre el "regalo gratuito" del Land Rover o incluso se mandaron mensajes atractivos entre ellos al respecto. Quizá incluso se subieron al vehículo los días de lluvia y escribieron canciones y enseñaron mensajes sobre cómo estuvieron a cubierto en el vehículo; pero lo cierto es que no lo condujeron. ¡Desperdiciaron el regalo!

De igual modo, Pablo no quiere que usted ni yo nos perdamos la principal bendición y beneficio de la increíble gracia de Dios:

> Os exhortamos también a que no recibáis en vano la gracia de Dios...limpiémonos de toda contaminación de carne y de espíritu, perfeccionando la santidad en el temor de Dios (2 Corintios 6:1; 7:1).

¿Puede haber algo más claro que esto? Mi pregunta es: ¿Por qué no se ha enseñado y enfatizado esto más claramente en nuestras iglesias?

JESÚS SUPLIÓ LAS NECESIDADES DE LA HUMANIDAD

En páginas anteriores vimos el imperativo bíblico de que "el que dice que permanece en él, debe andar como él anduvo", como escribió Juan en su primera Epístola (versículo 2:6). Observe la palabra *debe*. Como dijimos antes, este versículo no es una sugerencia sino un mandato. Dios *espera* que andemos como Jesús lo hizo. Así que sigamos preguntando: ¿De qué otra forma anduvo Jesús?

Está claro en los Evangelios que Jesús cubrió las necesidades de la humanidad. Sanó a los enfermos, limpió a los afligidos, libró a la gente de sus ataduras, abrió los ojos a los ciegos y los oídos a los sordos, hizo que los mudos hablarán de los paralíticos caminaran, multiplicó la comida para alimentar al hambriento e incluso resucitó a los muertos. Después nos encargó: "Como me envió el Padre, así también yo os envío" (Juan 20:21).

¿Cómo se supone que debemos hacer estas cosas? ¡A través del regalo gratuito de la gracia de Dios! La Biblia dice de la Iglesia primitiva: "Y con *gran poder* los apóstoles daban testimonio de la resurrección del Señor Jesús, y *abundante gracia* era sobre todos ellos" (Hechos 4:33).

¿Por qué asocia Dios el *gran poder* con la *abundante gracia*? ¡Porque la gracia es el *poder* de Dios!

Quizá esté pensando: *Bueno, John, está hablando de los apóstoles, y yo no soy apóstol ni pastor.* Entonces permítame hablarle de una persona "normal". La iglesia en Jerusalén tenía un restaurante, y uno de los hombres que trabajaba sirviendo las mesas era un hombre llamado Esteban. No era apóstol, profeta, evangelistas, pastor ni maestro. No, servía las mesas para mujeres mayores. Sin embargo la Biblia declara: "Y Esteban, lleno de gracia...hacía grandes prodigios y señales entre el pueblo" (Hechos 6:8).

¿Cómo hacía esos milagros increíbles si no era apóstol ni pastor? ¡Por el poder de la gracia de Dios! Hizo lo que hacía Jesús, suplir las necesidades de la humanidad por el poder del regalo gratuito de la gracia.

Este mismo regalo gratuito está disponible para cada creyente. Es suyo y es mío. Por esta razón, Jesús nos ordenó "Id por todo el mundo y predicad el evangelio a toda criatura...Y estas señales seguirán a los que creen...sobre los enfermos pondrán sus manos, y sanarán" (Marcos 16:15, 17-18). Jesús *no* dijo "Sólo los apóstoles recibirán poder [gracia] para hacer milagros", y no dijo "sólo los apóstoles recibirán gracia [poder] para ser hijos de Dios". No, la Palabra de Dios dice claramente: "Mas a todos los que le recibieron, a los que creen en su nombre, les dio *potestad* de ser hechos hijos [e hijas] de Dios" (Juan 1:12). No nos cuesta nada creer esto, ¿verdad? Bueno, la misma Biblia nos dice: "Los creyentes [no sólo los apóstoles] recibirán poder [el regalo gratuito de la gracia] para hacer milagros", ¡para que podamos andar como Jesús anduvo! En el poder de Dios, podemos reinar sobre la enfermedad, las dolencias, y cualquier otra adversidad que la vida pudiera deparar a las personas que amamos.

SABIDURÍA, ENTENDIMIENTO, PERSPICACIA, INGENUIDAD, CREATIVIDAD

¿De qué otra manera anduvo Jesús? Caminó con sabiduría, entendimiento, perspicacia, ingenuidad y creatividad increíbles. Su sabiduría asombró incluso a las personas más educadas. ¿De dónde provenía su sabiduría?

> Y el niño [Jesús] crecía y se fortalecía, y se llenaba de sabiduría; y la gracia de Dios era sobre él (Lucas 2:40)

Jesús tenía una sabiduría extraordinaria debido a la gracia.

Lo cual los hace plantearnos una buena pregunta. Si (como les han enseñado muchos cristianos) la gracia de Dios es sólo para perdón de pecados y entrada en el cielo, entonces ¿para qué necesitaba Jesús la gracia? Él nunca cometió pecado, así que nunca tuvo necesidad de perdón. Bueno, sabemos que aunque Jesús es el Hijo de Dios, nació y caminó por esta tierra como un hombre. Se despojó de todos los privilegios divinos de ser Dios (véase Filipenses 2:7). Por tanto, necesitaba el poder de la gracia para caminar en la sabiduría, entendimiento, perspicacia, ingenuidad y creatividad que encerraba su carácter.

Me encanta la creatividad de su sabiduría, ingenuidad y discreción. Literalmente salvó la vida de una mujer. Juan capítulo 8 nos cuenta cómo algunos zelotes religiosos sorprendieron a una mujer en el acto del adulterio. La arrastraron hasta la plaza del templo y le arrojaron a los pies de Jesús. (Me gustaría saber por qué no hicieron lo mismo con el hombre que cometió el adulterio con ella). Le preguntaron: " Moisés ordenó que por haber hecho esto la mujer debe ser apedreada. ¿Qué dices tú?".

En una situación así, es necesaria una sabiduría creativa. Jesús se agachó y comenzó a escribir en el suelo. (Personalmente creo que estaba escribiendo los nombres de las amantes secretas de aquellos líderes. Quizá estaba escribiendo *Ana, Raquel, Isabel*). Cuando los líderes siguieron forzando la pregunta, el Maestro les miró y dijo: "De acuerdo, chicos, el que no haya cometido ningún pecado, que sea el primero en arrojar la primera piedra". Después siguió escribiendo en el suelo.

Me gusta imaginarme que ahora esos líderes mojigatos vieron los nombres de las mujeres con las que habían tenido aventuras amorosas. Por pero ya sea por esta razón o porque Jesús les había dado un ultimátum convincente, todos soltaron las piedras que tenían y se fueron del lugar rápidamente. La Biblia nos dice: "Pero ellos, al oír esto, acusados por su conciencia, salían uno a uno, comenzando desde los más viejos hasta los postreros" (Juan 8:9). Jesús se quedó allí solo con la mujer.

Después se levantó y preguntó a la mujer: "¿Dónde están los que te acusaban? ¿Ninguno te condenó?". Ella reconoció que todos sus acusadores se habían ido. Entonces Jesús le dijo: "Ni yo te condeno; vete, y no peques más" (versículos 10-11).

Su sabiduría y creatividad salvó su vida. Observe que Jesús no la condenó. Él era el único sin pecado, así que en ese momento habló la misericordia. Él no pronunció el juicio que ella merecía según la ley, sino que dijo: "vete, y no peques más". Ahora la gracia fue la que habló, porque la gracia nos da lo que no merecemos, mientras que la misericordia no nos da lo que merecemos. La misericordia no la condenó, pero la gracia de Dios la capacitó para no volver a la trampa mortal del adulterio.

La gracia de Dios sobre Jesús le dio la sabiduría para liberar a la mujer de la condenación de los zelotes religiosos. También la capacitó para caminar libre de adulterio. ¡Qué poder encierra la gracia!

En otra situación, Jesús estaba cerca de la orilla del mar de Galilea donde había un grupo de pescadores profesionales que estaban viviendo uno de sus peores días. Este grupo no había pescado nada en todo el día. ¿Qué pasaría si usted fuera el dueño de una gran tienda al por menor y no hiciera ninguna venta en todo el día? Seguro que ese sería uno de los peores días de su vida. Pero una palabra de la sabiduría creativa de Jesús ¡lo convirtió en el día de más éxito de toda su carrera! Jesús no era pescador, sino carpintero, ¡pero tenía gracia! ¡Qué sabiduría y poder!

¡Qué poder encierra la gracia!

En otras situaciones, Jesús supo dónde encontrar un burro por la sabiduría de su gracia. No tuvo que mirar Craigslist o eBay. Supo cómo pagar sus impuestos sin tener que ir a H&R Block: le dijo a Pedro que pescara un pez y cuando abriera su boca encontraría una moneda del valor del coste de los impuestos. Ocurrió como lo reveló la gracia.

La perspicacia que Jesús tenía era increíble. Él sabía que había un diablo trabajando en su equipo incluso antes de que Satanás manifestara su maldad a través de Judas. Sabía que Natanael era un hombre sin engaño antes incluso de conocerle.

CAMBIAR LA SOCIEDAD

Básicamente, la gracia de Dios sobre la vida de Jesús le otorgó la capacidad para cambiar las sociedades de las que fue parte. Fue a una boda en Caná. Las bodas no eran asunto de poco; todo el pueblo participaba. Esta boda en particular estaba a punto de fracasar porque los anfitriones se quedaron muy pronto sin vino. ¿Se imagina la vergüenza que sentirían esas dos familias durante años? Pero un encuentro con la gracia de Dios en Jesús, y la boda fue elevada a un nuevo nivel de excelencia.

En otra comunidad llamada Naín, el gobierno iba a tener que dar provisión a una viuda que acababa de perder a su único hijo. Durante el resto de su vida, el estado tendría que darle comida, ropa y vivienda del dinero de los impuestos. Sin embargo, un encuentro con la gracia de Dios sobre Jesús, y el estado no tendría que darle dinero. Su dignidad quedó restaurada y su posteridad continuó (véase Lucas 7:11-15).

En otra ciudad, Jesús se encontró con el líder del crimen organizado. Estamos hablando de alguien que actualmente estaría considerado como el padrino del sindicato. Un encuentro con la gracia de Dios sobre Jesús, y Zaqueo prometió hacer una sociedad más segura, y un lugar más próspero para vivir. La gente ya no sufriría los robos del recaudador de impuestos. Y no sólo eso, sino que Zaqueo dijo: "He aquí, Señor, la mitad de mis bienes doy a los pobres". ¡Las víctimas de la asistencia social de la ciudad se beneficiarían! Y no se quedó ahí. Zaqueo prometió devolver el 400 por ciento a todo aquel al que hubiese robado, estimulando así la economía de la región (véase Lucas 19:1-8). ¡Otro encuentro con la gracia de Dios consiguió todo eso!

En otro incidente, un joven que estaba demente (había perdido su mente por completo) había sido abandonado para sufrir. No tenían instituciones estatales de salud mental en esos tiempos, sino que el gobierno tenía que soportar la carga de cuidarle. Tenían que usar el dinero de los impuestos para darle alimento, vestido y protección. Se necesitaba mucha ropa, porque el joven la rompía constantemente. Sin embargo, un encuentro con la gracia de Dios sobre Jesús, y este hombre que estaba mal de la cabeza fue sanado. Ya no tenía que seguir destinado a la soledad a costa de los contribuyentes. Ya no necesitaría cuidado y protección, y los fondos podrían usarse para ayudar mejor a la comunidad. ¡Y ahora las diez ciudades de la región de Decápolis oyeron del Reino de Dios a través de este hombre que se había encontrado con la gracia de Dios (véase Marcos 5)!

Piense en todos los sordos, ciegos, cojos, enfermos y otras personas físicamente afectadas a los que el gobierno ya no tendría que atender debido a la gracia de Dios sobre Jesús. No sólo eso, sino que esas personas se convirtieron en ciudadanos productivos en su sociedad. Podríamos continuar con más casos, incluso más de los que se han escrito en los Evangelios, porque como vimos anteriormente, Juan escribe que todos los libros del mundo no podrían contener los milagros de gracia llevados a cabo por Jesús en sus tres años de ministerio público.

Recuerde: Jesús prometió que "El que en mí cree, las obras que yo hago, él las hará también; y aun mayores hará" (Juan 14:12). ¿Cómo? Por medio del regalo gratuito e inmerecido de la gracia de Dios. Tenemos que cambiar nuestra sociedad de la misma manera que Jesús cambió la suya: ¡a través del regalo gratuito de la gracia de Dios!

La búsqueda

Yo creo firmemente que los principados y potestades de las tinieblas han establecido como uno de sus principales objetivos el impedir que tengamos este conocimiento. Ellos suspiran aliviados al saber que el 98 por ciento de los cristianos en América ven la gracia sólo como un regalo gratuito e inmerecido que sirve para perdonar los pecados a la vez que ignoran su increíble poder. Esto significa que sólo el dos por ciento son una verdadera amenaza para sus fortalezas.

Al enemigo no le asusta que tengamos bonitos edificios, que publiquemos libros, que tengamos grandes reuniones, programas de televisión o retransmisiones por satélite mientras sigamos ignorando el increíble poder que tenemos a nuestra disposición. Lo que les asusta a las fuerzas de las tinieblas es que los creyentes descubramos el poder gratuito que se nos ha dado y, por consiguiente, la capacidad que tenemos de cambiar de manera creativa y valiente la sociedad como lo hizo Jesús. Les asusta que encontremos nuestro lugar como *gobernantes en esta vida.*

Martín Lutero se hallaba en una búsqueda cuando clavó sus Noventa y Cinco Tesis en la puerta de la iglesia de todos los santos en Wittenbert, Alemania, el 31 octubre de 1517. Ese acto desencadenó la Reforma. La Iglesia nunca ha sido la misma desde entonces. Fue una obra del Espíritu de Dios a través de un hombre. El resumen de sus tesis era que *el justo por la fe vivirá*. Confrontó las indulgencias de la Iglesia establecida que mantenían a la gente en esclavitud.

Bueno, pues yo también estoy en una búsqueda. Sé que hay otros conmigo, y queremos que ustedes se alisten. No estamos clavando 95 tesis en una vieja puerta de madera sino los corazones de otros creyentes. Nuestro mensaje: *La gracia no es solamente algo que Dios nos da para cubrir nuestros pecados. Nos capacita para vivir como Jesús, para reinar en esta vida manifestando la autoridad y el poder del cielo para cambiar nuestro ámbito de influencia.*

Determinemos en nuestro corazón elevar ese 2 por ciento de las estadísticas a un 100 por ciento. Que cuando los creyentes oigan la palabra *gracia*, puedan pensar inmediatamente en "otorgamiento de poder más allá de nuestra capacidad humana".

5

—

DISTINGUIDO

Mucho más *reinarán en vida* por uno solo,
Jesucristo, los que reciben la abundancia
de la gracia y del don de la justicia.

ROMANOS 5:17

La magnitud de Romanos 5:17 es casi demasiado grande para ser realista. Su mensaje es asombroso. Quizá esta sea la razón por la que muchos lo han pasado por alto.

Todos los que hemos recibido a Jesús como Señor de nuestra vida debemos gobernar en la esfera de la vida. Todos los que hemos recibido gratuitamente la gracia de Dios estamos capacitados para tener preeminencia sobre cualquier adversidad este mundo pueda lanzarnos. La vida en esta tierra no debe gobernarnos, sino que somos nosotros los que debemos reinar en vida. Por medio del poder de la gracia de Dios debemos cambiar nuestras sociedades como Jesús cambió la suya. Este es nuestro mandato.

PRÁCTICAMENTE HABLANDO

Por tanto, aventurémonos aún más en lo que significa reinar en vida por la gracia de Dios. Debemos sobrepasar la norma, salirnos del estatus quo. Significa ya no ver la vida como un trabajo de ocho horas en el que tenemos un sueldo mensual, y luego nos jubilamos, después morimos y finalmente vamos al cielo. ¡Qué visión tan patética de la vida! No es definitivamente la manera en que Dios quiere que vivamos. ¡Fuimos creados para mucho más!

Nos convertimos en gente influyente al saber que Dios nos ha llamado a ser cabeza y no cola, a estar encima y no debajo (véase Deuteronomio 28:13). No sólo tenemos que levantarnos por encima de las circunstancias adversas de la vida, sino también brillar más que aquellos que no tienen un pacto con Dios. Tenemos que ser líderes en medio de un mundo que no ha descubierto la luz. La cabeza establece la dirección, el curso y las tendencias. La cola sigue. Debemos ser líderes en todos los aspectos de nuestra sociedad, no seguidores.

Si usted es maestro de la escuela pública, entonces por medio del don de la gracia puede aportar continuamente maneras frescas, creativas e innovadoras de comunicar conocimiento y sabiduría a sus alumnos que ningún otro educador en su escuela habría pensado. Usted pone el listón alto e inspira a sus alumnos de tal forma que otros se maravillan. Los otros maestros lo único que podrán hacer será decir entre ellos: "¿De dónde saca tan buenas ideas?".

Si usted trabaja en el campo médico, entonces por medio del don de la gracia puede aportar formas nuevas y más eficaces para tratar las enfermedades. Los demás médicos se rasca la cabeza y dicen: "¿De dónde consigue esas ideas tan innovadoras?".

Si es un diseñador, a través del don de la gracia de Dios puede originar los diseños nuevos y creativos que otros emulen. Usted marca los estilos y las tendencias imperantes que la sociedad seguirá. Le buscarán por su trabajo y le conocerán por marcar la pauta. Estará usted tan por delante de la media que sus colegas de la profesión se rascarán cabeza y dirán: "¿De dónde consigue esas ideas tan creativas?".

Si se mueve en el ámbito político, por medio del don de la gracia puede mostrar sabiduría para resolver asuntos sociales que otros han visto imposible de rectificar. Usted marca el camino para la creación de nuevas leyes y será elegido o ascenderá rápidamente por encima de sus contemporáneos. Su discreción e ingenuidad hace que otros en su misma esfera se rasquen la cabeza y digan: "¿De dónde saca toda esa sabiduría y grandes ideas?".

Si trabaja para hacer cumplir la ley, por el don de la gracia en su vida llevará paz en situaciones en las que otros no han sabido cómo. Así como Jesús supo dónde encontrar el burro, usted sabrá dónde encontrar a los delincuentes. Usted reunirá la evidencia necesaria para resolver los casos con más rapidez que cualquier otro detective de su comunidad. Su perspicacia, capacidad y sabiduría serán tan agudas que otras personas de su mismo gremio se rascarán la cabeza y dirán: "¿De dónde consigue esa inteligencia?".

Como hombre o mujer de negocios, por medio del regalo de la gracia de Dios desarrollará nuevos productos y técnicas de ventas así como estrategias de marketing más avanzadas. Percibirá lo que es rentable y lo que no. Sabrá cuándo comprar y cuándo vender; cuando meter y cuándo sacar. Otros empresarios se rascarán la cabeza intentando descifrar por qué tiene usted tanto éxito.

Esto no son ejemplos altaneros e irreales, sino que modelan nuestro mandato. Cada uno de nosotros es llamado a un sector diferente de la sociedad, pero dondequiera que estemos en la arena de la vida deberíamos manifestar liderazgo y maestría. Nuestra empresa debería prosperar incluso cuando otros se hunden. Nuestras comunidades deberían ser seguras, buenas y prósperas. Nuestros lugares de trabajo deberían marchar bien. Nuestra música debería ser fresca y original, emulada por músicos seculares en vez de que los músicos cristianos imiten la de ellos.

Lo mismo debería ocurrir con nuestros gráficos, video y diseños arquitectónicos. La creatividad de la familia de Dios debería inspirar y marcar la pauta en cada nivel. Nuestro desempeño, ya sea en lo deportivo, el entretenimiento, las artes, multimedia o cualquier otro campo, debería destacar como ejemplar. Nuestras ciudades, estados y naciones deberían florecer sus cuando los justos gobiernan.

En cualquier lugar donde haya creyentes, siempre debería haber abundancia de creatividad, productividad, tranquilidad, sensibilidad e ingenuidad. Debemos ser luz en la oscuridad. A través de la increíble gracia de Dios en nuestras vidas, deberíamos *distinguirnos* en medio de una sociedad oscura.

DISTINGUIRNOS

Nosotros, que somos capacitados por la gracia de Dios deberíamos destacar y ser sobresalientes en todos los ámbitos de la vida. Lea despacio este testimonio de Daniel:

> Y tanto se distinguió Daniel por sus extraordinarias cualidades administrativas, que el rey pensó en ponerlo al frente de todo el reino (Daniel 6:3, NVI).

Esto es digno de mención. Daniel *se distinguió*. Observe que el relato no dice: "Dios distinguió a Daniel". Todas las traducciones principales muestran que este joven sobresaliente *se distinguió*. Otra versión de la Palabra de Dios que utiliza lenguaje actual destaca que Daniel superó totalmente a los demás líderes.

¿Cómo lo hizo? Tenía unas cualidades excepcionales porque estaba conectado con Dios. Daniel era disciplinado a la hora de estar en contacto continuo e íntimo con el Creador. Y no debería ser de otra forma para todos los que estamos en pacto con Dios en la actualidad.

La versión La Biblia de las Américas dice: "Pero este mismo Daniel sobresalía...porque había en él un *espíritu extraordinario*". La palabra *extraordinario* significa "ir más allá de la norma, salir del estatus quo, superar la medida normal". A veces podemos entender mejor una palabra examinando lo que no es, sus antónimos: *común, ordinario,* o *normal*. Así, vivir una vida normal manifestaría un estilo de vida opuesto al de alguien con un espíritu extraordinario.

El relato nos dice que el *espíritu* de Daniel era extraordinario, no su mente o su cuerpo. Si el espíritu es extraordinario, entonces la mente, el cuerpo, la creatividad, la ingenuidad, la sabiduría, el conocimiento y todos los demás aspectos de nuestra vida se acomodarán. Es nuestro espíritu el que moldea nuestra vida. Si realmente conocemos la gracia que hemos recibido, sabemos que no hay límites, porque "al que cree, todo le es posible" (Marcos 9:23). Daniel conectó con lo que estaba disponible en su relación con Dios. Debido a su pacto con el Todopoderoso, Daniel sabía que tenía que reinar sobre las circunstancias y no ser gobernado por ellas; tenía que ser cabeza y no cola.

Meditemos en esto con más detenimiento. Daniel y sus tres amigos fueron capturados de su pequeña nación llamada Israel y llevados a la nación más poderosa del mundo. Si usted es americano y piensa que nuestra nación ha sido grande durante los últimos cincuenta años, permítame decirle que América no es nada comparado con el poder y esplendor de Babilonia. ¡Babilonia gobernaba todo el mundo conocido! Estaban muy por encima en lo económico, político, militar, social, científico, en conocimiento y en las demás áreas. Sin embargo, encontramos que "En todo asunto de sabiduría e inteligencia que el rey les consultó, los halló [Daniel, Ananías, Misael y Azarías] diez veces mejores" que todos los demás líderes de su reino (Daniel 1:20). Otras traducciones dicen que estos cuatro eran *diez veces mejores*, diez veces más sabios y diez veces más entendidos. Sugerían e implementaban ideas que los sabios de Babilonia no habían pensado, y las ideas funcionaban.

MAYOR QUE DANIEL, MAYOR QUE JUAN

Con esto en mente, lea las palabras de Jesús: "Os digo que entre los nacidos de mujeres, no hay mayor profeta que Juan el Bautista" (Lucas 7:28). Esto significa que Juan el Bautista era mayor que Daniel. No intente comparar a los dos por lo que hicieron, porque Juan trabajó en la esfera de lo ministerial y Daniel en el ámbito del gobierno civil. Sin embargo, Jesús presenta claramente a Juan cómo "mayor", pero luego sigue diciendo: "pero el más pequeño en el reino de Dios es mayor que él [Juan]" (Lucas 7:28).

¿Por qué el menor en el Reino de Dios es mayor que Daniel o que Juan? Jesús aún no había ido a la Cruz para liberar a la humanidad, así que Juan no tenía un espíritu renacido. Aún no era parte del Cuerpo de Cristo. Se podía haber dicho de Juan: "Como Jesús es, así es Juan el Bautista en este mundo". Juan no fue resucitado juntamente con Cristo y sentado con Cristo lugares celestiales. Sin embargo, todas estas declaraciones son ciertas para nosotros hoy. Por eso el menor en el Reino es mayor que Juan.

Se calcula que ha habido aproximadamente dos mil millones de cristianos sobre la tierra desde la resurrección de Jesús. Las probabilidades son escasas, pero si se diera el caso de que usted fuera "el menor" de los dos mil millones (por ej. si su "número de grandeza" reside junto a la marca de los dos mil millones) ¡sigue siendo mayor que Juan el Bautista! Lo que significa que ¡usted también es mayor que Daniel! Lo cual suscita la pregunta: *¿Se está usted distinguiendo?*

¿Es usted diez veces más listo, mejor y más sabio, diez veces más intuitivo, creativo e innovador que aquellos con los que trabaja que no tienen una relación de pacto con Dios a través de Jesucristo? (Y no digamos, ¿es usted diez veces más paciente, amoroso, disciplinado, amable, hospitalario, compasivo y generoso que aquellos con los que trabaja?). Si no es así, ¿por qué no? ¿Por qué la inmensa mayoría de los cristianos nacidos de nuevo no son diez veces más competentes que el mundo? ¿Podría ser que sólo el dos por ciento de nosotros entendemos que la gracia es el otorgamiento de poder de Dios, que nos da la capacidad de ir más allá de nuestras capacidades naturales para poder reinar en vida y distinguirnos como lo hizo Daniel? (Observe: Se nos dice que llevemos las cargas de los débiles en la Iglesia. Sin embargo, la Biblia no dice que deben seguir siendo débiles el resto de su vida. Ellos también deberían recibir la visión para distinguirse en su ámbito de influencia).

Jesús declara que somos "la luz del mundo" (véase Mateo 5:14). Referirse a sus hijos como luz en medio de las tinieblas no es algo puntual en el Nuevo Testamento, porque las siguientes escrituras apoyan la metáfora de Cristo: Mateo 5:14-16; Lucas 12:3; Juan 8:12; Hechos 13:47; Romanos 13:12; Efesios 5:8.14; Colosenses 1:12; Filipenses 2:15; 1 Tesalonicenses 5:5;1 Juan 1:7; 2:9-10. Creo que podrá ver que ser luz en nuestro mundo de oscuridad es un tema importante de nuestra vida en Cristo.

¿Alguna vez se ha detenido a pensar lo que significa ser la luz del mundo? Desgraciadamente, para muchos ser "luz" significa tener una conducta dulce, llevar nuestra Biblia a todas partes y citar Juan 3:16 a menudo. ¿Pero qué habría ocurrido si Daniel hubiera considerado ser luz de esta forma? ¿Qué tal si su objetivo hubiera sido entrar en las oficinas del gobierno de Babilonia, tratar bien a la gente y decirles a sus compañeros de trabajo: "Oigan, líderes de Babilonia, el Salmo 23 dice: 'Él Señor es mi pastor, nada me faltará...'"?

¿Qué hubieran dicho los sátrapas y gobernantes entre ellos cuando Daniel si hubiera ido de la oficina para orar a la hora de comer? ¿Se imagina? Estoy seguro de que hubiera sido algo como esto: "Me alegro de que este fanático haya salido de la oficina. Espero que se quede orando toda la tarde. Es un tipo verdaderamente raro".

¿Por qué hicieron una ley para que Daniel no pudiera orar (véase Daniel 6:6-8)? La única razón lógica es que Daniel era diez veces más brillante y sabio, diez veces más inteligente, innovador y creativo que los demás. Estaba ascendiendo por encima de ellos hasta estar por delante de todos. Ellos estaban perplejos. Puedo verles quejándose entre ellos: "No lo entiendo. Nos han entrenado los maestros, científicos y líderes más inteligentes, preparados y sabios del mundo. Él es de un pequeño país insignificante. ¿De dónde saca esas ideas? ¿Cómo es posible que sea mucho mejor que nosotros? Debe de ser por la oración. ¡Él ora a su Dios tres veces al día! ¡Hagamos una ley contra eso para que no siga opacándonos!".

Daniel era una luz que brillaba en medio de la cultura oscura porque era un individuo extraordinario. En su caso, no les cayó bien a sus contemporáneos; tenían envidia. Sin embargo, me imagino que muchos otros, incluyendo el rey, vieron la evidencia del Dios vivo en las capacidades de Daniel. La excelencia de Daniel era atractiva e hizo que los líderes honraran al Dios de Daniel. No fue el conocimiento de Daniel de las Escrituras, ni el hecho de que él era amable o que oraba tres veces al día lo que les hizo darse cuenta, sino el hecho de que Daniel era mucho mejor en su esfera de trabajo.

A la luz de esto, oiga ahora las palabras de Jesús para nosotros haciendo referencia a la luz: "Así alumbre vuestra luz delante de los hombres, para que vean vuestras buenas obras, y glorifiquen a vuestro Padre que está en los cielos" (Mateo 5:16). Jesús habla específicamente de nuestras obras sobresalgan para los incrédulos. ¿Cómo es posible que lo reduzcamos a simplemente tratar a las personas con más amabilidad y a citar versículos?

EJEMPLOS DE NUESTROS DÍAS

Tengo un amigo, Ben, que fue vicepresidente de una de las compañías de automoción más grandes del mundo. Durante una cena, me contó un día que antes de convertirse en vicepresidente, había trabajado en un equipo de alta ingeniería en una gran corporación de la competencia. "John, estaba leyendo en el libro de Daniel que él y sus tres amigos eran diez veces mejor que sus compañeros de trabajo", me dijo mi amigo. "Así que oré: 'Señor, si Daniel y sus amigos eran diez veces mejores que sus colegas de trabajo, y estaban bajo el antiguo pacto, entonces yo debería ser al menos diez veces mejor que mis compañeros de trabajo porque estoy bajo el nuevo pacto de la gracia'".

Mi amigo continuó: "John, esta gran corporación hacía un análisis de productividad y costo anual de cada empleado del equipo principal de diseño". En otras palabras, este estudio revelaba el nivel de las ideas, ingenuidad y productividad de cada miembro del equipo. "El segundo mejor empleado de todo el equipo había hecho treinta y cinco millones de dólares en ahorro y productividad ese año. ¿Sabes cuánto hice yo?".

Sonreí, anticipando lo que me diría. "¿Cuánto hiciste?".

Él respondió: "Hice trescientos cincuenta millones de dólares en ahorro y productividad. Fui diez veces mejor que el número dos del equipo". Eso explicaba cómo Ben llegó a convertirse en uno de los principales ejecutivos de una de las corporaciones más grandes de América.

Estoy pensando en un matrimonio que trabaja en nuestra plantilla en Messenger International. Un verano llevaron a sus dos hijos a una de mis reuniones donde yo estaba enseñando estos principios. Tras el servicio, su hijo menor, Tyler, que acababa de cumplir once años, le dijo a su papá: "Como yo tengo la gracia de Dios, debería ser mucho mejor que cualquier jugador de fútbol de la liga de nuestra ciudad".

En vez de contar yo la historia de Tyler de la siguiente temporada de fútbol, permítame compartir una carta de sus padres:

> *John,*
> *Estas son las estadísticas de Tyler de la temporada de invierno (nueve partidos incluyendo los partidos de ascenso y campeonatos). Esta es la liga de Colorado Springs para niños de 11 y 12 años.*
>
> *Nuestro hijo mide 1,65 cm, pesa 47,5 kilos, y tiene 11 años. Yo diría que tiene una hechura normal (nada fuera de la norma) cuando ves las fotos con sus compañeros.*
>
> *Al comienzo de la temporada, el director de su liga de fútbol le estaba viendo entrenar en el campamento anual*

de futbol, y dijo:"¡Vaya, Tyler parece diez veces más rápido que el año pasado!".

Tyler tenía un registro de 816 metros en 78 carreras. El siguiente corredor más cerca de él tenía 473 metros en 70 carreras. Él se sentó a mitad de partido porque el entrenador pensaba que era contraproducente seguir utilizándolo [más]. Tyler hizo 17 touchdowns en 78 carreras. El siguiente jugador hizo 7 touchdowns en 70 carreras.

A mitad de temporada aproximadamente, los entrenadores de los equipos contrarios comenzaron a formar sus defensas en base a las carreras que veían correr a Tyler. Durante los partidos, oíamos a los entrenadores gritar:"¡Cuidado con el 68!","¡Que alguien pare al 68!","¿Qué hacen, chicos? ¡Os va a destrozar!". El número 68 era Tyler.

Personas a las que Tyler no conocía se acercaban a él desde las gradas al término del partido y le decían "Hola" y hablaban con él. Estaba sorprendido y se sentía un poco raro, pero le dijimos que la gracia de Dios le daba influencia y que tenía que seguir confiando en ella. También le dijimos que aprendiera a usar su influencia de forma correcta.

Sinceramente, Jim y Kelly T.

Es sorprendente para mí la facilidad con que muchos jóvenes creen la Palabra de Dios y actúan en consonancia. ¡El joven Tyler nos ha dado a todos un gran ejemplo!

LA GRACIA EN NOSOTROS

¿Por qué sencillamente no hemos creído lo que Dios dice en su Palabra? Nuestro pacto con Él dice: "Y a Aquel que es *poderoso* para hacer todas las cosas mucho más abundantemente de lo que pedimos o entendemos, según el poder [gracia] que actúa en nosotros" (Efesios 3:20). No es según el poder que viene periódicamente del cielo; no es según el poder que viene de encontrar a un hombre o una mujer que tienen un don ministerial especial. No, es según el *poder que actúa en nosotros.*

Ponga atención especialmente a la primera parte del versículo: Dios es *poderoso.* Imagine que hay una gran hambruna en una zona concreta del mundo. Sin embargo, una nación muy generosa y caritativa en otra parte del globo envía su ejército a la zona damnificada con aviones de carga y barcos llenos de verdura y fruta fresca, cereales, carne y agua fresca. El general del ejército les dice a los ciudadanos: "Podemos darles tanta comida como puedan llevar". La primera persona llega con una cesta de picnic y se lleva comida para dos días y dos personas. La siguiente persona llega con un gran saco y se lleva comida suficiente para alimentar a su familia durante cinco días. Sin embargo, el siguiente llega con una gran camioneta y se lleva comida suficiente para alimentar a su familia y a varios vecinos hambrientos durante un mes.

La persona con la cesta de picnic ve la camioneta pasar por delante de su casa con más de una tonelada de comida dentro. "Perturbado" no describe su estado; ¡está furioso! Se queja con sus vecinos y con todo el que le escuche, y finalmente sus quejas llegan a oídos del general. El general le llama y le refuta: "Disculpe, le dijimos que *podíamos* darle tanta comida como pudiera llevarse. ¿Por qué vino usted con un recipiente tan pequeño? ¿Por qué no trajo algo con más capacidad? ¿Por qué no vino con su camioneta?".

¿Cuál es el recipiente cristiano cuando se trata de la gracia de Dios? Según Efesios 3:20, es lo que podamos *pedir o entender*. Dios nos está diciendo: "Mi gracia [poder] en ti puede ir más allá de cualquier contenedor que puedas traer". En otras palabras, nuestro recipiente determina cuánto participaremos de los ilimitados recursos disponibles. Para decirlo claro, nuestro recipiente es lo único que limita a Dios. Creo que Dios nos está preguntando a usted y a mí: "¿Por qué piensan sólo en tener lo justo? ¿Por qué están pensando sólo en ustedes y su familia? ¿Por qué no acceden al potencial completo que he depositado en ustedes y causan un impacto significativo en todo el que les rodea como lo hizo Daniel?".

Por esta razón Pablo ora apasionadamente para que podamos conocer y entender "cuál la supereminente grandeza de su poder para con nosotros los que creemos" (Efesios 1:19).

> Nuestro recipiente es lo único que limita a Dios.

Vea la cuidadosa elección que Pablo hace de las palabras: *supereminente grandeza*. Cuando se trata del poder de Dios para su vida, ¿qué significan esas palabras para usted? Observe que Pablo está hablando de "poder *para con* nosotros", no un poder que pudiéramos conseguir periódicamente de algún ministro en especial algún día que Dios se sintiera generoso. Es "poder *para con* nosotros", capacitándonos para reinar en esta vida. Es el poder *para* que nos levantemos y nos distingamos para que otros puedan ver la evidencia del poder de la resurrección de Jesucristo. Es poder *para* que brillemos como luces radiantes en este tenue mundo.

Ahora debemos preguntar: ¿Estamos viviendo por debajo de aquello por lo que Jesús pagó un alto precio? Si somos honestos, nuestra respuesta debería ser sí. El resultado de nuestra autoimpuesta mediocridad es un trágico déficit de nuestro potencial a la hora de impactar nuestro mundo para el Reino.

¿A qué se debe que sucumbamos tan a menudo ante las infieles formas de este mundo? Por ejemplo, cuando se produce una recesión, ¿por qué los cristianos solemos tender al temor como todos los demás? A veces pienso que deberíamos volver a escribir Filipenses 4:19 para que dijera: "Mi Dios, pues, suplirá todo lo que os falta conforme a cómo vayan Wall Street, la banca mundial y la economía". ¿No es así como muchos de nosotros nos hemos comportado durante la recesión global más reciente? Pero según los principios que estamos explorando en la Palabra de Dios, en los tiempos difíciles es cuando deberíamos brillar más que nunca. Los recursos no abandonan el planeta durante la recesión. Las ideas no se prohíben, la creatividad no se seca, y la innovación y el trabajo duro no se extinguen. En esas horas oscuras es cuando el pueblo de Dios debería levantarse, cuando el poder de Él dentro de nosotros vigoriza las ideas de millones y miles de millones de dólares que ayudarán más a la gente. Una recesión sólo significa que los canales normales de flujo financiero se han interrumpido, y que son necesarios canales nuevos y creativos e ideas frescas. Y usted y yo deberíamos ser quienes aportaran esos canales e ideas, ¡porque nuestra fuente de poder creativo nunca se seca!

Mirando atrás a los años veinte, alguien le debería haber dicho a Aimee Semple McPherson que no era posible que una mujer en aquella época construyera un auditorio para cinco mil personas en el centro de Los Ángeles. También le deberían haber dicho que era imposible sostener este edificio en los años de la Gran Depresión. Sin embargo, lo hizo. Yo he predicado en ese auditorio, y hoy día se reúne allí una gran iglesia. Se dice que los productores de Hollywood acudían a los sermones nocturnos de Aimee los domingos para conseguir ideas de los decorados que ella usaba para sus ilustraciones. Después, ellos usaban esas ideas para sus escenarios de Hollywood. Aimee estaba influenciando el mundo, brillando como una luz.

Yo comparo el ministerio de Aimee con un programa de televisión que vi hace algún tiempo. Había un hombre cantando "Amazing Grace" delante de una gran audiencia. Al frente de la audiencia había tres personas sentadas en una mesa como jueces. Cuando el hombre terminó su canción, los jueces comenzaron a valorar su actuación. Me quedé impactado cuando los jueces dijeron cosas como: "Lo hizo usted bien; su entonación podía haber sido un poco mejor; su tono de voz ha sido un poco alto…".

Me quedé sin fuerzas en las piernas, y clamé: "Señor, tú creaste el universo. Tú creaste las grandes nebulosas y supernovas, las fabulosas montañas Rocosas, las increíbles criaturas marinas. Tú vives dentro de nosotros, ¡y vamos a *American Idol* a buscar nuestra inspiración!". Piense en ello: Aimee influenció Hollywood con su creatividad, pero la nuestra es tan escasa debido al adormecimiento de la gracia que estamos limitados a obtener nuestra inspiración de Hollywood.

Me sobrecogió la tristeza. Pensé mucho en ello durante un largo tiempo, y llegué a esta conclusión: *Por supuesto, si todo lo que enseñamos es que la gracia perdona nuestros pecados y nos otorga nuestra entrada al cielo, no destacaremos como luminarias en este mundo.* Es como si Dios nos hubiera permitido convertirnos en un hazmerreír a ojos del mundo. En nuestro deseo de crear un mensaje que sea fácil y conveniente, que no necesite que creamos de manera implacable o la lucha de la fe, Dios debe de estar lamentándose: *Permitiré que sufran la vergüenza de su propia sabiduría.*

¿Por qué simplemente no hemos creído sus promesas y sus condiciones? ¿Por qué hemos intentado hacer que la sabiduría de Él encaje en nuestro estilo de vida en vez de buscar la transformación radical que se produce cuando confrontamos nuestras vidas con su verdad?

Mi experiencia con la gracia

Una de mis peores asignaturas en la escuela era inglés, y en particular la escritura creativa. Temblaba cuando teníamos que hacer una tarea basada en algún tipo de escritura. Normalmente me llevaba de tres a cuatro horas hacer un escrito de una o dos páginas. Permanecía sentado mirando a la hoja de papel en blanco durante mucho tiempo intentando saber cómo empezar. (Sí, ¡esto era antes de las computadoras personales y los iPads!). Finalmente escribía una frase, la miraba fijamente, pensaba que era terrible y tiraba la hoja a la basura. En el siguiente intento, quizá escribía dos frases, de nuevo pensaba que eran horribles, y volvía a tirar la hoja. Este proceso se repetía hasta que gastaba varias hojas de papel y mucho tiempo. Como una hora después, quizá tenía un párrafo o dos que parecían tener algo de sentido. Al final, aunque el trabajo era bueno en mi opinión, recibía una nota muy baja por la tarea.

A veces me pregunto si mis maestros de inglés me pasaron al curso siguiente para no tener que aguantarme al año siguiente. Quizá piensa que exagero, ¿verdad? La verdad es que obtuve 370 puntos de 800 en la parte de inglés verbal en el examen SAT. Eso es sólo el cuarenta y seis por ciento, que está considerado como "suspender brillantemente". Afortunadamente, tenía habilidad para las matemáticas y las ciencias, y eso permitió que me aceptaran para hacer una ingeniería en Purdue University.

Por tanto, en 1991, cuando Dios me dijo en oración: *Hijo, quiero que escribas,* pensé que Dios estaba cometiendo un grave error. *¿Sería posible*, pensaba yo, *que Dios tenga tantos hijos en este planeta que me haya confundido con otra persona?*

Me avergüenza admitirlo, pero lo que Dios me pidió me parecía tan ridículo que no hice nada. En ese momento me faltaba el conocimiento de lo que he estado compartiendo con usted acerca de la increíble y capacitadora naturaleza de la gracia de Dios.

Diez meses después, y sólo en el transcurso de dos semanas, dos mujeres de dos Estados diferentes se acercaron a mí. Una era de Texas, y la otra de Florida. Cada mujer me dijo las mismas palabras: "John Bevere, si no escribe los mensajes que Dios le está dando, Él se los dará a otra persona y usted será juzgado por su desobediencia".

Cuando escuché a la segunda mujer hacerme la misma advertencia que había oído dos semanas antes, el temor de Dios me sobrecogió. *Será mejor que preste atención ¡y me ponga a escribir!* Pero realmente creía que Dios estaba cometiendo un grave error. No podía terminar un escrito de diez páginas ¡cuanto menos un libro entero! Desesperado, escribí un contrato con Dios en un cuaderno. *Necesito gracia,* escribí. *No puedo hacer esto sin tu capacidad.* Firmé el contrato y le puse fecha.

Después, me senté a escribir. No comencé con un bosquejo, porque no tenía idea de cómo hacerlo o dónde me llevaría concretamente el proceso. Sólo tenía la idea general de un tema. De repente, vinieron a mi mente pensamientos que nunca había tenido, enseñado, ni oído antes de ningún maestro. Simplemente escribí y escribí. Finalmente, tenía un manuscrito de la longitud de un libro. Más adelante escribí un segundo libro, y después un tercero. Hasta la fecha, he escrito quince libros con un total de ventas de millones y publicados en más de sesenta idiomas en todo el planeta. Un libro, *Acércate a Él,* ganó el premio anual Retailer's Choice en 2004, y varios de ellos han sido éxitos de ventas tanto nacional como internacionalmente.

¿Se da cuenta de por qué, sobre la base de mi capacidad "natural", nunca podría vanagloriarme de esto? ¡Es todo por la gracia de Dios!

He estado en una cancha de hockey en Europa con más de ocho mil personas, muchas de las cuales eran líderes cristianos, y les he preguntado cuántos habían leído alguno de mis libros. Con asombro descubrí que casi todos levantaron su mano. En una conferencia internacional en Europa del Este, el organizador de la conferencia les preguntó a seis mil líderes de más de sesenta naciones si habían leído al menos uno de los libros publicados en su propio idioma. Fue asombroso para mí ver al 90 por ciento de los asistentes levantando su mano. Editores iraníes me han dicho (mientras escribo esto siete de mis títulos están en farsi, el idioma oficial de Irán): "Es usted uno de los autores cristianos más leídos en todo Irán". Y me siguen llegando estos informes. Pero mi punto es: *¡Qué gracia!*

Permítame compartir con usted uno de mis sueños: quiero encontrar a mis maestros de inglés de secundaria y enseñarles los quince libros que he escrito por la gracia de Dios, ver cómo se desmayan, y luego revivirles y llevarles a Cristo. El fruto me hará distinguido ante sus ojos, ¡y demostrará claramente la sorprendente gracia de nuestro Señor Jesucristo!

Por esta razón Pablo dice con osadía: "Pero por la gracia de Dios soy lo que soy" (1 Corintios 15:10). Escúcheme, querido lector: usted no es lo que es por aquellos que le dieron a luz, por el lugar donde creció, el grupo étnico al que esté asociado, su género o el lugar donde le educaron. ¡Usted es quien es por la gracia de Dios!

Hace muchos años yo era pésimo para hablar en público. Cuando Lisa y yo nos casamos, en una de las primeras veces que ella me oyó predicar el evangelio se durmió a los diez minutos. Su mejor amiga, Amy, estaba sentada a su lado y también se durmió tan profundamente que yo podía ver la baba cayendo al tener su boca abierta. Estuvieron durmiendo durante todo mi mensaje.

Hace un par de años, Lisa encontró una cinta de video donde yo hablaba en 1984. La puso y en cuestión de segundo grité: "Lisa, ¡tira eso!". Ella agarró la cinta, la abrazó contra su pecho con ambas manos, y se rió histéricamente. "De ninguna manera", dijo ella. "¡Esto es material de chantaje!".

Hoy, y sólo por la gracia capacitadora de Dios, he hablado ante cinco mil, diez mil e incluso veinte mil personas en estadios por todo el mundo. La gente me pregunta: "¿Se pone usted nervioso antes de hablar?".

"No, en absoluto", respondo yo.

Normalmente les sorprende mi respuesta. "¿Cómo puede estar delante de tanta gente y no estar nervioso?".

Yo me río y digo: "Sé lo malo que soy, y si no fuera por la gracia, todos estaríamos ante un grave asunto". Ahora que conozco acerca de la gracia de Dios, la gracia nunca falla. ¡Siempre está ahí!

Por eso mismo Pablo dice: "que no sois muchos sabios según la carne, ni muchos poderosos, ni muchos nobles" (1 Corintios 1:26). ¿Por qué? Porque los sabios, los poderosos y los nobles dependen de su propia capacidad en vez de depender de la gracia.

Desde muy temprano en su vida, Pablo fue uno de los sabios y nobles. "Si alguno piensa que tiene de qué confiar en la carne, yo más", reconoció en Filipenses 3:4. Pero Pablo escogió depender de la gracia: "Pero cuantas cosas eran para mí ganancia, las he estimado como pérdida por amor de Cristo" (Filipenses 3:7). ¿Por qué eran vanos estos atributos humanos? Porque Pablo quería caminar en la inmerecida gracia de la resurrección por encima de su capacidad natural "a fin de conocerle, y el poder de su resurrección" (versículo 10). Esto no significa que Pablo no se aplicara. Estudió diligentemente para mostrarse aprobado, y oró apasionadamente para ser lleno del conocimiento de la voluntad de Dios en toda sabiduría y entendimiento espiritual. Pablo se aplicó como todos debiéramos hacer, pero creyó en la gracia de Dios como el propulsor de su esfuerzo humano para llegar a la esfera del otorgamiento de poder divino.

Si usted es estudiante, debería estudiar mucho, pero mientras debe creer que la gracia de Dios será lo que le impulse a un nivel de pensamiento y logro al que no podría llegar con su propio entendimiento. Si es doctor, debería estar al día de los nuevos descubrimientos de la medicina moderna, pero no puede confiar en su capacidad o educación. Su confianza debe estar en la sabiduría y creatividad sobrenaturales de la gracia de Dios para ayudarle a ir más allá de lo conocido. Si es un atleta profesional, debería trabajar diligentemente en los entrenamientos, pero su confianza debe estar en la gracia de Dios para hacerle llegar más lejos que a los incrédulos en su estadio.

¿Se acuerda que en el primer capítulo descubrimos que nuestro amoroso Dios Creador escribió cada una de nuestras biografías antes de que naciéramos? Vimos las palabras de alabanza de David: "Me viste antes de que naciera. Cada día de mi vida estaba registrado en tu libro. Cada momento fue diseñado antes de que un solo día pasara" (Salmo 139:16, NTV)

Permítame hablarle de su biografía. Es imposible que cumpla su biografía usando sus capacidades tal cual Dios la escribió. No puede hacerlo. Si Dios hubiera hecho que usted pudiera cumplir su biografía por sí solo, entonces tendría que compartir la gloria con usted, ¡y Dios no hace eso! Él dice claramente: "No le daré mi gloria a nadie más" (Isaías 42:8, NTV). Así que Dios escribió a propósito su biografía muy por encima de su capacidad natural para que tenga usted que depender de su gracia para cumplirla. De esta forma, ¡Él recibe toda la gloria!

Eso es lo que le digo a la gente con respecto a los libros que he escrito. Nadie es más consciente que yo de quién es realmente el autor de estos libros. No están hechos por mi propia habilidad. Mi nombre está en esos libros sólo porque yo fui la primera persona en leerlos. Sé que soy lo que soy por su capacidad, su gracia y por nada mío. Es el regalo gratuito de Dios.

Sin embargo, la alarmante realidad es que sólo el dos por ciento de los creyentes americanos son conscientes del otorgamiento de poder de la gracia para capacitarles a fin de lograr su biografía predeterminada. ¿Cómo puede el 98 por ciento restante cumplir su llamado en su propia capacidad? La verdad es que no pueden. ¿Podría ser esta la razón por la que no estamos viendo un impacto enorme en nuestras comunidades?

LA ENTRADA

¡Un regalo gratuito!

Este poder del que escribo, la gracia de Dios, nadie lo puede merecer o ganar por sus propios esfuerzos. Como confirma Pablo, la gracia se recibe *solamente* por fe: "Porque por gracia sois salvos *por medio de la fe*; y esto no de vosotros, pues *es don de Dios; no por obras*, para que nadie se gloríe" (Efesios 2:8-9). Les dijo así a los creyentes en Roma: "por quien también tenemos *entrada por la fe* a esta gracia en la cual estamos firmes" (Romanos 5:2). ¿Qué nos da entrada a la gracia de Dios? No es trabajar mucho, vivir una buena vida, orar dos horas al día, ayunar dos veces al mes, ni ningún otro esfuerzo humano. ¡Tenemos entrada a su gracia sólo por fe!

Entonces ¿por qué sencillamente no lo creemos? Mírelo de esta forma. Si su pozo de agua fresca se seca, tendrá un problema. Sin agua fresca, usted y su familia morirán en pocos días. Pero a unos pocos metros de la ciudad hay una torre enorme de agua llena de millones de litros de agua fresca, y una de las principales tuberías de la torre pasa por delante de su casa. ¿Qué haría usted? Iría al ayuntamiento y obtendría un permiso. Luego iría a una ferretería y compraría tubería de PVC, volvería a casa y uniría la tubería de su casa a la tubería principal que pasa por delante de su casa. Ahora los millones de litros de agua potable tienen *entrada* a su casa, más de los que usted y su familia necesitan. Dicho de manera simple, la fe es la tubería de la gracia. Por tanto, podemos leer Romanos 5:2 de esta forma: "Tenemos *entrada* por la tubería de la fe a todo el agua de gracia que necesitamos". Es así de simple: la única forma de participar de la gracia capacitadora es a través de la fe. Por eso el escritor de Hebreos dice: "Porque también a nosotros se nos ha anunciado la buena nueva como a ellos; pero no les aprovechó el oír la palabra, *por no ir acompañada de fe* en los que la oyeron" (4:2).

El pueblo al que hace referencia eran los descendientes de Abraham: herederos de las promesas de Dios. Hablando de manera figurada, todo el poder y la provisión del cielo pasaban por sus hogares o tiendas. Sin embargo, no se beneficiaron de lo que Dios había provisto de manera gratuita porque no conectaron las "tuberías de la fe" para recibir lo que prometió la Palabra.

De igual modo, si sólo el dos por ciento de los creyentes de América son conscientes de que la gracia es el otorgamiento de poder gratuito de Dios (poder que nos da la capacidad de ir más allá de nuestra capacidad natural y permitirnos brillar en un mundo oscuro haciendo obras maravillosas) entonces ¿cómo podemos creer como iglesia? ¿Cómo podemos ser participantes? Pablo dijo de esta manera: "¿Y cómo creerán en aquel de quien no han oído? ¿Y cómo oirán sin haber quien les predique?" (Romanos 10:14).

Si los cristianos seguimos ignorantes de lo que declara la Palabra de Dios con respecto a la gracia capacitadoras de Dios, ¿entonces cómo podemos creer? No podemos creer lo que no sabemos. Si no tenemos tubería de acceso a su gracia, la promesa de su Palabra no nos aportará beneficio alguno.

> No podemos creer lo que no sabemos.

Esto le debe de romper el corazón a Dios. Jesús pagó un gran precio para que sobrepasáramos lo que Daniel y Juan el Bautista pudieron hacer: ser ejemplos vivos de la vida abundante de Él. Sin embargo, hemos rebajado el mensaje incluyendo sólo perdón y seguro contra incendios. A pesar de lo importantes y maravillosos que son estos regalos, no hemos sabido apropiarnos y reclamar el poder de la gracia de Dios para vivir la vida ahora. Por tanto, no somos capaces de hacer las obras de Dios en este mundo oscuro, no somos capaces de vivir de manera implacable para su gloria.

Los seguidores de Jesús finalmente dijeron: "¿Qué debemos hacer para poner en práctica las obras de Dios?" (Juan 6:28). Estaban frustrados; ellos también querían ayudar a una humanidad herida con el poder de Dios. Jesús les encargó que siguieran su ejemplo. Exasperados, finalmente dijeron: "¿Cómo podemos hacer lo que tú haces?". ¿La respuesta de Jesús? Tengan fe (Juan 6:29).

Eso es ¡Fe! Sólo creer la "palabra de gracia" de Dios es lo único que se necesita para participar de ella. Así es como Pablo pudo animar a los creyentes de Éfeso diciendo: "Y ahora, hermanos, os encomiendo a Dios, *y a la palabra de su gracia*, que tiene poder para sobreedificaros y daros *herencia* con todos los santificados" (Hechos 20:32).

Pablo dejaba a sus seres queridos; sabía que sería su última conversación en este lado del cielo. Cuando alguien sabe que está diciendo sus últimas palabras, tiende a escoger muy bien las palabras que deja a sus seres queridos. Pablo les encomendó no sólo a Dios sino también a la "palabra de su gracia".

Hoy oigo a muchos cristianos con buena intención que dicen cosas bonitas como: "Tienes que confiar en Dios" o "Lo único que necesitas es a Dios en tu vida" o "Tan sólo acércate a Dios". Aunque este consejo dirige a las personas en la dirección correcta, está incompleto. Pablo encomendó a sus compañeros creyentes no sólo a Dios sino también a la "palabra de su gracia". La gracia de Dios nos edifica y nos da nuestra *herencia*, ¿y cuál es su herencia? ¡Es la biografía que Dios escribió sobre usted antes de que naciera!

Debido a nuestra enseñanza incompleta sobre la gracia, demasiados cristianos (el 98 por ciento, para ser precisos) piensan que el increíble otorgamiento de poder de Dios sólo está disponible si oramos y ayunamos lo suficiente, o trabajamos mucho en el servicio cristiano, o vivimos un estilo de vida lo suficientemente santo. El problema de esta visión incompleta es que no sabemos cuánto es *suficiente*. Por esta razón, Pablo confronta a los gálatas:

> Aquel, pues, que os suministra el Espíritu, y hace maravillas entre vosotros, ¿lo hace por las obras de la ley, o por el oír con fe? (Gálatas 3:5).

"Las obras de la ley" no nos llevan a ningún sitio con Dios porque todo se trata de nuestra propia fuerza y esfuerzo. La lección de este capítulo es que el único factor determinante en su acceso a la poderosa y gratuita gracia de Dios es que crea, confíe y se apropie de su gracia por fe.

No se diferencia nada de su salvación inicial. Vea cómo Pablo lo presenta: "Esto solo quiero saber de vosotros: ¿Recibisteis el Espíritu por las obras de la ley, o por el oír con fe? " (Gálatas 3:2).

Así como fuimos salvos por gracia la primera vez simplemente creyendo y respondiendo, así debemos continuar ahora, por gracia, para hacer obras maravillosas en nuestro ámbito de influencia.

¿Chihuahua u oso pardo?

Esto nos lleva de nuevo a la pregunta que hicimos en el capítulo tres. ¿Tenemos el poder y la capacidad de ser *implacables* en nuestras creencias y búsquedas? ¿Somos chihuahuas o somos osos pardos?

Después de recapacitar en los versículos que hemos estudiado, espero que esté conmigo a la hora de afirmar, con gozo y confianza, que usted y yo somos como el oso pardo. Con esta confianza en nuestra mente y nuestro corazón, ¡sigamos nuestro descubrimiento de lo que significa vivir de manera implacable!

6

VER O ENTRAR

Mucho más *reinarán en vida* por uno solo, Jesucristo,
los que reciben la abundancia de la gracia
y del don de la justicia.

ROMANOS 5:17

Tengo la esperanza de que si coloco frecuentemente Romanos 5:17
ante sus ojos, el versículo se convierta en parte de su ser, así como
estoy seguro de que lo es Juan 3:16. Quizá finalmente recite estas
palabras en sus sueños, sabiendo profundamente que la voluntad de
Dios es que usted reine en el ámbito de la vida. Esta firme creencia es
un requisito previo para terminar fuerte, para que le identifiquen como
un "vencedor" y como un creyente implacable.

Antes de proseguir, permítame reiterar la verdad fundamental
que hemos estado desarrollando: *Todo aquel que ha recibido gratuitamente la gracia de Dios está capacitado para ser preeminente en esta
vida.* Tenemos que ser cabeza y no cola, estar encima y no debajo de
las circunstancias de la vida. Tenemos que ser personas del Reino que
influyen de manera ejemplar incorporando el modo de vida de Dios a
esta tierra.

¿POR QUÉ LA MAYORÍA DE LOS CRISTIANOS NO REINAN EN VIDA?

¿Por qué no están viviendo así todos los cristianos? ¿Por qué a la mayoría
de los creyentes *les gobierna la vida* a ellos en vez de ser ellos los que
reinan en vida?

Hemos tratado la respuesta principal y más obvia. La encuesta
nacional que hicimos en 2009 revela que el 98 por ciento de los

creyentes en América no son conscientes de que la gracia de Dios es el otorgamiento de poder de Dios. Desgraciadamente, creo que esta estadística representa a la Iglesia en general en todo el mundo occidental. Debido a su ignorancia de la provisión de Dios de poder sobrenatural a través de la gracia, la gran mayoría de creyentes no pueden vivir como Dios quiere. No se distinguen en nada de la tribu africana que tiene un potente Land Rover y que aún no conoce su capacidad para el transporte. Siguen estando limitados a realizar los viajes caminando y a llevar grandes cargas sobre sus espaldas en distancias muy largas.

La segunda razón por la que la mayoría de creyentes no están reinando en esta vida será el enfoque del resto de este libro. Comenzaremos examinando las palabras de Jesús a Nicodemo, un líder judío que llegó en secreto a preguntarle al Maestro. Las primeras palabras de Jesús para él fueron: "De cierto, de cierto te digo, que el que no naciere de nuevo, no puede ver el reino de Dios" (Juan 3:3).

Jesús habla de *ver* el Reino. Pero su siguiente declaración a Nicodemo revela algo significativamente diferente: "De cierto, de cierto te digo, que el que no naciere de agua y del Espíritu, no puede *entrar* en el reino de Dios" (Juan 3:5). ¿Por qué Jesús cambia su énfasis de ver el Reino (versículo 3) a entrar en el Reino (versículo 5)? Cuando aplicamos sólo nuestro conocimiento del lenguaje a la interpretación bíblica, a menudo es fácil no ver el verdadero significado del texto. Revisar los lenguajes originales nos ayuda a saber mejor lo que Dios quiere que entendamos.

Cuando Jesús habla del Reino de Dios, se está refiriendo al "gobierno de Dios". Las palabras en griego usadas con más frecuencia para referirse *al Reino de Dios* en los Evangelios son *basileia tou Theos*. *Theos* se refiere a Dios, mientras que la definición de *basileia* es "realeza, gobierno, reino". *Basileia* se deriva de la palabra griega usada para "base" o "fundamento". Algunos eruditos creen que la mejor traducción de *basileia tou Theos* es "el gobierno imperial de Dios" o "el dominio de Dios". Me encanta la palabra imperial. Una de sus definiciones es "supremamente poderoso".

Por ejemplo, en el Padre Nuestro Jesús nos enseña a orar así: "Padre nuestro que estás en los cielos, santificado sea tu nombre. Venga tu reino. Hágase tu voluntad, como en el cielo, así también en la tierra" (Lucas 11:2). Literalmente está diciendo: "Padre nuestro que estás en los cielos, eres un Dios Todopoderoso. Que venga tu reino poderoso y supremo. Que se haga tu voluntad en la tierra como se hace en el cielo". Pero un problema surge cuando la mayoría de las personas que oyen estas palabras piensan de manera futurista,¡ cuando de hecho el Reino de Dios ya ha venido! No ha venido aún físicamente, como profetizó

Isaías, porque esto será cuando Jesús regrese para siempre y se termine la influencia de Satanás. Más bien, el Reino de Dios ha venido espiritualmente. Está *entre nosotros,* el pueblo que tiene un pacto con Dios, porque Jesús dice: "El reino de Dios no vendrá con advertencia, ni dirán: Helo aquí, o helo allí; porque he aquí el reino de Dios está entre vosotros" (Lucas 17:20-21).

Debido a la obra de Jesús en el Calvario, ahora el Reino está dentro de cada seguidor de Cristo. Tenemos que extender su dominio, su gobierno, donde estemos y dondequiera que vayamos. Tenemos que reinar en vida por el regalo gratuito tan poderoso de la gracia de Dios que nos ha sido dado a través de Jesucristo.

Veamos otros versículos donde Jesús usa la frase "reino de Dios" y sustituyámosla por *"el gobierno poderoso y supremo de Dios".* Es increíble cómo con este cambio estas frases tienen un significado más relevante para el creyente de estos tiempos.

Por ejemplo, la enseñanza de Jesús en Mateo 12:28 diría: "Pero si yo por el Espíritu de Dios echo fuera los demonios, ciertamente ha llegado a vosotros *el gobierno poderoso y supremo de Dios".* El Espíritu de Dios al que Jesús se refiere es el Espíritu Santo, el miembro de la Trinidad que otorga la gracia (poder) de Dios que tenemos. En el Nuevo Testamento se le llama el "Espíritu de gracia" (véase Hebreos 10:29).

Nuevamente las palabras de Jesús: "es más fácil pasar un camello por el ojo de una aguja, que entrar un rico en el *gobierno poderoso y supremo de Dios"* (Mateo 19:24).

Un hombre rico es alguien que dice: "Tengo toda la aptitud y capacidad en mí para tener éxito". Debido a su intelecto, economía, fuerza física, ingenio, conexiones y recursos, cree que es totalmente autosuficiente. Pero Jesús ve a través de la cortina de humo. "Bienaventurados vosotros los pobres", dice Él, "porque vuestro es el *gobierno poderoso y supremo de Dios"* (Lucas 6:20).

No está identificando a los pobres económicamente hablando; Él está bendiciendo a los que dependen de la gracia de Dios. Jesús declaró que el Espíritu de Dios estaba sobre Él para predicar el evangelio a los pobres, y sin embargo muchas veces de manera intencional se encontró y ministró a algunos de los hombres y mujeres más ricos económicamente hablando de las comunidades que visitó. Cuando habló del camello y del ojo de la aguja, fue justamente después de su encuentro con el joven rico que decidió confiar en sus riquezas en lugar de confiar en Dios.

Piense en otra frase que dijo Jesús sobre el Reino de Dios: "A vosotros os es dado saber el misterio del *gobierno poderoso y supremo de Dios;* mas a los que están fuera, por parábolas todas las cosas" (Marcos 4:11). La autoridad y el poder que tenemos a nuestra disposición mediante la gracia de Dios es, sin duda alguna, un misterio, una verdad oculta que sólo el Espíritu Santo puede revelar. "Cosas que ojo no vio, ni oído oyó, ni han subido en corazón de hombre, son las que Dios ha preparado para los que le aman. Pero Dios *nos las reveló a nosotros por el Espíritu*" (1 Corintios 2:9-10). El hecho de que usted y yo podemos reinar en vida mediante la gracia de Dios era algo oculto hasta que el Espíritu Santo nos lo reveló mediante los apóstoles que escribieron el Nuevo Testamento. Lo único que tenemos que hacer ahora es creerlo.

Esta es otra declaración de Jesús en relación con el Reino de Dios: "De cierto os digo que hay algunos de los que están aquí, que no gustarán la muerte hasta que hayan visto el *gobierno poderoso y supremo de Dios* venido con poder" (Marcos 9:1). Esta declaración del Mesías mismo debería asegurar nuestra creencia de que la llegada del Reino de Dios es tanto *aquí y ahora* como en el futuro. El gobierno poderoso y supremo de Dios estaría dentro de quienes siguieran a Jesús cuando el Espíritu de gracia vino el día de Pentecostés. Con esta misma idea, Jesús le dijo a un escriba que le respondió sabiamente: "No estás lejos del *gobierno poderoso y supremo de Dios*" (Marcos 12:34).

Como puede ver con los pocos ejemplos que he compartido, el Reino de Dios adquiere un significado mucho más poderoso y relevante cuando lo leemos como está escrito en el griego. Quizá le parezca bueno e interesante seguir sustituyendo *el gobierno poderoso y supremo de Dios* siempre que encuentre el término *el reino de Dios* en el Nuevo Testamento.

Pero debemos recordar un aspecto muy importante del gobierno poderoso y supremo de Dios, y es que ¡Él nos ha delegado a nosotros su Reino! "Los cielos son los cielos de Jehová; y ha dado la tierra a los hijos de los hombres" (Salmos 115:16). Jesús, como Hijo del hombre, recuperó lo que Adán había perdido. Después Jesús declaró: "Toda potestad me es dada en el cielo y en la tierra" (Mateo 28:28). Pero Cristo nuestro Señor y Rey ya no está aquí en la tierra, así que usted y yo, el Cuerpo de Cristo, debemos desempeñar *el gobierno poderoso y supremo de Dios*. Si no ejercitamos ese gobierno, entonces se quedará en el ámbito de las fuerzas de este mundo y la vida nos gobernará. ¡Ese no es el plan de Dios! ¡Su gracia nos ha capacitado para reinar en vida por medio de Cristo!

VER CONTRA ENTRAR

Examinemos ahora detenidamente las palabras de Jesús a Nicodemo. Recordará que el Maestro dijo primero: "De cierto, de cierto te digo, que el que no naciere de nuevo, no puede ver el reino de Dios" (Juan 3:3). Y momentos después dijo esto: "De cierto, de cierto te digo, que el que no naciere de agua y del Espíritu, no puede *entrar* en el reino de Dios" (Juan 3:5).

Con el conocimiento que hemos obtenido del griego acerca del Reino de Dios, ahora estamos mejor posicionados para descubrir por qué Jesús establece una diferencia entre ver el Reino y *entrar* en el Reino. Si viéramos el Reino de Dios como un lugar físico como el cielo, entonces el versículo 3 indicaría que nacer de nuevo no es suficiente para entrar en el cielo; sólo valdría para *verlo*. Esto, claro está, no es cierto. Cuando entendemos que Jesús está hablando acerca del gobierno poderoso y supremo de Dios, o el señorío del Reino, entonces estos versículos adquieren un significado totalmente distinto y es mucho más fácil entenderlos.

La palabra griega para ver en el versículo 3 es *eido*. Su definición principal es "ver, percibir, ser consciente de o tener relación con". Jesús nos está diciendo que todos los que han nacido de nuevo pueden *ver, percibir, ser conscientes de y tener relación con* el gobierno poderoso y supremo de Dios: el Reino de Dios.

En su siguiente frase ya no usa la palabra *ver (eido)*, sino que usa la palabra *entrar* haciendo referencia al Reino de Dios. La palabra griega para *entrar es eiserchomai*. Su definición principal es "levantarse y entrar". Así, en estas dos frases Jesús pasa de *ser consciente de a levantarse y entrar en* el gobierno poderoso y supremo. ¿Ve la diferencia?

Para ilustrarlo, cuando me subo a un avión para ir a algún lugar, soy consciente de su capacidad para desafiar la gravedad, levantarme por encima de la tierra y llevarme a mi próximo destino. Como pasajero, puedo ver y experimentar los beneficios de subir a ese avión.

Después, un día un amigo me paga algunas lecciones de vuelo. Tras el entrenamiento inicial, me subo a un avión de un sólo motor y el instructor me dice lo que hacer. Enseguida me subo al asiento de detrás del instructor y comienzo a pilotar el avión. Es casi una experiencia surrealista. Uno de mis pensamientos más recurrentes en mi primer vuelo es el hecho de que puedo pilotar ese avión donde y como quiera. No hay carretera, no hay camino, sino que yo mismo trazo el camino y la ruta. He pasado de *ser consciente* de lo que puede hacer un avión y experimentar los beneficios de subir como pasajero a ser ahora el piloto y pilotar el avión adonde yo quiera. Ahora he *entrado* en la libertad de volar.

Las palabras de Jesús indican que hay dos tipos de creyentes. Podríamos comparar el primer grupo a los pasajeros de un avión que ven, perciben y experimentan los beneficios de volar. Después están los que se levantan y entran en la cabina como copilotos que realmente vuelan y determinan dónde ir y a qué velocidad y altitud. Los pasajeros, aunque se pueden beneficiar del avión, están a merced de aquellos que saben cómo volar.

Para ilustrar aún más la diferencia tan significativa entre ver y entrar en el Reino de Dios, imagínese a un grupo pequeño de personas en una isla perdida. Es una isla peligrosa llena de feroces animales salvajes carnívoros, serpientes venenosas, arañas y escorpiones. Por si eso fuera poco, también hay una tribu caníbal y primitiva en la isla. Nuestro pequeño grupo corre un gran peligro; sin embargo, hay buenas noticias: en algún lugar de la isla hay una pista de aterrizaje y un avión totalmente funcional. El avión está lleno de combustible y situado en la pista de aterrizaje. Puede llevar fácilmente a nuestro grupo de personas de manera segura. Pero hay un gran problema: ¡ninguna persona del grupo sabe pilotar un avión! Todos son experimentados pasajeros, pero nadie ha ascendido al estatus de piloto con la capacidad de pilotar un avión. Aunque el avión nos permite volar hacia nuestra seguridad y libertad, no podemos porque no sabemos ni cómo encender los motores, y mucho menos pilotar el avión para abandonar la isla.

Este escenario ilustra la diferencia entre el creyente que sólo ha *visto o experimentado* el gobierno poderoso y supremo de Dios y el creyente que se ha *levantado y entrado* en el gobierno poderoso y supremo de Dios.

Es una diferencia bastante notable, ¿no es cierto? ¿Qué tipo de creyente quiere usted ser?

ENTRAR A GOBERNAR

La pregunta lógica que surge ahora es: ¿Cómo pasa un hijo de Dios de ver a verdaderamente *entrar* en el gobierno? En otras palabras, ¿Cómo pasamos de ser pasajeros espirituales a pilotos espirituales? El apóstol Pablo responde esta pregunta por nosotros.

Bajo las órdenes directas del Espíritu Santo, Pablo y Bernabé dejaron su iglesia natal y se embarcaron en su primer viaje apostólico (Hechos 13:1-4). Tras viajar largas distancias a muchas ciudades de Asia, comenzaron su largo viaje de regreso a casa, volviendo a visitar unas pocas ciudades en las que habían establecido nuevas iglesias. En esos tiempos, claro está, viajar era más complicado de lo es hoy. Podemos subirnos a un avión y viajar fácilmente a ciudades de cualquier parte del mundo, normalmente en un plazo de veinticuatro horas. No suelo pensar cuando me voy de algún lugar lejano: *Por la complejidad de lo que es viajar, me pregunto si volveré a ver algún día a estas personas a este lado del cielo.* Pero en tiempos de Pablo, a menudo ese era un pensamiento frecuente. Cuando dejaba esas iglesias, Pablo sabía que había muchas probabilidades de que no volviera a ver a aquellas personas queridas que había dado a luz en el Reino hasta que se reuniera con ellas de nuevo en el cielo. Por consiguiente, nos podemos imaginar a Pablo escogiendo bien sus palabras para estos creyentes. Y lo que les deja trata directamente cómo pasamos de *ver a entrar* en el gobierno:

> Volvieron a Listra, a Iconio y a Antioquía, confirmando los ánimos de los discípulos, exhortándoles a que permaneciesen en la fe, y diciéndoles: Es necesario que a través de muchas tribulaciones *entremos* en el reino de Dios (Hechos 14:21-22).

Pablo no se fue de estas tres ciudades con el contenido de un seminario financiero, una conferencia sobre crecimiento de la iglesia, un simposio de entrenamiento de liderazgo, o incluso un edificante mensaje de esperanza, aunque todos estos temas tengan su lugar. No, les dejó con palabras que capacitarían a jóvenes creyentes para vivir de manera implacable y a terminar bien. Su enfoque era prepararlos para entrar a gobernar.

Las palabras de Pablo siguen siendo válidas para nosotros hoy. Deberían quedar marcadas en nuestro corazón y nuestra alma: *a través de muchas tribulaciones entremos en el gobierno poderoso y supremo de Dios.* Permanezca conmigo ahora; este es un mensaje de esperanza y fe, no de melancolía. Piénselo así: ¡Las tribulaciones ocurren! Son inevitables. Jesús claramente nos dice que la tribulación es un hecho de la vida para sus seguidores. "En el mundo tendréis *aflicción*", nos asegura Jesús, "pero confiad, yo he vencido al mundo" (Juan 16:33). Él ha vencido, lo que significa que usted y yo hemos recibido autoridad y poder sobre cualquier cosa que nos pueda suceder en este mundo. Somos su Cuerpo; somos Cristo en la tierra. ¡Hemos vencido al mundo en Cristo!

La palabra *tribulación* se define como "dificultades o un estado de grandes problemas". La palabra griega es *dslípsis*. El diccionario *The Encyclopedia of Bible Words* define dslípsis del siguiente modo: "la idea del gran estrés emocional y espiritual que se puede llegar a producir por presiones externas o internas. De los cincuenta y cinco usos de esta raíz en el Nuevo Testamento, cincuenta y tres son figurados". La presión podría venir de enemigos, circunstancias adversas, malas decisiones o una pasión que se tuerce.

James Strong define *dslípsis* como "presión (literalmente o figuradamente): aflicción, angustia, carga, persecución, tribulación, dificultad".

W. E. Vine lo define simplemente como "cualquier cosa que carga el alma o el espíritu".

Mi propia definición simplista para *tribulación* o *dslípsis* es "el desierto".

Una versión en inglés traduce Hechos 14:22 diciendo que debemos pasar por *muchas tribulaciones* para entrar en el Reino de Dios. Para ilustrarlo, imaginemos que usted sirve a un gran rey que ha conquistado todo un país. Ha entrado en la capital y ha derrocado al horroroso señor que gobernaba la tierra con puño de hierro. El líder depuesto había sido cruel con la gente, envenenando su pensamiento con falsa propaganda, poniéndoles en contra de todo lo bueno y noble e incitándoles al odio y desdén de los caminos rectos del rey justo y noble al que usted sirve.

El buen rey encarga a sus siervos que vayan a la tierra y aseguren su victoria tomando todos los territorios ocupados y fortalezas del enemigo que permanezcan intactos. Por toda la tierra hay gobernantes que aún tienen fortalezas y castillos. Siguen propagando las maneras del antiguo rey malvado y, por consiguiente, aún quedan muchas personas bajo el dominio del sistema del rey malévolo. Aunque la guerra ya ha sido ganada, aún queda mucho trabajo por hacer para asegurar la victoria.

> **Usted se dirige a conquistar un castillo en territorio enemigo.**

Usted se dirige a conquistar un castillo en territorio enemigo. Hay muchos peligros por el camino, porque aún tiene que hacer frente, derrotar y pasar por las tierras ocupadas del enemigo. Sus enemigos han puesto trampas para impedir que usted conquiste esas tierras. Tendrá que soportar esas tribulaciones una a una, y cuando llegue al castillo debe hacer frente a la prueba más difícil de todas: conquistar la fortaleza enemiga. La buena noticia es que cuantas más trampas enemigas, luchas y campamentos encuentra por el camino, más experimentado y sagaz para la batalla se va usted haciendo. Si toma este castillo gobernará este territorio. Y no sólo eso, sino que será un guerrero con tanta destreza y valor que será muy útil para mantener su gobierno sobre el territorio que ha tomado para su rey.

El rey bueno de nuestra historia representa a nuestro Señor Jesucristo. Él nos ha encargado, a sus soldados leales, que vayamos y aseguremos su victoria sobre las fuerzas de las tinieblas que aún están ejerciendo dominio sobre este mundo. Al realizar nuestra tarea encontraremos batallas de dificultades, pero finalmente liberaremos a esos hombres y mujeres que aún están prisioneros debido a las tácticas, formas y propaganda del enemigo.

Usted y yo debemos soportar muchas tribulaciones para entrar a reinar, pero como dijo Jesús, podemos tener buen ánimo al saber que Jesús ha vencido al mundo. Mediante su gracia, hemos recibido poder y autoridad para hacer frente a cualquier desafío que el mundo pueda lanzarnos.

Y no sólo tenemos el *otorgamiento de poder* de la gracia de Dios, sino que los que creemos en Cristo como Señor y Salvador también tenemos una *posición* muy especial en la gracia de Dios. Lea con gozo las palabras de Pablo a los cristianos en Roma:

> El Espíritu mismo da testimonio a nuestro espíritu, de que somos hijos de Dios. Y si hijos, también *herederos;* herederos de Dios y coherederos con Cristo, *si* es que padecemos juntamente con él, para que juntamente con él seamos glorificados. Pues tengo por cierto que las aflicciones del tiempo presente *no son comparables* con la gloria venidera que en nosotros ha de manifestarse (Romanos 8:16-18).

Como creyentes, ¡usted y yo somos herederos de Dios! Somos herederos de Dios y coherederos con Jesucristo. La palabra *heredero* viene de la palabra griega *klhronómos*, definida como "alguien que toma posesión de o hereda. El énfasis está en el derecho del heredero a poseer". Mi diccionario define a un heredero como "una persona que hereda y continúa el legado de un predecesor". Hay también una segunda definición: "una persona legalmente autorizada al rango de otra". Vaya, ¿entiende esto? ¡Dios nos ha hecho herederos de todo lo que Él ha logrado y posee! Nosotros poseemos lo que Él posee. Debemos reinar como Él reina.

Todo le pertenece a Dios y, por tanto, todo nos pertenece a nosotros. "Así que, ninguno se gloríe en los hombres", escribe Pablo a sus amigos creyentes, "porque todo es vuestro" (1 Corintios 3:21). ¡Todo! ¡Usted y yo somos verdaderamente herederos de Dios! Otra versión inglesa dice que todo es nuestro, incluyendo el mundo, la vida, la muerte, el presente y el futuro; que todo nos pertenece. Deténgase y medite en esto durante un par de días. En Cristo, ¡usted y yo somos mucho más ricos que el hombre más rico del mundo!

Pero hay una advertencia, y muy importante. El pasaje anterior de Romanos 8 dice claramente si. Nuestra herencia tiene una condición; es decir, que no es automática para todos los cristianos. ¿Cuál es la condición? Debemos sufrir con Él. Vuelva a leer el pasaje, y verá que para entrar en la esfera del gobierno conjunto con Cristo Jesús, debemos sufrir, confrontar y vencer cualquier oposición que aparezca en el camino de lo que le pertenece a Él, como Él hizo. Observe las palabras *padecer con él*. Vencer la oposición no es caminar por el parque o andar de puntillas por los tulipanes. Es guerra, y la guerra trae consigo sufrimiento.

Pero en nuestro caso, no es un sufrimiento en vano. En Romanos 8:18 Pablo asegura que soportar tribulación puede ser algo positivo y esperanzador: "Pues tengo por cierto que las aflicciones del tiempo presente *no son comparables* con la gloria venidera que en nosotros ha de manifestarse". Aquí tenemos un principio clave que quiero que usted entienda y se apropie firmemente:

No importa cuál sea la presión de la *dslípsis* (tribulación) que soporte, porque la dificultad no es nada comparado con el nivel de gobierno que recibirá cuando pase la tribulación.

Si estamos haciendo bien el cristianismo, habrá sufrimiento. Pero con cada batalla ganada, prevalece en nosotros una mayor gloria de fortaleza y sabiduría. Pablo no está hablando tan sólo de la gloria que recibiremos en el juicio que habrá en el cielo; también se está refiriendo al beneficio que obtenemos para hoy. Cuando soportamos la tribulación, pasamos (*entramos*) a un nivel mayor de gobierno.

SUFRIR CON ÉL

Al leer las palabras *padecer con él*, debemos preguntarnos: ¿Cómo sufrió Jesús? Aquí es donde a muchos les entra la confusión, porque hay dos tipos de padecimientos. Uno es el que se produce por causa de la justicia y el otro es por causa del mundo. Permítame explicarme.

Un tipo de sufrimiento se produce porque todo el sistema del mundo está bajo la influencia del maligno (véase 1 Juan 5:19). Como resultado, todos los días ocurren cosas crueles y malvadas en el mundo. Niños que son abortados o de los que abusan, niñas obligadas a prostituirse, enfermedades que acaban demasiado pronto con las vidas, pobreza y hambre por todo el mundo, riñas y peleas destrozan a las familias, las adicciones se apoderan de muchos y los destrozan, sólo por hacer una lista corta. No hay nada bueno o beneficioso en este sufrimiento. Es triste y trágico, pero es consecuencia del pecado de Adán al entregar su autoridad a un amo cruel.

El segundo padecimiento, por causa de la justicia, es en el que nos enfocaremos ahora, porque es el tipo de padecimiento al que se refieren Jesús y Pablo. Todo padecimiento por la justicia, cuando se soporta con la fuerza de Dios, es beneficioso. Sus resultados son siempre gloriosos, y nos fortalece en nuestro llamado a reinar.

Jesús nos lo demuestra durante todo su ministerio. Recuerde que estamos destinados a padecer con Él si queremos reinar con Él. Así que, ¿cómo padeció Él? Jesús se preparó durante treinta años para el ministerio y luego un profeta muy reconocido llamado Juan le bautizó en el río Jordán.

Cuando Jesús fue bautizado, los cielos se abrieron y el Espíritu Santo descendió sobre Él en forma corporal, apareciéndose como una paloma. Dios Padre habló desde el cielo para que todos los oyeran, y dijo: "Tú eres mi Hijo amado; en ti tengo complacencia" (Lucas 3:22). Imagínese que está usted entre la gente que estaba presenciando esta increíble confirmación celestial de Jesús. Muchos líderes de la nación, tanto políticos como ministeriales, también lo presenciaron.

Ahora bien, si nosotros fuéramos Jesús, la mayoría pensaríamos: *¡Este es el momento perfecto para lanzar mi ministerio! Debería dar mi primer mensaje ahora, con toda esta gente aquí. Después de todo, me he estado preparando para este momento treinta años. Quizá debería contratar a un equipo de marketing y publicidad para capturar el momento de este evento. Ahora toda esta gente sabe que soy el hombre de Dios para este momento.*

Esa sería una respuesta lógica y de sabia promoción, ¿verdad? Pero esto es lo que dijo Jesús: "Jesús, lleno del Espíritu Santo, volvió del Jordán, y fue llevado por el Espíritu al desierto por cuarenta días, y era tentado por el diablo" (Lucas 4:1-2). He descubierto que muchos creyentes piensan que Jesús fue probado sólo al final de sus cuarenta días en el desierto, pero no es el caso. Aunque los Evangelios narran tres pruebas específicas que soportó Jesús, implica claramente que fue probado (por ej. soportó tribulación) durante los cuarenta días.

Observe quién le llevó al desierto. El diablo no le llevó allí. No, su Padre, a través del Espíritu Santo, fue quien lo hizo. Alguno podría pensar: *¿Por qué llevó Dios a su Hijo al desierto sabiendo que tendría un gran sufrimiento y oposición?* Un hecho del que podemos estar seguros es que Dios nunca nos llevará a una tormenta donde no nos vaya a dar el poder para vencer. (Apoyaré y desarrollaré este principio en nuestro próximo capítulo). Lo primero que aprendemos aquí es que Dios no es el autor de la *dslípsis* o tribulación. Él sabe que vivimos en un mundo roto y que si queremos vencer y reinar el mundo, vamos a encontrar resistencia de las fuerzas del mal. Por tanto, Dios nos entrena en áreas que sabe que podemos manejar para fortalecernos para mayores conquistas.

Jesús fue al desierto lleno del Espíritu Santo inmediatamente después del bautismo y encontró *dslípsis* durante los siguientes cuarenta días. Recuerde que se había despojado de sus privilegios divinos para caminar entre nosotros como un hombre lleno de gracia (véase Filipenses 2:7 y Lucas 2:40). Batalló todo el tiempo y venció toda adversidad, sin ceder ni una sola vez a las tentaciones del diablo. Después de los cuarenta días: "Y Jesús volvió en el *poder* del Espíritu a Galilea, y se difundió su fama por toda la tierra de alrededor" (Lucas 4:14).

> Dios nos entrena en áreas que sabe que podemos manejar para fortalecernos para mayores conquistas.

Él fue al desierto *lleno* del Espíritu de Dios, pero tras vencer la adversidad de la fuerte tentación, regresó en el *poder* del Espíritu de gracia. Recuerde las palabras de Pablo en Romanos 8:18: "Pues tengo por cierto que las aflicciones del tiempo presente *no son comparables* con la *gloria* venidera que en nosotros ha de manifestarse". Este pasaje podría decir fácilmente: "Porque tengo por cierto que las aflicciones del tiempo presente no son comparables con la *autoridad y poder* que en nosotros ha de manifestarse". Jesús entró en un nivel mayor de gobierno después de pasar con éxito por la *dslípsis*.

El apóstol Juan subraya esto de la siguiente forma: "Bienaventurado el varón que soporta la tentación; porque cuando haya resistido la prueba, recibirá la *corona de vida*, que Dios ha prometido a los que le aman" (Santiago 1:12).

Note que cuando soporta la tentación como Jesús lo hizo durante cuarenta días en el desierto, usted recibe la "corona de vida". Sé que puede decir que esta corona se recibe en el cielo en el día del juicio, y es cierto, pero creo que Santiago se está refiriendo no sólo a la corona física que será dada en el cielo sino también a entrar *ahora* a un nivel mayor de gobierno en esta vida. Una corona representa autoridad. ¿Qué viene con la autoridad? Poder. Jesús fue al desierto *lleno*, pero regresó con *poder*. Recuerde: entramos a reinar *si* padecemos con Él. Así que cuando padecemos *dslípsis* y pasamos la prueba al no rendirnos, obedeciendo de forma implacable la Palabra de Dios cuando se ha desatado todo el infierno contra nosotros, hay un beneficio inmediato: una autoridad mayor en el área de la vida en la que nos hemos mantenido firmes.

El testimonio de mi suegra

La mamá de Lisa es un clásico ejemplo de esta promesa. En 1979 la doctora local de Shirley en Indiana le diagnosticó un cáncer de mama. No se detectó pronto, así que el cáncer se había extendido también a sus glándulas linfáticas. Le quitaron un pecho junto al 30 por ciento de sus glándulas linfáticas, y la doctora le dijo que era un caso terminal.

Shirley quería una segunda opinión, así que acudió al hospital MD Anderson de Houston, Texas, que está considerado como uno de los mejores hospitales de los Estados Unidos en el tratamiento del cáncer. Su doctor allí era el jefe del departamento de oncología. Su informe no fue muy optimista. Tras darle el mismo pronóstico que había recibido de su primera doctora, dijo: "Le han dado un diagnóstico rígido, ¿verdad?". Le dijo que si hacía exactamente lo que él y su equipo le decían, podría vivir dos, o quizá hasta tres años como máximo. La ciencia médica no veía cura posible.

El protocolo sería radiación intensa, luego irse a casa a Indiana durante dos o tres semanas para descansar, y regresar a Houston para recibir quimioterapia.

Mientras estaba en Houston, Shirley llamó a un ministro muy conocido nacionalmente por la televisión para que orase por ella. "De casualidad" el hombre que se ocupó de su llamada conocía a la pareja encargada del área de pacientes externos del MD Anderson. Hizo una llamada y les animó a cuidar de ella y seguir ministrándola. La pareja contactó con Shirley. La llevaron a su iglesia, a juegos de pelota y a cenar, compartiendo durante todo ese tiempo promesas de la Palabra de Dios que edifican la fe.

Shirley era una cristiana recién convertida. Antes de descubrir el cáncer, la esposa de una pareja en el ministerio le había enseñado tan sólo los principios básicos de la fe. Al regresar a Indiana, comió con su mentora, quien compartió con Shirley que Dios no sana a todo el mundo. Su amiga le dio varios ejemplos de otros cristianos que no habían sido sanados de enfermedades graves. Cuando Shirley le compartía los versículos de esperanza que le había dado la pareja en Houston, la mujer no encajó bien que Shirley no aceptara su consejo.

Ahora Shirley estaba confundida. Cuando regresó a Houston para recibir la quimioterapia, la pareja continuó reuniéndose con ella todos los días, animándole con la Palabra de Dios. Finalmente, Shirley creyó en lo profundo de su corazón que lo que dice la Palabra de Dios acerca de la sanidad es cierto. Ya no dudaría más de lo que Dios dice en su Palabra. ¡Iba a recibir su sanidad!

Cuando Shirley decidió interrumpir la quimioterapia, su doctor

pensó que había perdido el juicio. Al salir del hospital, el doctor le
siguió hasta el ascensor, advirtiéndole que estaba cometiendo un error
de vida o muerte. Pero Shirley estaba decidida. Salió y nunca regresó
al MD Anderson. Regresó a casa, y allí derramaba sobre su vida la
Palabra de Dios cada día mediante libros, mensajes de audio y estudio
bíblico.

En la actualidad, treinta y un años después, está sana y vive muy
cerca de nosotros. De hecho, a sus setenta y cinco años trabaja en el
departamento de relaciones con las iglesias de nuestro ministerio, un
equipo de siete que se encarga de más de veinte mil iglesias en los
Estados Unidos con nuestros libros y temarios. En su trabajo ha ayudado a innumerables pastores y obreros de iglesias a encontrar los
recursos que necesitan.

En todos mis años en el ministerio, he encontrado pocas personas
como Shirley, tan fáciles para orar por sanidad. Una vez no mucho después de que Lisa y yo nos casáramos, llegué a casa del trabajo, y Shirley,
que nos estaba visitando, tenía una gripe muy fuerte. Cuando entré,
Shirley subía arrastra las escaleras para meterse en la cama. No tenía
fuerza para caminar. Cuando me vio, me dijo: "John, necesito que ores
por mí para que se me pase esta gripe".

Mientras oraba por ella, el poder de Dios era tan fuerte, tan tangible, que mi suegra literalmente se cayó al piso. Luego se levantó,
comenzó a saltar por nuestro departamento, y dijo: "¡Quiero prepa-
rarles la cena, chicos!". Se puso a cocinar para nosotros una rica comida.
Yo me reí por dentro y pensé: *Vaya, lo mismo que le ocurrió a Pedro*. Su
suegra estaba enferma, Jesús la sanó, y se levantó y les preparó algo de
comer (véase Mateo 8:14-15).

Shirley no sólo recibe fácilmente la oración, sino que también es
una mujer poderosa cuando se trata de orar por otros para que sean
sanados. Si ella está cerca de alguien que tenga alguna enfermedad o
daño, ¡no le quepa duda de que recibirán una buena dosis de la Palabra
de Dios y oración de sanidad!

Shirley lleva sin cáncer y con buena salud más de treinta años ¡y
subiendo! Al luchar de manera implacable contra su intensa *dslípsis*
con la Palabra de Dios, ha recibido la corona de vida en el área de la
sanidad. Ha soportado y vencido esta adversidad y ahora gobierna y
reina en el área de la vida en la que ha perseverado.

Vencedores

Otros tienen el mismo testimonio. Piense en Oral Roberts, que está en el cielo ahora pero cuya vida y legado continúan. A los diecisiete años, Oral estuvo a punto de morir de tuberculosis. Luchó de manera implacable contra la enfermedad con la Palabra de Dios y la oración, y más tarde recibió la confirmación de su sanidad de boca de su doctor. Como ocurrió con Shirley, Oral recibió la corona de vida en el área de la sanidad, y millones de personas posteriormente fueron fortalecidas y sanadas a través de su vida y ministerio.

Tengo un amigo que se llama Jimmy que ha sido pastor durante años y ha tenido una gran influencia a través de su ministerio. A una edad joven, los doctores tan sólo esperaban su muerte cuando le llevaron a una reunión de Oral Roberts. Después de orar por él, Jimmy se recuperó milagrosamente.

¿Qué habría pasado si Oral no hubiera perseverado de joven? ¿Dónde estaría hoy mi amigo pastor, junto con los millones de personas que recibieron sanidad a través del ministerio de Oral Roberts? ¿Qué hubiera ocurrido con todas las personas que fueron impactadas para la eternidad a través del pastor Jimmy? ¿Dónde estarían hoy? Oral entró a reinar. El resultado total de su creencia implacable sólo se conocerá en el día del juicio.

O piense en Kenneth E. Hagin. Nacido en McKinney, Texas, en 1917 con un corazón deforme, a Kenneth le diagnosticaron una enfermedad rara e incurable en su sangre. A los dieciséis años quedó postrado en cama y no esperaban que viviera muchos años más. En abril de 1933 murió tres veces y vio el infierno, y cada vez Kenneth regresó milagrosamente. Kenneth entregó su vida a Jesús como Señor. Creyó de manera implacable y luchó contra la enfermedad con la Palabra de Dios. Un pastor que acudió a visitarle y consolarle dijo: "Aguanta, hijo, todo se acabará en pocos días". Un año después Kenneth se levantó de su "lecho de muerte" y, poco después, comenzó a predicar.

El ministerio de Kenneth Hagin comenzó a tener una repercusión mundial, con más de sesenta y cinco millones de libros impresos y un centro de entrenamiento bíblico que ha graduado a más de treinta mil hombres y mujeres, mucho de los cuales ahora están a tiempo completo en el ministerio. Después de sesenta y cinco años de ministerio, Kenneth está ahora con el Señor, pero su legado continúa. Recibió la corona de vida en el área de la sanidad ,y como resultado, incontables multitudes han sido sanadas y sus vidas cambiadas gracias a su fiel ministerio.

¿Qué habría ocurrido si Kenneth Hagin no hubiera perseverado? ¿Cómo hubieran sido afectados los millones a los que ministró?

Estas tres personas cuyas historias he compartido (mi suegra, Oral Roberts y Kenneth Hagin) tienen algo en común. Todos ellos fueron atacados, difamados y dijeron que eran malos. El marido de la amiga de Shirley dejó de hablarla cuando decidió creer que Dios la iba a sanar. Durante sus vidas, tanto Oral Roberts como Kenneth Hagin fueron acusados de estar en error, de ser extremistas, herejes o incluso diabólicos. ¿Pero qué dijo Jesús acerca de estas cosas? "¡Ay de vosotros, cuando todos los hombres hablen bien de vosotros! porque así hacían sus padres con los falsos profetas" (Lucas 6:26).

Es interesante que haya ministros y otros creyentes que hayan encendido y ensanchado el mensaje del Reino para que todos se sientan cómodos. Por temor a ofender a alguien o a ser considerado "intolerante" o "extremista", han dejado de luchar la buena batalla de la fe. Para ellos, todo lo que ocurre es voluntad de Dios y se debe aceptar pasivamente. Han quitado las partes "ofensivas" de los Evangelios; sin embargo, se alude a Él como la "Roca que hace caer". Las Escrituras también llaman a Jesús "piedra de tropiezo", pero ellos le han reducido a una canica que no hace tropezar a nadie.

Estos pastores, ministros y creyentes parecen querer que todos hablen bien de ellos; nunca se les acusa de ser extremistas, herejes o diabólicos. Sin embargo, Jesús fue considerado todas esas cosas. Él fue implacable en la verdad. Expuso el engaño de aquellos que deseaban que se hablase bien de ellos. Él anunció: "Bienaventurados seréis cuando los hombres os aborrezcan, y cuando os aparten de sí, y os vituperen, y desechen vuestro nombre como malo" (Lucas 6:22). Es justamente lo contrario de que alguien hable bien de uno, ¿no cree? Después da el razonamiento: "Lo que significa es que la verdad está demasiado cerca para la comodidad y que esa persona se siente incómoda".

La realidad es esta: si usted decide ser un creyente implacable, alguien que reine en vida, es muy probable que sea vituperado, blasfemado, malentendido e incluso marginado por aquellos que profesan seguir a Jesús pero que están satisfechos con una vida cómoda. Intentarán desacreditarle para justificar su comportamiento apático. Ya lo hicieron con los verdaderos profetas del Antiguo Testamento, con Juan el Bautista, con Jesús y con los líderes del Nuevo Testamento. Lo siguen haciendo en la actualidad. Su mayor resistencia principalmente vendrá de aquellos que profesan conocer a Dios. Pasará de las mentiras y la calumnia a la exclusión, e incluso puede ir más lejos como predijo Jesús: "y aun viene la hora cuando cualquiera que os mate, pensará que rinde servicio a Dios" (Juan 16:2).

¿Quiere reinar en vida para la gloria de Dios? ¿Quiere impactar vidas para su Reino, para siempre? ¿Quiere oír al Maestro decir: "Bien hecho, mi buen siervo y fiel" en ese gran día? Si es así, arréglelo ahora: Sufrirá *dslípsis*, a veces de forma bastante intensa, y tendrá que soportarlo y vencer.

Si aún desea verdaderamente entrar a reinar y está dispuesto a perseverar, siga leyendo. Lo mejor aún está por venir.

7

¿QUIÉN ESTÁ TRAS EL PROBLEMA?

Porque a vosotros os es concedido a causa de Cristo,
no sólo que creáis en él, sino también que padezcáis por él.

FILIPENSES 1:29

Filipenses 1:29 al comienzo parece muy atractivo. "Porque a vosotros os es concedido...". Si sólo oyéramos estas palabras sin saber el resto del versículo, preguntaríamos con impaciencia: "¿Qué me ha sido concedido? ¿Qué promesa me espera?".

La respuesta: "padecer por él".

¿Qué? Que nos hayan "concedido" el privilegio de sufrir parece ser algo que no encaja en la mente humana. Pero Dios no engaña; es imposible que ni tan siquiera se acerque a hacerlo, porque Él no puede mentir. Para la mente simple ese versículo puede resultar engañoso, pero para la mente entendida es verdaderamente una promesa emocionante. Los que caminan y crecen en Cristo conocen este hecho en lo profundo de su corazón: *cuanto mayor es la batalla, mayor es la victoria.*

Piense en un soldado leal que se entrena rigurosamente para la batalla. Es muy consciente de la importancia de la batalla; presenta la oportunidad para la conquista. Es un vencedor por naturaleza y anhela servir para los propósitos de su rey. Cuando se anuncia la batalla inminente, él y sus camaradas se regocijan por la oportunidad, porque al triunfar darán gloria y honor a su rey y beneficiarán a su pueblo. Para él es un hecho asumido, por su rey y su reino, sufrir el conflicto de la batalla para así poder vencer. ¿Ve el paralelismo con Filipenses 1:29?

Quizá diga: "Pero yo no soy soldado. No tengo ni la actitud ni el aspecto de un vencedor". Si usted está en Cristo, es sin duda un soldado, porque la simiente de Cristo ha sido impartida en su espíritu.

Jesús es el mayor guerrero que haya vivido jamás. Oiga lo que declara de Él la Biblia: "y con justicia juzga y pelea. Sus ojos eran como llama de fuego…De su boca sale una espada aguda" (Apocalipsis 19:11-12, 15). Usted ha sido recreado a su imagen y semejanza; tiene su naturaleza. Como Cristo es un guerrero, usted también lo es. Por ese motivo se nos recuerda tantas veces el tema de la guerra espiritual en el Nuevo Testamento. Como escribe Pablo:

> Porque no tenemos lucha contra sangre y carne, sino contra principados, contra potestades, contra los gobernadores de las tinieblas de este siglo, contra huestes espirituales de maldad en las regiones celestes (Efesios 6:12).

Hay una versión de la Biblia que me encanta la manera en que capta el mensaje de Pablo, porque nos hace entender que estamos en un combate a vida o muerte hasta el final, una guerra que no se puede eludir. Pablo escribió un pasaje similar a la iglesia en Corinto: "Somos humanos, pero no luchamos como lo hacen los humanos. Usamos las armas poderosas de Dios" (2 Corintios 10:3-4, NTV). Está claro que somos ¡soldados espirituales en guerra!, y usted fue creado para esta batalla. Usted es un guerrero de corazón. Pablo nos exhorta: "Tú, pues, sufre penalidades como buen soldado de Jesucristo. Ninguno que milita se enreda en los negocios de la vida, a fin de agradar a aquel que lo tomó por soldado" (2 Timoteo 2:3-4). Afirme esto ahora en su corazón y en su mente, porque es un hecho: en Cristo, usted es un soldado.

Como soldado, puede tomar el camino de un cobarde evitando la batalla o huyendo de ella, o puede tomar el camino de un héroe participando con entusiasmo y ganando la pelea. Escoja lo primero y, tristemente, será recordado como un desertor. Escoja el camino valiente y recibirá los elogios de un héroe ante su rey.

Querido amigo en Cristo, sé que en su corazón quiere agradar a nuestro rey, glorificarle y vivir para Él. Sólo su carne, si se le permite que domine, podría impedirle que obtuviera el privilegio de compartir los padecimientos de Cristo.

Del libro de Romanos hemos observado que reinaremos con Jesucristo si padecemos con Él. Es obvio que tendremos que afrontar y vencer oposición y tribulación, pero nuestra perspectiva debería ser la de una expectativa gozosa, porque debemos ver el padecimiento como algo que se nos ha concedido y no como algo temido. Cuanto mayor sea la batalla, mayor es la victoria, y finalmente, mayor será la gloria. Y aquí radica realmente la buena noticia: ¡no tiene por qué perder nunca ninguna batalla! Porque se nos ha prometido: "Mas a Dios gracias, el cual nos lleva siempre en triunfo en Cristo Jesús" (2 Corintios 2:14).

DIOS NO ES UN ABUSADOR
DE MENORES

En el capítulo previo destacamos los eventos inmediatos siguientes al bautismo de Jesús. El Espíritu Santo le guió al desierto, donde Jesús fue tentado durante cuarenta días y cuarenta noches. Fue Dios, y no el diablo, quien guió a Jesús al desierto. Dios sabía que su Hijo sería severamente probado, pero le guió allí con un motivo. El principio que aprendimos es que *Dios nunca nos llevará a una tormenta donde no nos vaya a dar el poder para vencer.* Grabe para siempre esta verdad en su corazón, porque le fortalecerá cuando pase por adversidades.

Jesús dejó claro que nunca hacía o decía nada a menos que viniera de su Padre. Fue guiado perfectamente por el Espíritu de Dios: "y que nada hago por mí mismo, sino que según me enseñó el Padre, así hablo" (Juan 8:28).

Más adelante en su ministerio, después de un largo día enseñando a las multitudes, Jesús estaba exhausto. Tengo una idea de cómo debía de sentirse. En varias ocasiones he predicado cuatro o incluso cinco veces al día y he quedado tan exhausto al volver a mi hotel esa noche que no conseguí quedarme despierto para hablar con mi anfitrión.

A Jesús seguro que le ocurrió lo mismo. Llegó la noche y estaba listo para una buena noche de descanso, pero el Espíritu Santo le movió para que les dijera a sus discípulos que entraran en la barca y cruzaran el mar. Había un hombre poseído por demonios al otro lado al que ministrar. Todos entraron en la barca, y Jesús se quedó profundamente dormido.

Se levantó una terrible tormenta en el mar. Cuatro de los hombres de su equipo eran hábiles pescadores que habían pasado en el agua prácticamente toda su vida. Conocían la adversidad del mar y cómo manejarla, pero esa no era una tormenta común. A medida que las olas chocaban una tras otra contra ellos, estos expertos finalmente despertaron a Jesús y gritaron: "¿No te importa que vayamos a morir?". No veían forma alguna de poder sobrevivir a la intensa *dslípsis*.

En medio de esta tormenta, ¿cree que el Espíritu Santo y el Padre tenían miedo? ¿Les imagina preguntándose el uno al otro apasionadamente: "¡No podemos creerlo! No teníamos idea de que fuera a surgir esta letal tormenta! ¿Qué vamos a hacer? Oh, ¿por qué le dijimos a Jesús que fuera a la otra orilla? ¡Hemos cometido un grave error!".

Es bastante divertido si piensa en ello, ¿verdad? Claro, eso no es lo que ocurrió. El Espíritu Santo sabía que se levantaría la tormenta, porque Él sabe el fin desde el principio. "Sólo yo puedo predecir el futuro antes que suceda" (Isaías 46:10, NTV). Él había guiado a Jesús a la barca con el pleno conocimiento de que la tormenta le esperaba. Aun así *Dios nunca nos lleva a una tormenta donde no nos dé el poder para vencer.* Una vez despierto, Jesús fue a la parte frontal de la barca y ordenó a la tormenta que se calmara, y después se volvió a sus discípulos y les preguntó: "¿Por qué estáis así amedrentados? ¿Cómo no tenéis fe?" (Marcos 4:40).

> **El Espíritu Santo... sabe el fin desde el principio.**

¿Por qué Jesús corrigió con esas palabras tan fuertes a aquellos expertos marineros que habían luchado tanto por sobrevivir? ¿Por qué dijo firmemente que no "tenían fe"? Antes de dejar la orilla, les había dicho: "Pasemos al otro lado" (versículo 35). No dijo: "Vayamos hasta la mitad para hundirnos". Ellos deberían haber sabido que había suficiente gracia (poder) en las palabras de Jesús para llevarles hasta el otro lado. Deberían haber permanecido de pie en la barca y gritar: "Tormenta, no vas a matarnos, ¡ni a detenernos! *Llegaremos* al otro lado porque el Maestro dijo 'Pasemos al otro lado'. ¡Así que aléjate de aquí!".

Dios sabía que la tormenta se levantaría, Él les guió hasta ella, pero también les dio a los discípulos de Jesús la autoridad y el poder de reinar sobre la tormenta. Y ahí reside la clave. Lo que separa a aquellos a quienes derrota la vida de los que reinan en vida es el conocimiento de que las batallas y los conflictos son inevitables, y que, contrariamente a la persona natural, tenemos poder sobre cualquier cosa que pueda venir contra nosotros. Así que podemos, y debemos, luchar de manera implacable hasta ganar la batalla. Que la verdad de 2 Corintios 2:14 cale hasta llegar a cada fibra de su ser: "Mas a Dios gracias, el cual nos lleva siempre en triunfo en Cristo Jesús".

Si la situación hubiera dependido de los discípulos y su limitada perspectiva, todos ellos habrían muerto ahogados. Sin embargo, la firme obediencia de Jesús para luchar contra la tormenta tuvo como resultado no sólo el poder vivir otro día sino también en que un hombre poseído al otro lado del lago fuese liberado.

Y el beneficio no terminó ahí, porque este hombre sanado después proclamó el Reino de Dios en las diez ciudades de Decápolis. El resumen es que muchas vidas finalmente fueron impactadas para el Reino. El Espíritu Santo guió a Jesús y a su equipo a la tormenta, sufrieron la adversidad, pero nunca fue la voluntad de Dios que fueran vencidos, sino más bien el enfoque de Dios se centraba en la gloria que les esperaba al otro lado de la tormenta.

Si pudiéramos preguntar hoy a los apóstoles: "¿Valió la pena sufrir la tormenta para ver al hombre liberado?", sin duda alguna hubieran dicho: "¡Por supuesto que sí!".

Veamos otro caso. El apóstol Pablo estaba en una misión guiada por el Espíritu hacia Jerusalén. Pero esto es lo que le esperaba:

> Ahora, he aquí, ligado yo en espíritu, voy a Jerusalén, sin saber lo que allá me ha de acontecer; salvo que el Espíritu Santo por todas las ciudades me da testimonio, diciendo que me esperan prisiones y tribulaciones (Hechos 20:22-23).

La palabra griega para *tribulaciones* en el versículo anterior es *dslípsis*. (Ya hemos visto ese término antes, ¿no es así?). Así que el Espíritu Santo estaba guiando a Pablo a un lugar donde experimentaría una intensa tribulación; pero nuevamente, Dios siempre nos dará la gracia para vencer cualquier obstáculo que encontremos en el camino en que Él nos guíe.

¿Cuál fue el resultado de la firme postura de Pablo en medio del a adversidad? Que no fueron sólo los judíos y gentiles de Jerusalén quienes oyeron el evangelio, sino también muchos ciudadanos del imperio romano, incluyendo soldados, magistrados, reyes de regiones, ¡y el César mismo! Todo por este hombre guiado por el Espíritu Santo a una tormenta. Dios no provocó la tormenta o el sufrimiento, pero Él sabía que Pablo tendría que soportarlo debido a un mundo caído que es hostil a los caminos de Dios. Sin embargo, el amor de Cristo empujó a Pablo a seguir la guía del Espíritu, y Dios le dio gracia para vencer la adversidad. Pablo resumió el viaje escribiendo: "y de todas [persecuciones] me ha librado el Señor" (2 Timoteo 3:11). Sus palabras se corresponden con la declaración del salmista: "Porque él [Dios]me ha librado de toda angustia" (Salmo 54:7). No dice de algunas angustias o de la mayoría de las angustias, sino toda angustia. ¡Eso es el cien por ciento de ellas!

¡Y la misma promesa es para usted y para mí!

CONSEJO PATERNAL

Cuando nuestro primer hijo, Addison, estaba en primero de primaria se topó con algunos niños intimidadores en su clase. Varias tardes llegaba a casa llorando por la forma en que esos niños le trataban en el patio. Imagino que usted se imagina lo que yo, como su padre, quería hacer. Quería ir a ese patio, agarrar por el pescuezo a esos niños, y luego advertirles con firmeza: "¡No vuelvan a tocar o a meterse con mi hijo!". Pero este enfoque tiene tres problemas. Primero, mis actos no habrían sido muy piadosas. Segundo, dichos actos habrían sido contraproducentes para el desarrollo del carácter de Addison. Y tercero, yo no tenía autoridad en ese patio. El patio no era un lugar donde yo debía reinar, sino el lugar para que reinara mi hijo, para tomar autoridad.

Así que después de calmarme, Lisa y yo decidimos que lo mejor que podíamos hacer por Addison sería enseñarle a manejar la *dslípsis* que estaba viviendo. Noche tras noche su madre y yo le dábamos consejos para ayudarle a soportar con éxito las dificultades que estaba experimentando con esos niños. Le enviamos a la escuela al día siguiente armado con estrategias para manejar las dificultades que pudiera experimentar. (Claro está, si hubiéramos sentido que Addison estaba en peligro, habríamos hablado con su maestro y el director).

Por consiguiente, después de navegar con éxito por esa y otras tribulaciones de su infancia, Addison se hizo muy bueno a la hora de tratar con las personas. En 2004 se unió a nuestro equipo ministerial en una posición básica. En ese entonces teníamos más de cuarenta empleados de un rango de edades que iba desde adolescentes a personas de sesenta años. Le dije al equipo de dirección que Addison no recibiera ningún trato preferencial por ser nuestro hijo. A los seis meses, nuestros líderes me dijeron: "Queremos hacerle jefe del departamento de relaciones con iglesias". Las relaciones con las iglesias es una de las funciones más importantes del ministerio, así que pregunté por qué debíamos poner a Addison en ese puesto. "Porque tu hijo es un líder", respondió mi equipo.

Addison tomó el departamento y se desarrolló. Él se ganó tanto la confianza de su gente como la de todo el equipo ministerial cuando fueron testigos de su destreza y sabiduría para resolver problemas y conflictos. Actualmente, a sus veinticinco años, es el principal oficial de operaciones de Messenger International y está haciendo un trabajo fabuloso. Se ha ganado el corazón de todos los empleados, de cualquier edad. Las personas se dan a él, y confían en su liderazgo.

Ahora permítame preguntarle esto: con la intención de proteger a Addison en la escuela, ¿debería haberle sacado de la escuela donde le estaban maltratando y hacerle la escuela en casa? ¿Piensa que fui malo o abusivo por enviarle de nuevo a la escuela, sabiendo que tendría que enfrentarse a esos niños cada día? La mayoría diría que no. Del mismo modo, Dios no está siendo malo ni abusivo cuando nos lleva a lugares difíciles, lugares que debemos invadir y conquistar para el Reino. Él sabe que es por nuestro bien y que le dará gloria a Él y resultará en el beneficio de su pueblo si manejamos el desafío con el poder de su gracia.

La fuente de tribulación

Antes de seguir avanzando, deberíamos tener claridad con respecto a la fuente de dslípsis y la voluntad de Dios para nosotros en medio de ella. Tratar con este asunto es crucial porque puede ser una piedra de tropiezo para muchas personas, y especialmente en tres áreas principales de la vida. Debido a su importancia, dedicaré el resto del capítulo a hablar de ello antes de seguir explorando el tema de entrar a reinar.

Los ejemplos que hemos visto hasta este momento ilustran que Dios no es la fuente de dslípsis. Más bien, dslípsis, o graves conflictos, resistencia y tribulación, provienen de fuerzas de nuestro mundo caído. ¿Ocurre siempre así? Debemos plantear esta pregunta porque si cree lo más mínimo que Dios es el autor, diseñador o instigador de una prueba en particular que usted esté pasando, podría ser que no luchara como debiera para superarla.

Un soldado que va a la guerra es muy consciente de contra quién está luchando; y si es sabio, también conocerá las tácticas de su enemigo. Nunca hay la más mínima duda en la mente de un soldado de quién es su enemigo. Sin embargo, en mis más de treinta años de ministerio, me he encontrado con demasiados creyentes que no están seguros de quién está detrás de las pruebas y dificultades que afrontan. Tristemente, no son conscientes de las estrategias y actividades de su enemigo cuando se nos dice que seamos sabios "para que Satanás no gane ventaja alguna sobre nosotros; pues no ignoramos sus maquinaciones" (2 Corintios 2:11).

¿Cómo conocemos las tácticas de Satanás? ¡Jesús nos lo dice! "El *propósito* del ladrón es *robar* y *matar* y *destruir*". Jesús dice: "mi *propósito* es darles una *vida plena y abundante*" (Juan 10:10, NTV).

Anteriormente en Juan 10, Jesús establece que el "ladrón" es Satanás y sus seguidores. Después Jesús se refiere a él como "quien gobierna este mundo" (Juan 16:11, NTV). Pablo le llama "el dios de este siglo" (2 Corintios 4:4) y el "príncipe de la potestad del aire" (Efesios 2:2). Él es quien establece el curso del sistema de este mundo. Satanás es, sin duda alguna, la fuente de nuestro conflicto. Como dice Pablo:

> Pues no luchamos contra enemigos de carne y hueso, sino contra *gobernadores malignos* y *autoridades del mundo invisible*, contra *fuerzas poderosas de este mundo tenebroso* y contra *espíritus malignos* de los lugares celestiales (Efesios 6:12, NTV).

Las palabras del Maestro en Juan 10:10 y las palabras de Pablo en Efesios (arriba) aclaran sin lugar a duda que cualquier prueba que entre en la categoría de robar, matar o destruir es la influencia de las diversas fuerzas tenebrosas descritas en Efesios 6:12. Por el contrario, el propósito de Jesús es la voluntad de Dios manifestada. Así, el propósito de Dios para usted es *vida plena y abundante*. Cuando experimente presiones, dificultades o sufrimiento de cualquier tipo, use el filtro de Juan 10:10 para decidir si es Dios o el enemigo quien está detrás de ello. Para mostrar cómo funciona esto, consideremos algunos ejemplos comunes.

VERGÜENZA, CULPA Y CONDENACIÓN

Si pasa usted los sentimientos de vergüenza, culpa y condenación por el filtro de Juan 10:10, definitivamente entran en la categoría del ladrón, no de Dios.

Pero para estar completamente seguros, veámoslo con más profundidad. El salmista escribe: "Bendice, alma mía, a Jehová, y no olvides ninguno de sus beneficios. Él es quien perdona todas tus iniquidades, el que sana todas tus dolencias" (Salmos 103:2-3).

Piense en la persona más fiable que haya conocido. ¿Es su cónyuge, uno de sus padres o abuelos, o su doctor? Esta persona nunca le ha mentido ni le ha engañado. Espero que tenga alguien así en su pasado o presente. Imagine que esa persona le hiciese las promesas que acaba de leer. Y no sólo eso, sino que además también tuviera la capacidad de cumplirlas.

Ahora imagine esto: Dios es mucho más fiable que cualquier persona en quien usted haya pensado. Él nos enseña que *no olvidemos* ninguno de sus beneficios. *Ni uno solo.* El primer beneficio es que ha perdonado todos nuestros pecados. ¡Increíble! ¡Qué bondad, qué misericordia, qué amor! Si aún no lo ha hecho, resuelva este asunto ahora: *Usted ha sido perdonado en Cristo Jesús.* No hay pecado alguno que haya cometido que no haya erradicado la sangre que Él derramó. Por tanto, si surge vergüenza, culpa o condenación en su alma por algo que ha pensado, dicho o hecho en el pasado y por lo que ya haya pedido perdón, entonces *no es Dios el instigador de esos horribles sentimientos.* Oiga las rotundas palabras de Pablo sobre este asunto:

> ¿Quién se atreve a acusarnos a nosotros, a quienes Dios ha elegido para sí? Nadie, porque Dios mismo nos puso en la relación correcta con él. Entonces, ¿quién nos condenará? Nadie, porque Cristo Jesús murió por nosotros y resucitó por nosotros, y está sentado en el lugar de honor, a la derecha de Dios, e intercede por nosotros (Romanos 8:33-34, NTV).

Queda dicho de forma muy clara. "¿Quién se atreve a acusarnos a nosotros?". Nadie, y seguro que ni Dios ni Cristo lo harán, porque piénselo así: si Dios envió a Jesucristo a morir por usted cuando era aún su enemigo, y Jesús estuvo de acuerdo y el Espíritu Santo hizo que ocurriera, ¿por qué nos condenaría Dios el Padre, Jesús o el Espíritu Santo ahora y pondría vergüenza o culpa sobre usted cuando ya no es enemigo sino hijo de Dios? ¿Y por qué pondría condenación sobre usted cuando Él ya la echó sobre su cordero pascual? ¿Acaso el sacrificio de Jesús no fue suficientemente bueno? ¿Acaso no fue eterno?

El escritor de Hebreos nos asegura esto:

> ¡Cuánto más la sangre de Cristo, quien por medio del Espíritu eterno se ofreció sin mancha a Dios, *purificará nuestra conciencia* de las obras que conducen a la muerte, a fin de que sirvamos al Dios viviente! (Hebreos 9:14, NVI).

El sacrificio de Cristo no sólo destruyó nuestro pecado ante Dios, sino que también *purificó nuestra conciencia* de la condenación, culpa y vergüenza del pecado. Por eso, si vive para Él e intenta obedecer sus deseos, y a la vez sigue teniendo esos pensamientos o sentimientos, los mismos están originados por el enemigo en un intento de derribarle. Tiene que confrontar la fuente de los mismos con fiereza. ¿Cómo? De la misma forma que Jesús luchó contra el mismo enemigo que le probó en el desierto: ¡con la Palabra de Dios! (Seré más concreto con respecto a esto en otros capítulos).

Pero si, y solo *si,* está viviendo en desobediencia a Dios, será su propio corazón quien le condene. Juan escribe: "que aunque nuestro corazón nos condene, Dios es más grande que nuestro corazón y lo sabe todo. Queridos hermanos, si el corazón no nos condena, tenemos confianza delante de Dios" (1 Juan 3:20-21, NVI). La palabra *condene* en este versículo no significa "sentenciar a un juicio particular", que a menudo es lo que significa. En vez de eso, la definición de la palabra griega *kataginosko* es "notar algo en contra", es decir "encontrar el fallo" o "culpar".

Nuestra conciencia nos protege y nos guarda de resbalar en nuestra comunión con Dios. Si estamos en este estado y no progresamos, el Espíritu Santo nos corregirá como lo hace un Padre amoroso: "Hijo mío, no menosprecies la disciplina del Señor, ni desmayes cuando eres reprendido por él" (Hebreos 12:5). Él nos corrige para restaurar nuestra comunión con Él y para hacernos más semejantes a Él, y no con el propósito de matarnos, robarnos o destruirnos.

Recuerde siempre que la condenación y la corrección tienen ambas un sentimiento incómodo: ¡es doloroso! "Es verdad que ninguna disciplina al presente parece ser causa de gozo, sino de tristeza" (Hebreos 12:11). Sin embargo, hay una gran diferencia entre las dos. La condenación no le aporta una salida, tan sólo deja vergüenza y culpa acompañándole de forma permanente. La corrección le da una salida: se llama arrepentimiento.

En conclusión, si su conciencia sabe que está desobedeciendo, entonces Dios también lo sabe porque Él es mayor que su conciencia. Aclare cuentas con Él cada poco tiempo, arrepintiéndose de inmediato por su desobediencia y confesándolo. Él le perdonará. Es así de sencillo.

Juan escribe: "Hijitos míos, estas cosas os escribo para que *no pequéis*; y *si* alguno hubiere pecado, abogado tenemos para con el Padre, a Jesucristo el justo" (1 Juan 2:1).

Observe que Juan no dice "cuando peques". No, el objetivo es que usted no peque. Una *conciencia de pecado* le llevará de nuevo a volver a pecar, pero *una conciencia limpia delante de Dios* le mantendrá fuerte contra el pecado. Esta conciencia le ayuda a recordar que el poder del pecado ha sido róto en su vida y que la gracia ha sido suplida para que usted camine completamente libre de pecado, por dentro y por fuera. "Porque el pecado no se enseñoreará de vosotros", afirma Pablo, "pues no estáis bajo la ley, sino bajo la gracia" (Romanos 6:14).

Así, el objetivo es no pecar. La gracia de Dios nos capacita para alcanzar este objetivo. Pero si, y vuelvo a enfatizar *si*, pecamos, podemos atajarlo de inmediato y creer lo que promete la Palabra de Dios: "Si confesamos nuestros pecados, él es *fiel* y *justo* para perdonar nuestros pecados, y limpiarnos de *toda* maldad" (1 Juan 1:9). *Fiel* significa que Él perdonará cada vez, sin importar cuántas veces usted tropiece. *Justo* significa que Él lo hará independientemente de quién sea usted o de lo que haya hecho. Así que cuando Él le limpia de *toda* maldad, lo cual significa que están incluidas *todas,* entonces usted queda limpio delante de Él, y es como si nunca hubiera pecado. La sangre de Jesús quita ese pecado, ¡y lo pone tan lejos como lo está el este del oeste!

Uno de los mayores obstáculos para que un creyente reine en vida es una conciencia de pecado. Cuando seguimos batallando con la vergüenza, culpa o condenación por un pecado del que nos hemos arrepentido y confesado a Dios, eso nos debilita. He visto a muchas personas alejarse de su fe como resultado de una culpa permanente o vergüenza que provenía del enemigo, y no de Dios. Sintieron que habían pecado demasiadas veces, o que habían cometido un pecado imperdonable. Aunque Dios no les condenaba, Satanás usó sus mentes no renovadas para infundir en ellos culpa, vergüenza y desesperación. Así, o bien se alejaron o se conformaron a una vida sin fruto, a una versión de la fe podrida por la culpa. En lugar de reinar en vida, la vida reinó sobre ellos.

Por tanto, deje este asunto zanjado ahora: si ha pecado pero se ha arrepentido genuinamente y ha confesado su pecado al Señor, puede estar ante Dios como si nunca hubiera cometido pecado alguno. Por su asombrosa gracia Él ha querido que sea así de simple. ¡Créalo!

Es importante añadir esta pequeña nota. Si usted es verdaderamente un hijo de Dios, seguro que desea agradarle por encima de todo, porque la simiente de Él está en usted. Pero alguien que continúa de forma voluntaria en desobediencia no ha nacido verdaderamente de Dios. Si está buscando una licencia para pecar, se encuentra en un terreno peligrosamente engañoso. Para ser claro, no ha sido verdaderamente salvo. La Biblia lo dice así de claro: "pero todo el que sigue pecando no lo conoce ni entiende quién es él…demuestra que pertenece al diablo" (1 Juan 3:6-8, NTV).

ENFERMEDAD, DOLENCIA, ACHAQUES FÍSICOS

¿Qué tipo de poder nos da la gracia para reinar sobre la enfermedad, la dolencia y cualquier achaque físicos? Revisemos la verdad escrita por el salmista:

> *Bendice, alma mía, a Jehová, y no olvides ninguno de sus beneficios.*
> *Él es quien perdona todas tus iniquidades, el que sana todas tus dolencias (Salmos 103:2-3).*

De nuevo, piense en la persona en quien usted más confía en su vida, y después reconozca que Dios es incluso más fiable; Él nunca rompe una promesa. El primer beneficio que vemos en el salmo es que Dios perdona fielmente cada uno de nuestros pecados. Y eso nos todo, porque también nos pide que nunca olvidemos ninguna de sus bendiciones: Dios, que nunca miente, dice: "Yo sano *todas* y cada una de tus enfermedades". No dice la mayoría ni tan siquiera el 98 por ciento de tus enfermedades; no, es el 100 por ciento de nuestras enfermedades. Sus sanidad es parte de la obra redentora de Jesús, igual que el perdón de nuestros pecados. Isaías anticipó lo que Jesús soportaría por nuestra libertad espiritual y física:

Ciertamente llevó él nuestras *enfermedades*,
y sufrió nuestros dolores;
y nosotros le tuvimos por azotado,
por herido de Dios y abatido.
Mas él herido *fue* por nuestras rebeliones,
molido por nuestros pecados;
el castigo de nuestra paz *fue* sobre él,
y por su llaga fuimos nosotros curados (Isaías 53:4-5)

La palabra hebrea para *enfermedades* en el pasaje de Isaías es *choli*. *Strong's Concordance* lo define como "dolencia, tristeza, enfermedad". El reconocido erudito bíblico y autor Henry Thayer lo definió como "aflicción, dolencia, tristeza, achaque, enfermedad". El término se encuentra veinticuatro veces en el Antiguo Testamento, y en veintiuna de esas ocasiones se refiere específicamente a enfermedad o dolencia. Pero está claro que en el versículo anterior, choli se podría haber traducido fácilmente como "enfermedad" o "dolencia".

Otras traducciones de la Biblia apoyan y concuerdan totalmente con esta conclusión.

> Dios nunca rompe una promesa.

No es una coincidencia que tanto el salmista como Isaías pongan perdón de pecados y sanidad de enfermedades en la misma frase. Ambas cosas son parte del paquete redentor que Jesús nos dio gratuitamente en el Calvario.

En los Evangelios encontrará que ni una sola persona de todas las que acudieron a Jesús en busca de sanidad recibió una negativa. Jesús nunca dijo: "Tienes que acostumbrarte a esta enfermedad porque mi Padre te está enseñando a través de ella". Sin embargo, he oído a creyentes, e incluso a maestros, decir eso mismo. Seamos lógicos: ¿Por qué iba a cambiar Jesús ahora? Se nos dice que Jesús es el mismo ayer, hoy y por siempre (véase Hebreos 13:8). Él nunca nos rechaza hoy día, así como nunca rechazó a nadie durante su vida terrenal. Además, si usted cree que Dios le está enseñando algo a través de una enfermedad, ¿por qué acude al doctor para que le ponga un tratamiento? ¿Por qué luchar contra lo que Dios está intentando enseñarle? ¿Ve lo ilógico que puede resultar este pensamiento?

Tampoco el libro de los Hechos revela que una sola persona que buscara y creyera a Dios para recibir sanidad recibiera una negativa. Los apóstoles nunca dijeron: "No sabemos si es la voluntad de Dios sanarte, así que tendrás que tener esperanza en que lo haga". En cambio, la sanidad siempre era algo seguro, nunca se le negaba a nadie que la buscaba, porque según Isaías 53 y el Salmo 103, la sanidad es parte de la redención de Jesús tanto como el perdón de pecados. Si usted desecha una parte, tiene que desechar la otra.

Actualmente no hay ninguna diferencia. Las enfermedades, dolencias o achaques físicos de cualquier tipo entran todos en la categoría de robar, matar y destruir. Son dificultades contra las que podemos luchar firmemente sabiendo que fuimos liberados de ellas a través del sacrificio de Jesús en el Calvario. Definitivamente no son la voluntad de Dios para nuestras vidas. ¡El paquete de redención de Jesús aún sigue firme e intacto! Por eso Pablo escribe: "Y el mismo Dios de paz os santifique por completo; y todo vuestro ser, espíritu, alma y cuerpo, sea guardado irreprensible para la venida de nuestro Señor Jesucristo" (1 Tesalónica en 5:23). Incluye cuerpo junto a nuestra alma y espíritu, indicando que así como Dios quiere que su espíritu y su alma estén bien, igualmente desea que su cuerpo esté bien, funcionando como Él lo creó para que funcionara.

Puedo escuchar a alguien diciendo: "Pero conozco a una persona que creía que Dios le iba a sanar y murió". Permítame preguntarle esto: ¿Vamos a basar nuestra fe en Dios en la experiencia de otra persona o en lo que declara su Palabra eterna? Debe resolver firmemente este asunto en su mente y su corazón. Como escribió Pablo: "¿Pues qué, si algunos de ellos han sido incrédulos? ¿Su incredulidad habrá hecho nula la fidelidad de Dios? De ninguna manera; antes bien sea Dios veraz" (Romanos 3:3-4).

Para ser franco, usted no sabe de cierto lo que realmente creía en su corazón la persona que murió. Quizá declaró repetidas veces su creencia en la sanidad de Dios, pero podría haber sido una fachada para esconder su temor a no ser sanado. La verdadera fe no duda de la promesa de Dios en nuestro corazón. Una persona puede decir algo sabiendo que es correcto en su mente, pero en su corazón quizá cree otra cosa diferente.

Entonces ¿cómo procesamos las experiencias de otros que son contrarias a lo que dice la Escritura, sin establecer juicios? Por ejemplo, si alguien en la familia o un amigo nos deja en esta vida por causa de una enfermedad. Un buen enfoque que he desarrollado en muchos casos es el siguiente: la Escritura nos enseña que estamos corriendo una carrera. En las carreras cada participante tiene una calle por donde correr. Si la experiencia de alguien no se alinea con las verdades fundamentales de la Escritura, déjela en su calle, pero no se la traiga a la suya. Será algo entre esa persona y Dios, que es un Juez misericordioso y justo. De esta forma su fe no se debilitará. Sin embargo, si el testimonio de alguien está alineado con la Palabra eterna de Dios, entonces tráigalo a su propia calle para fortalecer su carrera.

Debe hacer suyo lo que dice la Palabra de Dios antes de poder recibir su promesa. Cuando lo haga, será implacable en su creencia, como un hombre llamado Bartimeo.

Jesús se iba de Jericó con sus discípulos, y una multitud enorme le rodeaba. Un hombre ciego llamado Bartimeo estaba sentado junto al camino, y cuando supo que Jesús pasaba por su lado, llamó al Maestro a gran voz. Muchas personas que merodeaban por allí le reprendían, diciéndole a Bartimeo que no molestara al Maestro. ¡Pero él gritaba aún más fuerte! Aquí tenemos a un hombre que tenía el fundamento de su fe no sólo en su mente, sino también en su corazón. Si Bartimeo no creyera con todo su corazón que Dios quería sanarle, habría desistido, especialmente después de que quienes le rodeaban le reprendieran. Se habría callado y se habría resignado a este pensamiento erróneo: *Como Jesús no se va a acercar a sanarme, quiere decir que Dios quiere que siga padeciendo esta ceguera.* Pero Bartimeo no aceptó esa mentira, sino que se mantuvo firme en su clamor; y observe lo que ocurrió después:

Entonces Jesús, deteniéndose, mandó llamarle (Marcos 10:49).

¡Qué increíble! Jesús tenía decidido ir a Jerusalén para cumplir con lo que había sido enviado a hacer; estaba enfocado en su tarea. Las multitudes le rodeaban y muchos, sin lugar a dudas, tenían necesidades físicas, y a la vez sus necesidades no le hicieron detenerse y dejar a un lado temporalmente su misión. Sin embargo, este hombre ciego clamó a Jesús sin que nadie pudiera callarle. Ninguna adversidad o represión pudo cerrar su boca. Fue el sonido de su voz, no el silencio de otros, lo que hizo que Jesús se detuviera, y dijo: "Díganle que se acerque". Así que los discípulos llamaron al ciego. "Anímate—le dijeron—. ¡Vamos, él te llama!" (Marcos 10:49, NTV).

Es obvio que las personas que rodeaban a Bartimeo no eran muy alentadoras. De hecho, eran contrarias a su causa. Sin embargo, eso no le perturbó. Bartimeo no detendría su fe. Arrojó su capa de mendigo, se puso en pie, y dejó que los discípulos le guiaran hasta Jesús.

Entonces el Maestro le preguntó: "¿Qué quieres que te haga?".

¿Habla en serio? ¿Qué tipo de pregunta es esta? Un ciego, al que tienen que acompañar, y le pregunta cuál es su necesidad. Era obvio; por tanto, ¿por qué le hizo Jesús esa pregunta? ¿Acaso no conocía la necesidad del mendigo? ¿Le estaba Jesús insultando? ¡Claro que no! El Maestro quería ver la evidencia de la fe de Bartimeo.

Si Bartimeo hubiera dicho: "Sé que es demasiado pedirte que me devuelvas la vista, pero ¿podrías por favor sanar el dolor de cabeza que he tenido estos últimos días?", entonces eso habría sido exactamente lo que habría recibido. Sabemos que es así por lo que dijo Jesús una vez que los ojos del ciego se abrieron: "Vete, tu fe te ha salvado".

Marcos no escribió acerca de las personas de la multitud que no recibieron sanidad, sino que se centró en el hombre que sí la recibió. No permita que la historia de otras personas que no han conseguido su sanidad le alejen de su firma creencia. Escúcheme una vez más con atención en esto: *No critique o enjuicie a aquellos que no recibieron de Dios, pero no permita que su historia entre en su corazón como una evidencia.* Pablo declara: "¿Pues qué, si algunos de ellos han sido incrédulos? ¿Su incredulidad habrá hecho nula la fidelidad de Dios? De ninguna manera" (Romanos 3:3-4). La única evidencia que deberíamos permitir entrar en nuestro corazón debería ser el testimonio que está en línea con la Palabra de Dios.

CARENCIA Y POBREZA

¿Nos da la gracia el poder para reinar sobre la carencia y la pobreza?

Por alguna razón, muchas personas creen que la piedad se ejemplifica no teniendo suficiente. En casos extremos, algunas personas incluso hacen votos de pobreza en su servicio a Dios. Esta mentalidad se desmorona ante Filipenses 4:19, donde Pablo asegura a sus colegas cristianos: "Mi Dios, pues, suplirá todo lo que os falta conforme a sus riquezas en gloria en Cristo Jesús".

Si lee este versículo en su contexto, descubrirá que Pablo está hablando a estos creyentes específicamente sobre las finanzas. Nuestras necesidades serán cubiertas, no según como vaya la economía o el mercado de valores sino conforme a las riquezas de Dios en gloria. Esto es increíble, porque Él tiene muchas riquezas, para ser exacto ¡inagotables riquezas! Basados en esta promesa, podemos estar seguros de que es la voluntad de Dios que a usted nunca le falte ningún bien. El salmista escribe: "Los leoncillos necesitan, y tienen hambre; pero los que buscan a Jehová no tendrán falta de ningún bien" (Salmos 34:10). La carencia y la pobreza no son componentes de la abundancia de vida y, por tanto, no pueden ser la voluntad de Dios para su vida.

La Escritura declara que un buen nombre es mejor que grandes riquezas o incluso la preciosa unción de Dios (véase Proverbios 22:1; Eclesiastés 7:1). Si no podemos pagar nuestras facturas, propagamos un mal nombre. ¿Se imagina intentar hablarle al dueño de su apartamento de Jesús cuando no puede pagar su renta a tiempo? ¿Por qué motivo le escucharía si la evidencia de su vida habla de fracaso en cumplir su palabra? Sin embargo, si el dueño de su apartamento ve la provisión de Dios en su vida y finalmente tiene que decirle adiós porque la provisión de Dios le ha permitido comprar un casa en lugar de alquilar, ¿no es eso un testimonio mucho mejor para un incrédulo? La Palabra de Dios declara: "Y prestarás a muchas naciones, y tú no pedirás prestado" (Deuteronomio 28:12). ¡Qué testimonio cuando estamos libres de deudas, sin tener que pagar para devolver préstamos, y le "prestamos a las naciones" compartiendo nuestra abundancia con otros y dando para la obra del evangelio!

Según estos versículos, parece que Dios desea hacer algo más que tan sólo *suplir* nuestras necesidades. Parece que quiere que *prosperemos*. Oiga su voluntad en la oración del apóstol Juan: "Amado, yo deseo que tú seas prosperado *en todas las cosas*, y que tengas salud, así como prospera tu alma" (3 Juan 2).

¿Observó las palabras que destaqué, en todas las cosas? Más que ninguna otra cosa, Dios desea que usted, su hijo, prospere y tenga buena salud. Déjeme decirlo de nuevo: *en todas las cosas. ¡Por encima de todo!* Si la oración del apóstol no fuera la voluntad de Dios, no estaría en la Biblia. Dios nunca exagera; no puede, porque sería una mentira y Dios no puede mentir. Así que puede contar con esto, amigo: la voluntad de Dios es que usted prospere *en todas las cosas* y que tenga salud. ¡Increíble!

¿Qué es prosperidad? Es tener más que suficiente para suplir no sólo sus necesidades sino también las necesidades de los que están en su círculo de influencia. En otras palabras, el dinero nunca debería ser el factor determinante para alcanzar a las personas a las que Dios quiere que usted toque en su nombre. ¿Podría ser esta la razón por la que la Palabra de Dios declara: "Acuérdate del SEÑOR tu Dios. Él es quien te da las fuerzas para obtener riquezas, a fin de cumplir el pacto que les confirmó a tus antepasados" (Deuteronomio 8:18, NTV).

Dios no se opone a que tengamos dinero. A lo que se opone es a que el dinero nos tenga a nosotros. El dinero no es la raíz de todos los males, sino el *amor al dinero*. La voluntad de Dios es que usted prospere en cada área de la vida, incluso en las finanzas.

Muchos creyentes jóvenes o inmaduros luchan con las principales áreas de la vida que acabamos de tratar. Sin embargo, cuando estamos firmemente arraigados en el hecho de que Dios no es el autor de la vergüenza, la culpa, la condenación, la enfermedad, la dolencia, los achaques físicos, la escasez o la pobreza, es más fácil discernir las otras áreas de ataque que también vienen del enemigo. Ahora estamos listos para la verdadera lucha de la vida: la batalla por conquistar territorio para el Reino.

Sepa bien esto en su corazón al avanzar en la batalla: si la oposición entra en la categoría de robar, muerte o destrucción, no tiene nada que ver con Dios. Viene de las fuerzas de Satanás que quieren desanimarle, derrotarle y devorarle. Usted y yo debemos luchar contra ellas de forma *implacable* para poder ver el Reino de Dios manifestarse, como en el cielo, así también en la tierra.

8

ARMADOS

*Puesto que Cristo ha padecido por nosotros en la carne,
vosotros también* armaos *del mismo pensamiento; pues quien ha
padecido en la carne, terminó con el pecado.*

1 PEDRO 4:1

Imagínese una nación enviando su fuerza militar a la guerra sin balas, pistolas, cañones, bombas, tanques, aviones o ni tan siquiera cuchillos. ¿Cómo combatiría esa nación en la guerra? ¿Vencería? ¿Pelearía? ¿Sobreviviría? Mi opinión es que un buen número de ellos morirían rápidamente y el resto serían tomados como prisioneros de guerra.

Y es muy probable que ocurriera así, porque hasta donde yo sé, nunca se ha producido una situación tan absurda. Pero por ridículo que parezca, no se diferencia mucho de un creyente que no esté "armado para padecer". Tristemente, la mayoría de nosotros estamos desarmados. Cuando se produce una *dslípsis* inesperada, nos pilla con la guardia baja y entramos en un estado de shock, asombro o desconcierto. El resultado es que tendemos a reaccionar en lugar de actuar.

En su primera carta, Pedro, bajo la inspiración del Espíritu Santo, nos advierte que nos armemos para padecer como lo hizo Cristo. ¿Cómo sufrió Él? ¿Experimentó el pecado? No, pero tuvo que resistirlo. ¿Sufrió enfermedades y dolencias? No, pero probablemente tuvo que luchar contra ello. ¿Le faltó dinero para pagar facturas o para cumplir su misión? No, pero estoy seguro de que tuvo que confiar en la provisión de Dios. Jesús fue probado en todo, pero nunca sucumbió a ninguno de los asaltos que le lanzó el enemigo. Somos llamados a caminar como Él lo hizo; por tanto, tampoco tenemos que ceder a ninguna treta del diablo.

Al leer con más detenimiento la carta de Pedro, nos damos cuenta de que el sufrimiento concreto que Jesús padeció fue un trato injusto de la gente, particularmente de los corruptos líderes religiosos y políticos de su época. Personalmente creo que este es el nivel más alto de sufrimiento que uno puede soportar para entrar a reinar.

Sin duda, el trato injusto fue la mayor lucha del apóstol Pablo. Fue apedreado, cinco veces lacerado, tres veces golpeado con varas, y en constante peligro a manos de sus propios compatriotas, extranjeros y falsos creyentes. Pablo fue calumniado, difamado, mofado, maltratado, insultado y falsamente acusado. Él nos advierte de los mismo: "Y también todos los que quieren vivir piadosamente en Cristo Jesús padecerán persecución" (2 Timoteo 3:12).

Si usted vive como lo hace el mundo, no le alcanzará la persecución; es prácticamente un prisionero de guerra. Está retraído en el campamento de prisioneros de guerra del enemigo. Ya no es efectivo para conquistar terreno para el Reino, incapaz de darle gloria a Dios. Son los soldados en la línea de fuego lo que son libres y luchan por capturar territorio enemigo.

Vivimos en un mundo que es totalmente contrario e incluso hostil al Reino de Dios. El fluir del sistema de este mundo es diametralmente opuesto al fluir del Espíritu de Dios. Por tanto, si usted vive verdaderamente para el Señor, sufrirá tribulación, aflicción y persecución. Es parte de la descripción de trabajo.

> Si vive como lo hace el mundo... es prácticamente un prisionero de guerra.

Querido amigo, ya sea la lista de cosas descritas en el capítulo previo, o circunstancias adversas de la naturaleza, o la hostilidad de personas, organizaciones o entidades del sistema de este mundo, usted *sufrirá resistencia en su vida en Cristo.* Por eso, Pedro dice que debe estar preparado. Debe, como él dice, "armarse".

ARMADOS CONTRA DESARMADOS

Podría sernos útil ver primero dos ejemplos de adversidad inesperada en la que un demandado está armado y otro desarmado. Cada seis o doce meses, un piloto de una línea aérea comercial recibe un entrenamiento recurrente. Gran parte de ese entrenamiento se hace en el simulador de alta tecnología, un aparato de entrenamiento con un sistema de computadoras muy complejo, una réplica exacta de una cabina con todos los controles de un avión concreto, un sistema visual para crear una réplica del mundo fuera del avión. Se monta todo en una plataforma que se mueve en respuesta al control del piloto o en base a factores medioambientales externos. Dicho de manera simple, una vez dentro, usted no sabría si está en un avión real o en un simulador.

Los instructores que manejan el simulador programan todo tipo de problemas (*dslípsis*) para estos pilotos, ya que el simulador es capaz de imitar todo un rango de condiciones adversas y problemas de vuelo. Los pilotos se encuentran simulaciones de intensas turbulencias, golpes de viento, condiciones climatológicas extremas, pérdida de un motor o pérdida de electricidad o problemas en el tren de aterrizaje, sólo por nombrar unos pocos. La idea es que si los pilotos superan con éxito repetidas veces desafíos inesperados en el entrenamiento, estarán preparados para resolver esas crisis en situaciones reales. Muchos desastres se han evitado debido a estos entrenamientos recurrentes en los que los pilotos aprenden a identificar y saber manejar las emergencias.

Recuerdo un desastre de aviación que ocurrió antes del 11 de septiembre de 2001. Era un pequeño avión de pasajeros que no tenía las puertas estándar de las cabinas que vemos hoy que separan a los pilotos de los pasajeros. Poco después del accidente, recuperaron la caja negra y la revisaron. Como no había una puerta de cabina en el vuelo, los expertos pudieron oír las reacciones tanto de los pilotos como de los pasajeros. Los pasajeros gritaban histéricamente a medida que el avión caía desde el cielo. Los pilotos, sin embargo, estaban tranquilos y en control, identificando lo que no funcionaba bien y trabajando para arreglarlo. No reaccionaron con temor, sino según su entrenamiento del simulador. El piloto al mando daba instrucciones, y el copiloto respondía a cada dirección. Así estuvieron todo el tiempo hasta el final. Como los pilotos estaban armados para un desastre inesperado mientras los pasajeros estaban desarmados, sus respuestas fueron totalmente distintas. Los pilotos actuaron con propósito mientras que los pasajeros sólo pudieron reaccionar con temor.

Una vez iba yo de pasajero en un avión privado, cuando a 12 000 metros de altura, se rompió el sellado de la puerta. La rápida pérdida de presión de la cabina fue tan fuerte que sonó como un intenso túnel de viento. En pocos momentos la cabina se despresurizó. Me pilló totalmente desprevenido y no sabía qué hacer. Honestamente, mis esfuerzos se enfocaron en luchar contra el inmenso temor que me oprimía el pecho. Oré fervientemente. Sucedió que el piloto al mando era un antiguo piloto de pruebas del ejército con una experiencia de miles de horas de vuelo y entrenamiento en numerosos tipos de emergencias. En el momento en que el sellado se rompió, él y su copiloto pasaron a la acción. Inmediatamente identificaron el problema, se pusieron sus máscaras de oxígeno, y liberaron la mía. Sin oxígeno no podrían haber terminado el resto de sus tareas.

El piloto enseguida comenzó un descenso de emergencia a una altitud menor mientras le daba órdenes veloces a su copiloto. A lo largo de la crisis, él respondió con calmada confianza y seguridad. Su entrenamiento había marcado en él los procedimientos exactos a seguir. Yo sabía que estábamos ante un gran problema, pero nunca lo hubiera sabido viendo al piloto hacerse cargo de la situación. No vi temor en su conducta. Sus acciones eran deliberadas, automáticas e inmediatas. Estaba totalmente en control.

El piloto bajó el avión a 3.600 metros en menos de cinco minutos, descendiendo a un promedio de entre 1.800 a 2.400 metros por minuto. No mucho después, aterrizamos sin problemas. Cuando se terminó la alarmante situación, me quedó claro que mi piloto había estado "armado" ¡y yo no! Su entrenamiento y experiencia le habían enseñado lo que hacer, lo cual le permitió reinar sobre una gran crisis.

Y este es el mensaje de 1 Pedro 4:1: Debemos estar armados para un conflicto espiritual así como este antiguo piloto de pruebas del ejército estaba armado para manejar lo inesperado. Mi deseo es que este libro, *Implacable,* se convierta en un simulador que le prepare para las pruebas que encontrará durante el camino para terminar su destino en Cristo y reinar en vida.

La tribulación vendrá

Para estar armados, lo primero que debemos saber es que la tribulación es inevitable. "En el mundo *tendréis* aflicción", dice Jesús de manera enfática en Juan 16:33. No dice "quizá" sino "*tendréis*". Pablo nos advierte: "Es necesario que *a través de muchas tribulaciones* entremos en el reino de Dios" (Hechos 14:22). Y de nuevo escribe: "a fin de que nadie se inquiete por estas tribulaciones; porque vosotros mismos sabéis que para esto estamos puestos" (1 Tesalonicenses 3:3).

Estamos "puestos para las tribulaciones" como un soldado que va a la guerra. Ningún gran guerrero va a la batalla a perder. El buen soldado pone su vista en la victoria y está decidido a soportar la adversidad (sufrimiento) para ganar. Está armado y preparado para la batalla. Usted y yo estamos en guerra. ¿Pensaba que su vida sería más tranquila que antes de convertirse?

Me decepciona cuando oigo que a los nuevos cristianos se les dice que están entrando en una vida ideal y libre de complicaciones: una utopía. Sólo puedo pensar que esos ministros o creyentes que comunican ese sin sentido a nuevos cristianos, o bien no han sido verdaderamente salvos o están más interesados en "cerrar el trato" de la salvación que en el bienestar del alma del recién convertido. Me pregunto si esos "maestros" han meditado en las palabras de Jesús en su parábola del sembrador, donde enseña que cuando la Palabra es sembrada en el corazón de un ser humano, "viene la tribulación o la persecución por causa de la palabra" (Marcos 4:17). La Nueva Traducción Viviente lo dice de esta forma: "tienen problemas o son perseguidos por creer la palabra de Dios". Para ser claro, como siempre hizo Cristo, cuando alguien cree en la Palabra de Dios firma para tener problemas, pruebas y persecución. Puede estar seguro de ello.

Si usted es un joven creyente y no ha experimentado esto aún, permítame ser el primero en decírselo: ha sido alistado para batallas como nunca antes ha afrontado. Sin embargo, la buena noticia es que no tiene que perder ninguna batalla, ¡ni una! Usted perdía de muchas formas antes de ser salvo, pero ahora, por medio de la morada del Espíritu Santo y la gracia sin igual de Dios, usted tiene autoridad y poder sobre cualquier prueba que encuentre en su camino.

No está experimentando algo nuevo

La segunda cosa que debemos saber sobre estar "armados" para la batalla es que realmente no hay nada nuevo bajo el sol. Nunca encontrará una dificultad que no haya experimentado ya otro, especialmente Jesús, porque Él fue probado en todo. Pablo escribe:

> Las tentaciones que enfrentan en su vida no son distintas de las que otros atraviesan. Y Dios es fiel; no permitirá que la tentación sea mayor de lo que puedan soportar. Cuando sean tentados, él les mostrará una salida, para que puedan resistir (1 Corintios 10:13, NTV).

Cualquier adversidad que usted sufra, seguro que ya ha habido otra persona que lo ha sufrido y vencido antes. ¡Puede estar seguro de ello! El versículo también promete que no sufriremos ninguna prueba o persecución que esté por encima de nuestra capacidad de resistir. Dios no lo permitirá. Puede dejar a un lado el temor de que sufrirá alguna oposición o dificultad que no será capaz de soportar o vencer. Su Padre celestial no permitirá que llegue hasta usted; la bloqueará.

Otra versión en inglés dice que Dios cumple su promesa, y que no permitirá que usted sea probado más allá de su capacidad para permanecer firme. La verdad maravillosa y reconfortante es que *el*

> Cualquier adversidad que sufra, seguro que ya ha habido otra persona que lo ha sufrido y vencido antes.

diablo no tiene libre acceso a su vida. Sus ataques deben pasar primero por el permiso del Todopoderoso. Su Padre celestial nunca será el autor o instigador de las pruebas, pero a veces las permite para que usted pueda golpear al enemigo y darle gloria a Él al tomar terreno para el Reino. Un líder de la Iglesia primitiva muy respetado llamado Tertuliano, que vivió en los años 160-230 d.C., comentó sobre esto de una forma muy profunda:

> Al dar permiso para la operación de los diseños de Satanás, Dios actuó coherentemente con el propósito de su propia bondad. Él aplazó la destrucción del diablo por la misma razón que pospuso la restitución del hombre. Porque Él dejó espacio para un conflicto, donde el hombre pudiera aplastar a su enemigo con la misma libertad de su voluntad con la que había sucumbido ante Satanás... [Y eso capacita al hombre] para recuperar dignamente su salvación por una victoria. También de esta manera el diablo recibe un castigo más amargo, al ser derrotado por aquel a quien previamente había lastimado. Por este medio, se descubre que Dios es mucho más el bueno.[1]

Dios nos da el privilegio de escoger golpear al enemigo y en un sentido "cobrarnos" por los fracasos de pecados que sufrimos antes de ser salvos. Toda la gloria es para Dios. El enemigo ya no puede adoptar un aire despectivo con la humanidad, la creación de Dios. Lo hizo tras la caída de Adán en el huerto, pero luego Jesús vino y le ganó en su propio campo. Ahora Dios nos ha dado el privilegio de terminar la victoria sobre el enemigo.

Pablo escribe: "Me alegro cuando sufro en carne propia por ustedes, porque así participo de los sufrimientos de Cristo, que continúan a favor de su cuerpo, que es la iglesia" (Colosenses 1:24, NTV). Si estas palabras se leen sin entendimiento, podríamos pensar erróneamente que Pablo está diciendo que los sufrimientos de Jesús no fueron suficientes para completar nuestra redención. Por esta razón muchos cristianos huyen de este versículo y no meditan en él. (De hecho, se sorprendería de cuántos ministros bien preparados y creyentes ni tan siquiera saben que existe este versículo).

Pero eso no es en absoluto lo que Pablo está diciendo. Lo que hace es destacar nuestro privilegio de terminar la obra necesaria para avanzar el Reino hasta los confines de la tierra. Jesús nos dio el privilegio de terminar su tarea llevando su obra terminada hasta los confines de la tierra. El enemigo resiste con una venganza furiosa, lo cual trae sufrimiento, pero es un sufrimiento victorioso. Como dijo Jesús:

"y las puertas del Hades no prevalecerán contra ella". Estaba hablando de su Iglesia (véase Mateo 16:18). Esto es la guerra. Estamos en marcha, salimos para vencer mediante el otorgamiento de poder de la gracia de Dios, y el infierno mismo no puede detenernos o derrotarnos. ¡Tenemos la Palabra de Dios como respaldo!

Recuerde: cualquier adversidad que pudiera sufrir en su caminar cristiano es algo que otro creyente, incluso Cristo mismo, ya ha experimentado y vencido. Pedro nos anima: "y sean fuertes en su fe. Recuerden que sus hermanos en Cristo, en todo el mundo, también están pasando por el mismo sufrimiento" (1 Pedro 5:9, NTV). Los sufrimientos de los que habla van como anillo al dedo con el hecho de vivir como Dios quiere que vivamos, pero si permanecemos firmes y fuertes en el poder de su gracia, obtendremos la victoria.

No tiene por qué perder nunca

Ahora llegamos al tercer punto importante de estar "armado": saber que no tiene usted que perder nunca. No lea estas palabras de Jesús a la ligera. Hágalas suyas y medite profundamente en ellas:

> Miren, les he dado autoridad sobre todos los poderes del enemigo...Nada les hará daño (Lucas 10:19).

¡Hay mucho en esta frase! En primer lugar, reconozca la pasión de Él al llamarnos diciendo miren. Siempre que aparece esta palabra quiere decir que debemos poner atención a lo que vamos a oír, porque será algo importante.

Luego dice que usted ha recibido autoridad, no sobre algún poder o sobre la mayoría de los poderes, sino sobre todos los poderes del enemigo. Eso es el 100 por ciento. Y no sólo tiene usted autoridad sobre el 100 por ciento de los poderes del enemigo, sino también tiene *mucho más poder* que todas las fuerzas malvadas que Satanás pueda lanzarle. La versión Reina Valera 1960 dice: "He aquí os doy potestad...sobre *toda fuerza* del enemigo". Esto se corresponde con las palabras de Pablo cuando ora que podamos conocer "y cuál la supereminente grandeza de su poder para con nosotros los que creemos" y que ese poder es "sobre todo principado y autoridad y poder y señorío, y sobre todo nombre que se nombra" (Efesios 1:19-21). No sólo poder, ¡sino mucho poder!

Y no sólo tenemos autoridad y poder mucho mayores que todo el poder del enemigo, sino también, para respaldarnos, hay aún un hecho increíble más. Se nos dice: "Hijitos, vosotros sois de Dios, y los habéis vencido [espíritus del anticristo]; porque mayor es el que está en vosotros, que el que está en el mundo" (1 Juan 4:4). Todo espíritu diabólico es un espíritu del anticristo, y son la fuente de toda tribulación. Ya les hemos vencido porque Aquel que les venció es Aquel que vive en nosotros y nos otorga poder.

Lucas 10:19 cita a Jesús prometiendo que "nada os dañará". No hay fuerza maligna alguna, ninguna, que pueda dañarle. No hay batalla que afronte en la que esté destinado a perder. Si lucha, si lo hace de manera implacable, con las armas que Dios le ha dado, *siempre* resultará victorioso. De nuevo, así lo dice su Palabra: "Mas a Dios gracias, el cual nos lleva *siempre* en triunfo en Cristo Jesús" (2 Corintios 2:14).

Si le escuchamos, Dios nos llevará en triunfo en cada situación, en cada batalla. Juan afirma lo que Jesús promete:

> Porque todo lo que es nacido de Dios vence al mundo; y esta es la victoria que ha vencido al mundo, nuestra fe (1 Juan 5:4).

Es nuestra fe la que vence cualquier cosa que el mundo pueda lanzarnos. Recuerde: Satanás es "el príncipe de este mundo". Nosotros ganamos a cualquier cosa que él intente lanzarnos porque Dios ya ha abierto el camino para nuestro triunfo.

Según Juan, es nuestra fe la que hace que el mundo se ponga de rodillas. ¿Por qué la fe? La fe es lo que nos da acceso a la gracia (poder) que necesitamos para triunfar. Hemos estado discutiendo cómo debemos reinar en vida por la gracia de Dios; sin embargo, aunque es totalmente gratis para todos, no podemos tener acceso a esa gracia a menos que lo creamos (tener fe), porque la fe es la tubería que trae su gracia (poder) a cualquier situación con la que estemos luchando y tengamos que vencer. Como dice Pablo: "por quien también tenemos entrada por la fe a esta gracia en la cual estamos firmes" (Romanos 5:2).

La gracia de Dios es gratuita, disponible para todos sus hijos, pero si no creemos (tenemos fe) en la "palabra de su gracia", es como si no tuviéramos nada de gracia. Recuerde cómo Pablo les habló a los líderes y creyentes que no volvería a ver: "Y ahora, hermanos, os encomiendo a Dios, y a la palabra de su gracia, que tiene poder para sobreedificaros y daros herencia" (Hechos 20:32). Les señaló a lo que les daría la herencia de reinar en vida para la gloria de Dios: la *palabra de su gracia.*

LA GRACIA ES SUFICIENTE PARA GANAR CUALQUIER BATALLA

Esto nos lleva a una cuarta verdad importante con respecto a armarnos: la gracia de Dios es poder más que suficiente para reinar sobre cualquier adversidad que pueda venir contra usted.

Podemos ver esto en la lucha personal de Pablo. Sus ideas y revelaciones estaban dañando seriamente el reino de las tinieblas. Esas verdades, descargadas directamente del Espíritu Santo, fortalecieron en gran manera a los creyentes de su generación y a sucesivas generaciones. Por consiguiente, Pablo escribió:

> Y para que la grandeza de las revelaciones no me exaltase desmedidamente, me fue dado un aguijón en mi carne, un mensajero de Satanás que me abofetee, para que no me enaltezca sobremanera (2 Corintios 12:7).

Esta situación específica que Pablo atravesaba ha creado controversia entre los maestros de la Biblia. Pero francamente, no debería ser así. Aclaremos los conceptos erróneos.

En primer lugar, ¿quién le dio a Pablo el "aguijón en la carne"? Sabemos de cierto que no pudo haber sido Dios, porque se nos dice: "Amados hermanos míos, no erréis. Toda buena dádiva y todo don perfecto desciende de lo alto, del Padre de las luces, en el cual no hay mudanza, ni sombra de variación" (Santiago 1:16-17). Erramos si pensamos que algo que no sea bueno o perfecto proviene de Dios. Un mensajero de Satanás no es algo bueno, y ciertamente no es perfecto. Alguno podría refutar: "Pero indirectamente era bueno porque impedía que Pablo se enorgulleciera". El apóstol Santiago abole este pensamiento erróneo: "Dios no puede ser tentado por el mal, ni él tienta a nadie" (Santiago 1:13).

Vea esta declaración de Santiago: "Dios...no tienta a nadie". Dios nunca podría haber enviado ese mensajero de Satanás o, de lo contrario, estaría probando a Pablo con el mal, mintiendo así a través de Santiago. Y Dios no puede mentir. Así que, sin duda alguna, podemos decir que el "aguijón" no era de Dios.

En segundo lugar, ¿cuál era el aguijón en la carne de Pablo? Algunos maestros dicen que era una enfermedad, algún problema en sus ojos, o algún tipo de dolencia en su carne. Deducen esto de lo que él continúa escribiendo:

Respecto a lo cual tres veces he rogado al Señor, que lo quite de mí. Y me ha dicho: Bástate mi gracia; porque mi poder se perfecciona en la *debilidad*. Por tanto, de buena gana me gloriaré más bien en mis *debilidades*, para que repose sobre mí el poder de Cristo (2 Corintios 12:8-9).

He resaltado dos palabras en el versículo anterior: *debilidad* y *debilidades*. Permítame enfocarme primero en la segunda palabra. Maestros confundidos dicen que el aguijón de Pablo era una *enfermedad física* en base a esta frase: "Me gloriaré más bien en mis *debilidades*". La palabra en griego para *debilidades* es *astheneia*. Se usa doce veces en el Nuevo Testamento. Hay que reconocer que en los Evangelios este término se usa predominantemente para referirse a la enfermedad física. Sin embargo, en la mayoría de sus apariciones en las Epístolas, se usa para identificar la debilidad humana: nuestra ineptitud para lograr o vencer algo por nuestra propia capacidad. En estas situaciones no se refiere a la enfermedad física.

Un ejemplo es Romanos 8:26: "Y de igual manera el Espíritu nos ayuda en nuestra *debilidad;* pues qué hemos de pedir como conviene, no lo sabemos, pero el Espíritu mismo intercede por nosotros". La palabra griega para *debilidades* es la misma palabra griega, astheneia. Creo que podemos decir con seguridad que no todos los cristianos tienen enfermedades físicas. Entonces ¿cuál es la debilidad que tiene todo creyente con respecto a la oración intercesora? La respuesta: hay ocasiones en las que no sabemos cómo orar debido a las limitaciones de nuestra humanidad.

Por ejemplo, si mi madre vive en Florida, y yo vivo en Colorado, y se produce una emergencia en la que ella necesita desesperadamente oración pero no puede ponerse en contacto conmigo, yo tendría la limitación humana de no saber cuál es su necesidad urgente. Pero el Espíritu Santo me ayudaría en esta incapacidad (debilidad) dirigiéndome a orar por mi madre. De nuevo, esta palabra griega, *astheneia*, no tiene nada que ver con la enfermedad física sino con la incapacidad natural humana.

Otro ejemplo sería Hebreos 4:15, que dice: "Porque no tenemos un sumo sacerdote que no pueda compadecerse de nuestras *debilidades,* sino uno que fue tentado en todo según nuestra semejanza, pero sin pecado". La palabra para *debilidades* es la misma palabra griega, *astheneia*. Y de nuevo, esta palabra griega no está identificando enfermedades físicas sino nuestra incapacidad humana comparada con las capacidades de Dios. Jesús adoptó voluntariamente estas capacidades humanas para poder identificarse con nuestras luchas y ayudarnos de forma efectiva mediante su gracia. La idea de que "fue tentado en todo según nuestra semejanza, pero sin pecado" obviamente no se refiere a la enfermedad sino a las incapacidades humanas que voluntariamente abrazó durante su vida en la tierra.

Con esto en mente, regresemos a la frase de Pablo, la cual repetiré aquí para tener más fácil referencia:

> Respecto a lo cual tres veces he rogado al Señor, que lo quite de mí. Y me ha dicho: Bástate mi gracia; porque mi poder se perfecciona en la *debilidad*. Por tanto, de buena gana me gloriaré más bien en mis *debilidades,* para que repose sobre mí el poder de Cristo (2 Corintios 12:8-9)

De nuevo he resaltado las palabras *debilidad* y *debilidades,* por lo siguiente: ambas son la misma palabra griega, *astheneia.* Por tanto, las palabras de Pablo se podían haber traducido así:

> Bástate mi gracia; porque mi poder se perfecciona en la debilidad humana. Por tanto, de buena gana me gloriaré más bien en mis debilidades humanas, para que repose sobre mí el poder de Cristo.

De hecho, este pasaje se traduce así en otras versiones, como la versión en inglés contemporáneo, que dice que mi poder se es todo lo que necesitas. Mi poder es mayor cuando eres *débil.* Así que si Cristo sigue dándome su poder, alegremente me gloriaré de lo *débil* que soy.

Nos engañamos a nosotros mismos si suponemos que a lo único que se refiere el Espíritu Santo es a la enfermedad. Si ese fuera el caso, el pasaje diría: Mi poder se perfecciona cuando estás físicamente enfermo. Así que si Cristo me sigue dando su poder, alegremente me gloriaré cuando esté enfermo. ¿No sería absurdo? Creo que es sorprendente lo necias que son estas cosas cuando uno realmente las piensa con detenimiento.

También está claro que Pablo no está hablando de la enfermedad física cuando leemos la carta completa en su contexto. Pablo identifica la forma en que le estaba atacando "el mensajero de Satanás":

> De los judíos cinco veces he recibido cuarenta azotes menos uno. Tres veces he sido azotado con varas; una vez apedreado; tres veces he padecido naufragio; una noche y un día he estado como náufrago en alta mar; en caminos muchas veces; en peligros de ríos, peligros de ladrones, peligros de los de mi nación, peligros de los gentiles, peligros en la ciudad, peligros en el

desierto, peligros en el mar, peligros entre falsos hermanos; en trabajo y fatiga, en muchos desvelos, en hambre y sed, en muchos ayunos, en frío y en desnudez...Si es necesario gloriarse, me gloriaré en lo que *es de mi debilidad* (2 Corintios 11:24-27)

Pablo enumera las dificultades vividas a causa del mensajero de Satanás que repetidamente acometía contra él. Para Pablo era imposible impedir o evitar estas dificultades inesperadas en su propia capacidad. Por esta razón dice: "me gloriaré en lo que es de mi *debilidad*". Está más claro que el agua: la debilidad o el "aguijón en la carne" en esta carta no tiene nada que ver con el estado de sus ojos, la enfermedad, dolencia o cualquier otro achaque físico.

Para demostrar aún más que el "aguijón en la carne" de Pablo no tenía nada que ver con la enfermedad, veamos cómo se usa en los demás lugares de las Escrituras. La frase aparece otras tres veces, y todas en el Antiguo Testamento. Las tres tratan con los cananeos que atacaban persistentemente a los israelitas. Dios le dijo a su pueblo: "Y si no echareis a los moradores del país de delante de vosotros, sucederá que los que dejareis de ellos serán por aguijones en vuestros ojos y por *espinas en vuestros costados*, y os *afligirán* sobre la tierra en que vosotros habitareis" (Números 33:55). En cada instancia, la metáfora del "aguijón en la carne" representa a gente que se opone y frustra una vida productiva. La frase nunca se usa en el Antiguo Testamento para referirse a una enfermedad o dolencia. Pablo, un erudito de las Escrituras, usó esta frase de forma similar para describir las aflicciones que sufría en cada sitio donde iba.

EL GRAN CAMBIO DE PARADIGMA

Creo que Pablo estaba tan frustrado por las interrupciones, dificultades y aflicciones que experimentaba constantemente que clamó a Dios, no una vez sino tres, para que le quitase a este poder satánico que estaba tras todo eso. Creo que Dios no respondió inicialmente a Pablo porque su petición era incorrecta; Pablo le estaba aullando al árbol equivocado. Después de la tercera petición de Pablo, el Señor le iluminó y le dio la solución que había estado en él todo el tiempo:

¿Aún no te has dado cuenta? Te he dado gracia (otorgamiento de poder inmerecido), sobre todo poder del enemigo. Por eso mi gracia (otorgamiento de poder) es lo único que necesitas, porque demuestra su fuerza en todo aquello que tú no puedas vencer con tu capacidad humana. En otras palabras, cuanto mayor sea la resistencia, mayor verás la manifestación de mi gracia (otorgamiento de poder) sobre tu vida si tan sólo crees (2 Corintios 12:9, paráfrasis del autor).

Una vez que esto le quedó claro a Pablo, ocurrió algo maravilloso. Recibió un *cambio de paradigma*: un cambio radical de una forma de pensar a otra. Toda su actitud cambió acerca de la constante resistencia satánica que encontraba. Ya no rogaba que se la quitara, sino que escribió con entusiasmo:

Por eso *me regocijo en* debilidades, insultos, privaciones, persecuciones y dificultades que sufro por Cristo; porque cuando soy débil, entonces soy fuerte (2 Corintios 12:10, NVI).

Su alarde ahora es: "¡Me regocijo en mis debilidades humanas a pesar de cualquier *dslípsis* que pudiera sufrir a partir de este momento!".

Un momento: ¿*me regocijo*? ¿Cómo es posible? Otra traducción dice "me alegro". Otra dice "me complazco". ¿Acaso Pablo se ha vuelto loco? ¿Está exagerando o mintiendo? No, nadie que escribe las Escrituras bajo la inspiración del Espíritu Santo podría hacer una cosa así, porque es imposible que Dios mienta. Entonces ¿cómo puede alguien "alegrarse" o "complacerse" en las dificultades, insultos, aflicciones, adversidad y otras dificultades? La respuesta es simple:

Cuanto mayor es la resistencia mayor es el poder que se
    necesita para vencer;
por consiguiente, se producirá una mayor victoria.

Muchos cristianos son infelices cuando experimentan unas dificultades extremas. Se encogen al tener que luchar contra el enemigo en circunstancias difíciles. Preferirían un estilo de vida fácil, cómodo, conveniente y libre de conflictos. La verdad que Pablo descubrió no les ha calado hasta el corazón. Simplemente no se dan cuenta de que toda resistencia es tan sólo una oportunidad para ver un mayor poder (gracia) manifestarse en ellos y para subir al siguiente nivel de madurez en Cristo. Pablo tuvo una actitud similar hacia la adversidad antes de que Dios desafiara su pensamiento, pero una palabra de Dios cambió todo su paradigma. Escribió 2 Corintios alrededor del año 56 d.C. Pocos años después escribió su carta a los Romanos. Observe qué actitud tan diferente hacia las *dslípsis* en esta Epístola:

¿Quién nos separará del amor de Cristo? ¿Tribulación, o
angustia, o persecución, o hambre, o desnudez, o peligro, o
espada?...Antes, en todas estas cosas somos más que vencedores por medio de aquel que nos amó (Romanos 8:35, 37).

Empápese de estas palabras, especialmente "Antes, en todas estas
cosas somos más que vencedores por medio de aquel que nos amó".
Antes del Gran Cambio de Paradigma, Pablo le rogaba a Dios que
le librara de esos difíciles encuentros con las dificultades. Ahora su
mensaje es totalmente distinto: *La gracia de Dios es más que suficiente
no sólo para soportar las dificultades sino también para conseguir una
mayor victoria*. La postura de Pablo ahora es: "¡Que venga! Que venga
la oposición para que pueda conseguir una gran victoria para Cristo".
Pablo está "armado para sufrir". Está armado para luchar por la victoria
y salir mejor y más fuerte que antes de entrar en la batalla.

VER LAS PRUEBAS COMO OPORTUNIDADES

Como conclusión, estamos "armados" cuando somos firmemente optimistas en nuestra mente y corazón en cuanto a las pruebas; optimistas
antes, durante y después de la batalla. Podemos tener una actitud positiva porque ya no vemos las pruebas y dificultades como obstáculos,
¡sino como oportunidades!

El apóstol Santiago escribe: "Amados hermanos, cuando tengan
que enfrentar problemas, considérenlo como un tiempo para alegrarse
mucho" (Santiago 1:2, NTV). Sabemos que la guerra ya ha sido ganada
en Cristo, y tenemos toda la autoridad y todo el poder de los cielos res-
paldándonos. Si no desmayamos, si permanecemos firmes y luchamos
de forma implacable, siempre saldremos victoriosos. Es la voluntad y el
destino de Dios para nuestras vidas.

Como afirma Pablo con osadía en Romanos 8:31: "Si Dios es por
nosotros, ¿quién contra nosotros?".

9

FUERTES EN GRACIA

Porque no tenemos lucha contra sangre y carne,
sino contra principados, contra potestades,
contra los gobernadores de las tinieblas de este siglo,
contra huestes espirituales de maldad en las regiones celestes.

EFESIOS 6:12

Cada hijo de Dios está en guerra. Si no lo estamos, significa que en realidad somos de este mundo y que hemos sido engañados al pensar que le pertenecemos a Dios.

Sé que es una frase dura, pero permítame ilustrar su realidad. Imagínese que vive en Alemania durante el régimen de Adolf Hitler. Este líder tirano finalmente quería establecer un nuevo orden de absoluta hegemonía nazi en la Europa continental. Estaba lleno de prejuicios en el sentido más puro, y a quienes más odiaba era a los de descendencia judía. Si usted tenía linaje alemán, era inteligente, sano y su pensamiento no interfería con la misión de Adolf Hitler, podía vivir en paz, libre de preocupaciones de ser atacado de alguna forma.

Sin embargo, si su linaje era judío, su vida sería totalmente distinta. Viviría bajo una constante amenaza de ataque. En cualquier momento podían golpearle, escupirle, o robarle; tendría que estar atento para evitar que le capturaran, esclavizaran, torturaran o asesinaran. Le gustara a no, estaba en guerra. El pueblo judío más sabio y prudente se armó e hizo todo lo necesario para escapar de la tiranía de Hitler. Quienes no lo hicieron fueron encarcelados en los campos de concentración.

Satanás y sus huestes son mucho peores que Hitler y su régimen nazi. Si usted es del linaje del diablo, no es un objetivo, y no tendrá que mantener una postura de guerra. Jesús les dijo a los líderes espirituales hipócritas de su tiempo: "Vosotros sois de este mundo" (Juan 8:23). Después, para asegurarse de que entendieran bien lo que les estaba diciendo, les dijo directamente: "Vosotros sois de vuestro padre el diablo" (Juan 8:44). Aunque esos líderes creían que estaban sirviendo al Dios Todopoderoso, en realidad estaban sirviendo al tirano líder de este mundo.

Si usted es realmente de Dios, entonces debe estar en guardia porque el mundo en el que vive es hostil hacia cualquier cosa que sea del Reino de Dios. Jesús destacó esto diciendo:

> Si fuerais del mundo, el mundo amaría lo suyo; pero porque no sois del mundo, antes yo os elegí del mundo, por eso *el mundo os aborrece* (Juan 15:19).

Observe sus palabras: *el mundo os aborrece*. No hay lugar para escaparse en esta frase. Si usted es del mundo, el mundo le recibirá; si es de Dios, sufrirá resistencia y el sistema del mundo le odiará.

ARMAS DE GRACIA

Así, llegamos a otro aspecto importante de estar armados apropiadamente, y es tener amplio conocimiento de las armas que tenemos a nuestra disposición en Cristo Jesús. Son armas poderosas y espirituales, porque Pablo nos dice: "Las armas con que luchamos no son del mundo, sino que tienen el *poder divino* para derribar fortalezas" (2 Corintios 10:4, NVI).

¿Cuál es el "poder divino" que derriba fortalezas? No es otro que la increíble gracia de Dios, su regalo inmerecido para todos los creyentes. Sabiendo esto, avancemos en la primera carta de Pedro para ver esta gran verdad subrayada y ampliada para nosotros. Al hacerlo, tenga en mente que podemos sustituir las palabras *poder* u *otorgamiento de poder* por la palabra gracia, ya que son intercambiables.

> Y todos, sumisos unos a otros, revestíos de humildad; porque: Dios resiste a los soberbios, y da gracia [poder] a los humildes. Humillaos, pues, bajo la poderosa mano de Dios, para que él os exalte cuando fuere tiempo; echando toda vuestra ansiedad sobre él, porque él tiene cuidado de vosotros. Sed sobrios, y velad; porque vuestro adversario el diablo, como león rugiente, anda alrededor buscando a quien devorar; al cual resistid firmes en la fe, sabiendo que los mismos padecimientos se van cumpliendo en vuestros hermanos en todo el mundo. Mas el Dios de toda gracia [otorgamiento de poder], que nos llamó a su

gloria eterna en Jesucristo, después que hayáis padecido un poco de tiempo, él mismo os perfeccione, afirme, fortalezca y establezca... os he escrito brevemente, amonestándoos, y testificando que *ésta es la verdadera gracia* [poder] de Dios, en la cual estáis (1 Pedro 5:5-12).

Permítame resumir rápidamente las ricas palabras de Pedro, y luego desarrollaré su mensaje poco a poco. El tema principal de este pasaje es *la gracia de Dios.* Pedro comienza exhortándonos a someternos unos a otros. Otra forma de decirlo es a "estar bajo la misma misión". Después nos asegura que Dios da su gracia a los humildes, y que somos considerados humildes cuando esperamos que su gracia (poder) sea lo que supla nuestras necesidades, y no nuestra propia fuerza.

¿De qué necesidades está hablando Pedro? Tienen que ver con los asuntos de la vida, como nuestras preocupaciones, responsabilidades, necesidades o varios deseos. Nuestras necesidades pueden ser temporales, o más importante aún, eternas: experimentar la vida abundante del Reino, y por consiguiente, suplir las necesidades de otros en nuestra esfera de influencia. En la búsqueda de esta misión de gracia, experimentaremos resistencia de nuestro archienemigo: el diablo y sus huestes. Él puede devorarnos, pero ese no es el plan de Dios. Por tanto, debemos mantener una actitud sobria, ser bien conscientes de las promesas del pacto de Dios, y estar atentos en oración. Así, siempre estaremos bien equipados por la gracia de Dios para avanzar los propósitos del Reino y resistir con éxito a nuestro archienemigo.

No estamos solos en nuestros esfuerzos; nuestros hermanos y hermanas están en la misma misión de gracia en todo el mundo y están experimentando batallas similares en nuestro objetivo similar. Lo bueno de estas batallas es que forjan madurez y fortaleza. Con cada victoria, somos exaltados a un lugar más alto de autoridad en Cristo.

Pedro termina el pasaje con este pensamiento vigorizador: *Esta es* (el propósito de) *la verdadera gracia de Dios.* ¿No es interesante que el Espíritu Santo se moviera sobre Pedro hace casi dos mil años para escribir las palabras *la verdadera gracia de Dios*? No fue un accidente; el Espíritu Santo anticipó que en los últimos tiempos el concepto de la gracia de Dios se reduciría (al menos en el pensamiento cristiano occidental) a una mera cobertura para el pecado y un billete para ir al cielo. La verdadera gracia de Dios incluye todo eso, y mucho más, ya que también nos capacita para ir más allá de nuestra capacidad natural para acometer la misión que tenemos entre manos. Un aspecto principal de esta misión es distinguirnos con el propósito de glorificar a Dios y avanzar su Reino.

Con este conocimiento, podemos deducir con mayor facilidad por qué más creyentes no están brillando como grandes luminares. El hecho de distinguirnos se produce cuando pasamos por duras batallas, y la mayoría de nosotros tenemos la tendencia natural a huir de las batallas. El enemigo no se va a tumbar y permitirnos que impactemos al mundo para Jesucristo. Se opone categóricamente a nuestra misión, y debemos estar firmes y resistirle para lograr los objetivos que Dios nos ha dado. La Nueva Versión Internacional dice: "ésta es la verdadera gracia de Dios. Manténganse firmes en ella". Después de leer esto, las palabras de Pablo a Timoteo suenan aún más potentes:

> Tú, pues, hijo mío, *esfuérzate en la gracia* que es en Cristo Jesús...Tú, pues, sufre penalidades como buen soldado de Jesucristo (2 Timoteo 2:1,3).

No le dice a Timoteo que se esfuerce física, social, emocional o intelectualmente, sino que se esfuerce en la *gracia*. Es el arma que necesitamos para terminar con éxito. Después de más de veinticinco años en el ministerio, he observado que la mayoría no estamos usando el arma de la gracia. A fin de cuentas, el 98 por ciento de los cristianos en América no entienden del todo este regalo gratuito y poderoso. Sencillamente no sabemos lo que tenemos.

La mayoría no estamos usando el arma de la gracia.

Justamente antes del segundo capítulo de 2 Timoteo, Pablo corrige al joven de Dios por sucumbir a la resistencia y la persecución que experimentaba. Aparentemente, los oponentes habían intimidado al joven Timoteo, y no estaba resistiendo y luchando tan firmemente como Pablo pensaba que debía. Pablo le recuerda a Timoteo que Dios no le ha dado un espíritu de temor, sino de poder, amor y dominio propio. Como nos ocurre a todos los creyentes, Timoteo ya tenía lo que necesitaba para vencer cualquier resistencia, así que Pablo le exhorta a no descuidar, a esforzarse, en la gracia que hay en Cristo (véase 2 Timoteo 1:6-7; 2:1).

Entrar en nuestro más alto llamamiento no es algo fácil. No entramos en la grandeza de puntillas ni ponemos el "modo de crucero" para obtener una vida distinguida. Pablo dice enfáticamente: "*prosigo a la meta, al premio del supremo llamamiento de Dios en Cristo Jesús*" (Filipenses 3:14). Si Pablo está "prosiguiendo", significa que hay oposición y resistencia.

Recuerde la visión de nuestro primer capítulo. Nuestro

protagonista, el hombre que remaba el barco, tenía que proseguir, proseguir, proseguir contra la fuerte corriente del río. Su fuerza se agotaba. ¿Por qué? Sólo se me ocurre que observar los barcos de pasajeros con tantas personas tranquilas, riéndose, viviendo aparentemente de forma muy exitosa y teniendo tan poca oposición, todo ello fue haciendo mella en él con el paso del tiempo. Esto finalmente le llevó a un descubrimiento, más bien una ilusión, pero que parecía muy real. Podía vivir tranquilo siendo "cristiano", y curiosamente, experimentar menos resistencia. Qué engaño.

Esta es otra ilusión. Un soldado puede retirarse de la batalla y por consiguiente tener un estilo de vida mucho más tranquilo que sus camaradas que siguen en el frente. La guerra no se ha terminado; lo único que sucede es que este soldado ya no está en la batalla debido a su retirada. Igual que nuestro hombre del barco, el soldado aún parece estar listo para la batalla: viste el uniforme, tiene todo el equipo y lleva un fusil; pero ya no experimenta resistencia alguna.

Nuestro objetivo no es parecer ser cristiano sino ser realmente un cristiano que avanza el Reino y destruye las obras del diablo (véase 1 Juan 3:8). Hacer eso significa que sufriremos oposición y resistencia.

Hemos de recordar que la gracia (poder) de Dios es todo lo que necesitamos para vencer cualquier dificultad. Sin embargo, debemos cooperar con ella creyendo firmemente, y la evidencia de nuestra creencia es nuestra acción correspondiente. Cuando Pedro caminó sobre el mar, hizo algo imposible y extraordinario. Jesús dijo: "Ven", y en ese sola palabra estaba toda la gracia que Pedro necesitaba para caminar sobre el agua. Pero cuando dejó de creer, la gracia (poder) se vino abajo y comenzó a hundirse. Había gracia suficiente en la palabra de Jesús ven para que Pedro caminara toda la distancia que le separaba de Jesús e incluso cruzase todo el mar de Galilea si hubiera querido. Pero la gracia falló porque su fe falló. Tenemos una gracia ilimitada en Cristo, pero sólo tenemos acceso a ella a través de la fe: "tenemos entrada por la fe a esta gracia en la cual estamos firmes" (Romanos 5:2).

El problema no es que la gracia falle, sino que nuestra fe flaquea. Por consiguiente, la gracia (poder) se corta, y entonces nos quedamos luchando con nuestras propias fuerzas. Piense en una tubería que lleva agua a su hogar. Si la tubería se rompe, el agua no llega. Aunque la fuente tiene cantidad suficiente de agua, el agua no puede llegar a su casa porque la tubería ha fallado. La fe es la tubería; el agua es la gracia.

Para impedir que falle, debemos edificarnos en la fe. ¿Cómo? Acudimos a la Palabra de Dios; adoramos, alabamos, le damos gracias a Dios por ser quién es Él y por su provisión de gracia; oramos en el Espíritu. Si no hacemos estas cosas para edificar nuestra fe, con el tiempo dejaremos de creer y viviremos en nuestra propia fuerza en lugar de vivir en la fuerza de Dios. Entonces será sólo cuestión de tiempo el que dejemos de gobernar el mundo y comencemos a permitir que el mundo nos gobierne a nosotros.

Por esta razón Pedro nos anima a "creced en la gracia...de nuestro Señor y Salvador Jesucristo" (2 Pedro 3:18). Se nos ha dado la responsabilidad de crecer en el poder de Dios, y esto lo hacemos simplemente edificando nuestra fe, y *podemos* aumentar nuestra fe. Pablo dice: "la justicia de Dios se revela por fe y para fe, como está escrito: Mas el justo por la fe vivirá" (Romanos 1:17). Piense en ello de este modo: cuanto más aumenta su fe, mayor es la "tubería", y como consecuencia, mayor es la cantidad de "agua" (gracia) que hay disponible para usted. Por tanto, Dios puede encomendarle más responsabilidad para ir a terrenos con más necesidad y luchar para traer vida.

Con el escritor de Hebreos, quiero animarle de todo corazón a

Levantad las manos caídas y las rodillas paralizadas; y haced sendas derechas...no sea que alguno deje de alcanzar la gracia de Dios" (Hebreos 12:12-13, 15).

Dejar de alcanzar la gracia de Dios es retirarse de la resistencia del enemigo, pasando a un terreno neutral, quedándose satisfecho consigo mismo. ¿Por qué dejar de alcanzar el increíble y sobrenatural poder de Dios? ¿Por qué no apropiarse de su increíble otorgamiento de gracia?

Estamos en guerra, y la única manera de terminar fuertes es ser implacables en nuestra fe. Ser implacable es una delicia para el Señor y una verdadera amenaza para el reino de las tinieblas. Este es nuestro llamado, nuestro destino, y nuestro privilegio al servir a nuestro Señor Jesucristo.

10

LA ARMADURA DE LA HUMILDAD

Y *todos*, sumisos unos a otros, revestíos de humildad; porque:
Dios resiste a los soberbios, Y da *gracia* a los humildes.
Humillaos, pues, bajo la poderosa mano de Dios,
para que él os exalte cuando fuere tiempo;
echando toda vuestra ansiedad sobre él,
porque él tiene cuidado de vosotros.

1 PEDRO 5:5-7

S umisos unos a otros... revestíos de humildad... humillaos".
Las palabras de Pedro en estos versículos son cruciales parar vivir eficazmente y terminar bien en cualquier aspecto de la vida. El apóstol comienza con el mandato: "Sumisos unos a otros". En este contexto, la palabra *sumiso* significa "unido bajo la misma misión". ¿Cómo es posible con nuestra vasta diversidad de personalidades, fortalezas y deseos? Revistiéndonos de humildad. Dios resiste a los soberbios, ¡y ciertamente no queremos que Dios nos resista! Por otro lado, Él da gracia (poder) a los humildes.

Por tanto, ¿quiénes son los soberbios, y quiénes son los humildes?

LOS HUMILDES RECIBEN LA GRACIA DE DIOS

Los cristianos que son verdaderamente humildes creen, confían y obedecen la Palabra de Dios por encima de lo que piensan, razonan, sienten o desean. Por consiguiente, dependen por completo de la capacidad de Dios en lugar de depender de la suya propia. Buscan la voluntad de Él, y no la suya o la de otra persona. Están en la misión de Él. La Palabra de Dios nos dice: "He aquí que aquel cuya alma no es recta, se enorgullece; mas el justo por su fe vivirá" (Habacuc 2:4).

Habacuc 2:4 presenta el orgullo y la fe como polos opuestos. Este versículo podría haberse escrito: "He aquí que aquel cuya alma no es recta *no es humilde*; mas el justo por su *fe* vivirá". Aquí, la humildad y la fe van de la mano; e igualmente el orgullo y la incredulidad. No creer a Dios es declarar que nosotros sabemos más que Él y que confiamos en nuestro propio juicio por encima del de Él. La incredulidad no es otra cosa que orgullo camuflado.

Permítame ilustrarlo. Aproximadamente un año después de que Israel saliera de Egipto, el Señor ordenó a Moisés: "Envía tú hombres que reconozcan la tierra de Canaán, *la cual yo doy a los hijos de Israel*" (Números 13:2). Como siempre, la directiva de Dios estaba clara; no había áreas grises de incertidumbre.

Por tanto, Moisés envió doce líderes, uno de cada tribu; sin embargo, diez hombres fueron muy "humildes" y dos fueron muy "orgullosos". (Si conoce la historia, permanezca conmigo aquí; estoy hablando chistosamente para establecer un punto).

Después de cuarenta días en la Tierra Prometida, los espías regresaron. Los diez hombres "humildes" hablaron primero diciendo: "Hemos inspeccionado la tierra y ciertamente es una tierra estupenda, que fluye leche y miel. Tan sólo vean el fruto que trajimos. Sin embargo, hay poderosos ejércitos con los que contender, ¡incluso gigantes! Ellos son diestros guerreros con armas mucho mayores que las nuestras; nosotros sólo somos un grupo de esclavos recién liberados. ¡Tenemos que pensar en nuestras esposas y nuestros hijos! ¿Cómo es posible que pudiéramos someter a nuestros seres queridos a la crueldad, la tortura, la violación e incluso la muerte que les espera al otro lado del río? Debemos ser padres y esposos buenos y responsables, y hablarles de la realidad de esta situación. Es imposible tomar la tierra".

Aunque el pueblo anhelaba tener una tierra que pudiera llamar propia, la seguridad era lo primero. Por tanto, elogiaron y aplaudieron la sabiduría y la humildad de aquellos hombres. Estoy seguro de que la mayoría de padres y madres que escucharon su informe estaban agradecidos por la conducta humilde de aquellos diez espías. Los israelitas se consolaron a sí mismos diciéndose unos a otros: "Nos alegramos mucho de que estos hombres fuesen delante de nosotros. Son líderes estupendos; su ego no se ha llevado lo mejor de ellos al situarnos a nosotros en el camino del daño. ¿Qué habría sido de nosotros si no fuese por su sentido común?".

Pero los dos líderes "orgullosos", Caleb y Josué, interrumpieron y dijeron: "¡Un momento! ¿Qué estamos haciendo aquí? ¡Tenemos que ir y tomar la tierra ahora! ¡Podemos hacerlo! El Señor nos la ha prometido. ¡Tenemos su Palabra al respecto! Aniquilaremos a esas personas. ¡Vamos a movilizarnos enseguida!".

Todos quedaron sorprendidos por lo que acababan de escuchar, y se miraban unos a otros con incredulidad. ¿Puede imaginar la reacción de los otros diez espías al repentino e imprudente consejo de Caleb y Josué? Yo me imagino que, después del asombro inicial, todos ellos respondieron con algo parecido a lo siguiente: "¿De qué están hablando? ¿Están locos? Todos vimos las mismas cosas; contemplamos su fuerza, sus armas y sus ciudades fortificadas. Ellos son guerreros diestros e inmensos, y nosotros sólo somos un grupo de esclavos. ¡No somos rival para ellos! Ustedes no piensan en nuestras esposas e hijos, en el bienestar de nuestra nación. ¡Son ustedes arrogantes, necios e idealistas! ¡Cierren la boca, egocéntricos!".

Me imagino a las multitudes suspirando de alivio. "Vaya, gracias a Dios que los más sabios se mantienen firmes. Somos muy afortunados de que la mayoría de los espías sean humildes y prudentes. ¿Pueden imaginar lo que habría sido de nosotros si todos ellos fuesen orgullosos y arrogantes como Caleb y Josué?".

Pero, como siempre sucede, Dios tenía la última palabra. "Entonces el Señor le dijo a Moisés: —¿Hasta cuándo esta gente me seguirá menospreciando? ¿Hasta cuándo se negarán a *creer* en mí?" (Números 14:11, NVI). Dios no estaba contento con la mentalidad de la multitud. Lo que ellos pensaban que era humildad no era humildad en absoluto; en realidad, su incredulidad era orgullo. Ellos basaban todos sus cálculos en su propia sabiduría, capacidad y fuerza.

Mucho más adelante en el Antiguo Testamento Dios declara: "Malditos son los que ponen su confianza en simples seres humanos...Pero benditos son los que confían en el SEÑOR y han hecho que el SEÑOR sea su esperanza y confianza" (Jeremías 17:5, 7, NTV). Diez de los espías habían visto lo grandes que eran los gigantes y basaron sus tímidas probabilidades en su propia fuerza; pero Caleb y Josué vieron lo grande que era Dios comparado con el enemigo y basaron sus cálculos totalmente en la gracia de Dios. Ellos dos, Caleb y Josué, terminaron siendo bendecidos; los otros espías y todos los demás que no creyeron fueron maldecidos.

Por tanto, ¿cuáles de los espías fueron verdaderamente humildes y cuáles fueron verdaderamente orgullosos? Ante los ojos de Dios, los diez fueron orgullosos y solamente dos fueron humildes.

Se necesita humildad genuina para tener fe, porque cuando alguien es humilde se apoya y confía en la capacidad (gracia) de Dios para sacarle adelante, y no en la capacidad propia. Si los diez espías hubieran confiado humildemente en las promesas de Dios, habrían salido y conquistado la tierra. Se habrían sometido a la Palabra del Señor en lugar de hacerlo a su limitada fuerza y su razonamiento humano, y así habrían estado sometidos los unos a los otros: *bajo la misma misión.*

Se necesita humildad genuina para tener fe.

Una vez que estuviesen en la batalla, un espectador podría haber supuesto que los descendientes de Abraham estaban operando en su propia fuerza, pero en realidad habría sido la gracia de Dios, su poder sobrenatural, obrando por medio de ellos. Cuando somos capacitados por la gracia de Dios, hay veces que aquello que logramos parece ser mediante nuestra propia capacidad. En otras ocasiones es claramente evidente que es la capacidad de Dios. Pero independientemente de cómo le parezca al espectador, podemos conocer y confiar por completo en el poder de Él y avanzar basando nuestra confianza en su Palabra.

Eso, querido lector, es fe implacable. Pero todo comienza con un espíritu de humildad delante de Dios y los unos de los otros.

Estar vestido de humildad es llevar la armadura de Él en lugar de la muestra. El pasaje de 1 Pedro 5:5-6 ordena: "Revestíos de humildad…Humillaos, pues, bajo la poderosa mano de Dios". En las Escrituras, *la mano* de Dios siempre habla de su capacidad, poder o fortaleza; es su armadura.

¿Cómo se traduce esto de modo práctico? Debemos humillarnos bajo la fuerza y el poder de Dios. Nos negamos a permitir que las ideas y experiencias humanas (nuestras o de otras personas) se eleven por encima de la Palabra de Dios. En cambio, *creemos,* a pesar de nuestra razón o lógica naturales, y permitimos que su Palabra dicte nuestros actos.

Cuatrocientos años de subyugación en Egipto habían enseñado a los hijos de Israel que no podían defenderse a ellos mismos contra un ejército de mayor fuerza que poseyera armas más potentes. Egipto les había dominado. Ellos no podían hacer nada para liberarse a sí mismos; había sido necesario Dios mismo. Él los había liberado gloriosamente con su *mano poderosa.* Como Moisés recordaba: "por cuanto *con mano fuerte* te sacó Jehová de Egipto" (Éxodo 13:9). Sin embargo, también sabemos que "bien pronto olvidaron sus obras" (Salmos 106:13). Ellos se aferraron a su experiencia de tanto tiempo de esclavitud en lugar de aferrarse a la mano de Dios que les liberó. La misma mano fuerte que derrotó a Egipto también derrotaría a los ejércitos cananeos, que, de hecho, eran muy inferiores a los ejércitos egipcios.

Pero antes de que usted y yo seamos demasiado duros con los

israelitas de fe débil, necesitamos mirarnos en el espejo. ¿Cuántas veces hacemos nosotros lo mismo? Antes de unirnos a la familia de Dios, estábamos bajo el gobierno tirano de Satanás; poseíamos su naturaleza y ninguna esperanza de escapar. Pero Dios poderosamente "nos ha librado de la potestad de las tinieblas, y trasladado al reino de su amado Hijo" (Colosenses 1:13). Si Él logró esta hazaña imposible, ¿cuánto más puede manejar situaciones menos complejas y difíciles en nuestras vidas? Situaciones como sanar enfermedad y dolencias, proveer para alguna necesidad, otorgar sabiduría y capacitarnos para ser distinguidos y vencer probabilidades "imposibles". No repitamos la necedad de Israel y bien pronto olvidemos sus obras. Que usted y yo permanezcamos vestidos con la armadura de humildad como hicieron Caleb y Josué.

La humildad mal entendida

Es triste decir que la humildad con frecuencia se considera ser débil, cobarde, sin carácter. En realidad, es lo contrario. Y, con frecuencia en la Biblia, quienes son verdaderamente humildes son mal entendidos y considerados orgullosos y arrogantes. Hablemos de David, por ejemplo. A petición de su padre, visitó a sus hermanos mayores que estaban en la guerra contra el ejército filisteo. Cuando él llega a la escena de la batalla, observa que todos los soldados, incluyendo a sus hermanos, están en una extraña y nueva posición militar: ocultándose tras las rocas y temblando de temor. Estaban intimidados por el tamaño, la fuerza y la reputación del gigante filisteo: Goliat. David se entera de que aquello había seguido así por cuarenta días, y él cuestiona con un tono nada cobarde: "¿quién es este filisteo incircunciso, para que provoque a los escuadrones del Dios viviente?" (1 Samuel 17:26).

La actitud de David enfurece a su hermano mayor, Eliab. ¿Puede imaginar los pensamientos de Eliab? *Mi hermano pequeño no sólo es un mocoso, está lleno de sí mismo.* Le responde a David: "Yo conozco tu soberbia y la malicia de tu corazón" (versículo 28). Vaya, ¡qué reprensión tan directa! La Nueva Versión Internacional dice: "Eres un atrevido y mal intencionado". El hermano de David claramente considera al joven David imprudente, arrogante y orgulloso.

Pero un momento, ¿qué hermano era realmente el orgulloso? Solamente un capítulo antes, el profeta Samuel había llegado a la casa de Isaí para ungir al siguiente rey. Eliab, que era el primogénito, no dio la talla. Tanto Isaí como Samuel habían supuesto que Eliab sería el escogido porque era el mayor y probablemente el más alto y más fuerte de los hijos de Isaí. Pero Dios dijo con firmeza: "Yo lo he rechazado" (1 Samuel 16:7, NVI).

¿Por qué rechazó Dios a Eliab? ¿Podría ser que el mismo orgullo del que Eliab acusó a David residiera en su propio corazón? Dios más adelante elogió la humildad de David declarando que David era un hombre conforme a su corazón (véase Hechos 13:22). La humildad caracterizaba la vida de David, y todos sabemos que este gran líder estuvo lejos de ser débil, cobarde o sin carácter. Él es quien escribió: "Jehová está conmigo; no temeré lo que me pueda hacer el hombre" (Salmos 118:6).

De nuevo en el campo de batalla, David se sacude el asalto verbal de Eliab y desafía al gigante con confianza, haciendo saber a Goliat con términos claros que está a punto de perder su inmensa cabeza. Entonces David regresa corriendo al campamento enemigo, mata a Goliat con una sola piedra de su honda, y hace exactamente lo que prometió: toma la cabeza de Goliat.

El hermano mayor y los otros hermanos de David había basado sus cálculos para la batalla en su propia fuerza, igual que habían hecho los diez espías. David, por otro lado, imaginó la batalla por medio de la fortaleza o *poderosa mano* de Dios. Él se vistió de humildad. El rey Saúl había ofrecido a David su armadura, pero el muchacho no la quiso; confiaba en la armadura de Dios. Pero una vez más, al igual que con Caleb y Josué, David fue considerado arrogante y orgulloso por parte de quienes confiaban en su propia fuerza.

Yo creo que el enemigo ha trabajado duro para pervertir nuestra definición y entendimiento de la humildad. Muchos cristianos con buenas intenciones se han unido al mundo incrédulo al considerar la humildad como ser de voz suave, débil en aspecto y no ser polémico. Pero eso está a años luz del verdadero significado de la palabra. Consideremos otros dos ejemplos bíblicos más: Moisés y Jesús.

En el libro de Números leemos: "Y aquel varón Moisés era muy manso, más que todos los hombres que había sobre la tierra" (Números 12:3).

¡Vaya, eso es una declaración! ¿No nos encantaría que alguien dijese eso sobre nosotros? Desde luego, nunca nos atreveríamos a decirlo nosotros mismos porque solamente una persona arrogante, presumida y egoísta les diría a los demás lo humilde que es, ¿verdad? Pero adivine quién escribió el libro de Números: ¡Moisés! Este increíble hombre de Dios se describió a él mismo como el hombre más humilde que había sobre la tierra.

¿Cómo podía ser? ¿Puede imaginarse un ministro de pie delante de una conferencia cristiana diciendo: "Oigan, yo soy muy humilde, así que permitan que les hable de eso". Se bajaría del escenario debido a las risas.

Ahora oigamos lo que Jesús dice: "Vengan a mí todos ustedes que están cansados y agobiados...y aprendan de mí, pues yo soy apacible y humilde de corazón" (Mateo 11:28-29, NVI).

Jesús está diciendo en realidad: "Oigan, vengan a mí. Yo soy humilde y quiero enseñarles al respecto". Al igual que la declaración de Moisés, la autoproclamada humildad de Jesús no caería muy bien en el mundo actual. Pero el problema no es lo que dijeron Moisés y Jesús; el problema es que *nosotros nos hemos apartado en nuestra comprensión y entendimiento de la humildad.* Hemos perdido su verdadero significado porque ahora pensamos que significa vivir como gusanos indignos y hablar solamente de nuestra incapacidad y maldad. Pero la humildad como Dios la pensó es una cualidad de carácter muy positiva y poderosa. La verdadera humildad es obediencia absoluta y dependencia de Dios. Le pone a Él en primer lugar, a los demás en segundo lugar y a nosotros mismos en tercer lugar en todas las cosas. La humildad no tiene nada que ver con ser de voz suave y aspecto débil, y tiene todo que ver con vivir con valentía, de modo implacable, en el poder del regalo gratuito de la gracia de Dios.

LA HUMILDAD QUE NOS MANTIENE IMPLACABLES

¿Recuerda que quienes soportan implacablemente y terminan bien reciben la recompensa? Pablo nos advierte contra permitir que la falsa humildad, que puede ser una apariencia de sabiduría, nos prive esta recompensa: "Nadie os prive de vuestro premio, afectando humildad" (Colosenses 2:18). Los diez espías y la tímida nación de Israel ilustran cómo la falsa humildad puede realmente costarnos la recompensa que Dios quería darnos.

Los diez espías aconsejaron en contra de entrar en la Tierra Prometida. Su razonamiento parecía sensato, lógico y prudente, pero ellos lo sacaron del árbol del conocimiento del bien y del mal en lugar de sacarlo de la promesa y la sabiduría de Dios. Se privaron no sólo a ellos mismos sino también a sus familias y a millones de otras personas: nunca entraron en la Tierra Prometida. Eso supone muchas personas que se perdieron su destino debido a la *falsa humildad.* Caleb y Josué, los dos espías que dieron su informe en un espíritu de humildad, fueron los únicos adultos de aquella generación a quienes Dios permitió entrar en la nueva tierra. Con Josué como líder, una nueva generación de israelitas entró con valentía y humildad en el poder de la fuerte mano de Dios. Y ellos conquistaron.

Un hombre me preguntó una vez: "John, ¿preferiría predicar a millones de personas de diversos trasfondos o solamente a una docena de líderes?".

"A los millones", respondí yo.

Él dijo: "Ha escogido sin sabiduría, porque los diez líderes que inspeccionaron la tierra fueron responsables de causar que millones de personas se perdieran su destino".

Todos somos llamados a ser líderes y a influenciar. Por tanto, ¿cómo está usted liderando? ¿Está armado de humildad al situarse bajo la poderosa mano de Dios, o tiene apariencia de humildad pero sigue operando en su propia fuerza?

Pablo escribe además que "somos más que vencedores" (Romanos 8:37), pero que nuestras propias ideas, planes o directivas que estén fuera de la Palabra de Dios pueden "parecer sabias porque exigen una gran devoción, una religiosa abnegación y una severa disciplina corporal; pero a una persona no le ofrecen ninguna ayuda para vencer sus malos deseos" (Colosenses 2:23, NTV).

Todos en la generación de Caleb y Josué habían sido posicionados para conquistar. Eliab y sus hermanos deberían haber conquistado a los filisteos mucho antes de que el joven David llegase a la escena. Pero la falsa humildad les privó de su fuerza, promesa, fruto, capacidad de reinar en vida, y finalmente de su recompensa eterna. Por esta razón Pablo nos exhorta con fuerza:

> Unánimes entre vosotros; no altivos, sino asociándoos con los *humildes*. No seáis sabios en vuestra propia opinión (Romanos 12:16).

La mente humilde no es sabia en su propia opinión. Recuerdo el momento en que una importante revista internacional estaba escribiendo un artículo sobre un tema controvertido. El editor se puso en contacto con nuestra oficina pidiendo mis comentarios y puntos de vista, y mi asistente me transmitió la petición. Yo le dije: "Deja que lo piense".

Al día siguiente me sentí turbado en mi espíritu, pero no podía señalar exactamente el motivo. Seguía preguntándome: *¿Qué pasa?* Pero no podía articular lo que me estaba molestando. Finalmente lo lleve al Señor en oración, y un día o dos después de repente lo entendí. Estaba hablando con Lisa y dije: "Sé por qué he estado inquieto acerca de la petición de la revista. Es sencillo: ¿Quién soy yo para dar mi opinión? ¿Acaso los embajadores dan sus propias opiniones?".

La Biblia dice: "somos embajadores en nombre de Cristo, como si Dios rogase por medio de nosotros" (2 Corintios 5:20). Si el presidente de los Estados Unidos envía a un embajador para entregar su mensaje a otra nación y el embajador da *su propio* mensaje o comentario en nombre del Presidente, tendrá muchos problemas. Cuando yo hablo en nombre de Dios Padre y Cristo Jesús mi Señor, debo hablar su Palabra. ¿Quién soy yo para dar mi propia opinión? Es la necedad de los diez espías. Aquella revista acudió a mí, un ministro del evangelio, para obtener mi opinión, la cual insultaría la administración de la gracia de Dios otorgada a mi confianza.

Ese incidente me hizo volver a pensar en lo que Dios me había hablado en oración años antes. Los cuatro primeros años de nuestro ministerio fueron difíciles, un desierto por así decirlo. Lisa y yo conducíamos nuestro pequeño Honda Civic recorriendo la mitad oriental de los Estados Unidos, con bebés en los asientos del auto y nuestro equipaje metido en todos los espacios disponibles. Orábamos mucho para que se abrieran puertas delante de nosotros. La mayoría de nuestras reuniones eran en iglesias de unos cientos de miembros que no parecían estar creciendo y tenían un impacto mínimo en sus comunidades.

Después de cuatro años de aquel trabajo ministerial, Dios me habló en oración una mañana: *John, te he enviado a iglesias y conferencias que tienen menor influencia durante estos últimos cuatro años, y me has obedecido fielmente. Yo seguiré ocupándome de aquellos a quienes has ministrado, pero ahora voy a realizar un importante cambio. Ahora produciré aumento muy por encima de lo que tú has soñado. Tu alcance se multiplicará muchas veces, y serás invitado a iglesias y conferencias que tienen una importante influencia en ciudades y naciones. Serás bendecido financiera, social y espiritualmente de manera exponencial. Tú administras lo que es mío, y es momento de que el mensaje que transmites llegue a las masas.*

(Permítame intercalar este importante punto con respecto a los números. Hay iglesias grandes que carecen de influencia en sus comunidades y, por el contrario, hay iglesias pequeñas que son muy influyentes. El aspecto importante de una iglesia efectiva no son los números sino la calidad de su alcance y su influencia).

Yo quedé sorprendido y emocionado por lo que había oído tan claramente que Dios dijo a mi corazón. Después se lo dije a Lisa y ella también estaba emocionada. Pero sólo unos momentos después, el Señor continuó susurrándome: *Esto también será una prueba. Cuando fuiste a los lugares más pequeños que carecían de influencia, tuviste que creer en mí para recibir cada moneda y confiar en mí para recibir cada palabra. Buscaste regularmente mi consejo porque sabías que si pasabas por alto mi voluntad en tu trabajo, sufrirías de manera significativa.*

¿Gastarás hasta ahora el dinero alegremente porque te he bendecido económicamente? ¿O seguirás buscando mi consejo como has hecho en los momentos de sequía? ¿Irás ahora donde tú quieras en lugar de buscar mi dirección? ¿Darás ahora tus opiniones personales desde el púlpito en lugar de creerme a mí para recibir cada palabra como mi oráculo? Hijo, mis hijos son probados en dos áreas importantes: en el desierto y en el lugar de abundancia. Muchos que han fracasado no han fracasado en el desierto, sino en el lugar de abundancia.

Yo estaba temblando. Después de salir de la oración, inmediatamente compartí con Lisa lo que Dios me había hablado. Ella respondió: "John, cuando escuché la primera parte de la palabra que Dios te dio, quería bailar por toda la cocina. Ahora que he escuchado el mensaje completo, ¡estoy temblando de temor!".

"Eso es bueno", respondí, "porque esa es la respuesta correcta: *el temor del Señor*".

> El temor del Señor es la raíz de una vida sana, sabia, poderosa y segura.

Muchos no entienden que el temor del Señor no significa tener miedo de Dios. En cambio, significa tener miedo, incluso terror, ¡a estar lejos de Él! El temor del Señor es la raíz de una vida sana, sabia, poderosa y segura. Cuando se trata de riquezas, por ejemplo, son buenas si se manejan adecuadamente y se mantienen en perspectiva; sin embargo, el engaño puede fácilmente unirse a nuestra riqueza. Jesús advierte de "el engaño de las riquezas" en Mateo 13:22, pero tal engaño no nos afectará o nos dañará si permanecemos en el consejo, la Palabra y la sabiduría de Dios: el temor del Señor.

Dar mi opinión personal como embajador de Cristo sería falta de temor piadoso, nada menos que orgullo. Por eso Pablo dice: "sino asociándoos con los humildes. No seáis sabios en vuestra propia opinión" (Romanos 12:16). Caleb y Josué no se unieron a las opiniones de sus contemporáneos; Dios ya había dado claramente a conocer su voluntad; ellos temieron a Dios y, como consecuencia, terminaron bien. Como afirma el libro de Proverbios: "El Señor se burla de los burlones, pero muestra su favor a los humildes" (3:34, NVI).

Nadie en sus cabales querría nunca que Dios se burlase de él; sin embargo, eso es exactamente lo que sucede con el autosuficiente. El Señor de la gloria no tolera el orgullo; Él lo aborrece. Lucifer estaba cerca de Él, el más cercano de todos los ángeles, pero carecía del temor del Señor y, por tanto, definitivamente *no* terminó bien. Se nos dice: "El temor de Jehová es limpio, que permanece para siempre" (Salmos 19:9). El temor del Señor es el poder duradero que nos da la capacidad de terminar bien. Adán y Eva caminaban en la presencia de su gloria, pero no temían a Dios lo suficiente para temer estar lejos de Él; por tanto, no permanecieron para siempre en Edén.

El temor piadoso, la fe y la humildad es la verdadera cuerda de tres dobleces que no puede romperse fácilmente (véase Eclesiastés 4:12). Si usted teme al Señor, creerá en Él ante las circunstancias imposibles. Si le teme, será usted humilde, y no sabio en sus propias opiniones. Aun así, el orgullo, la rebelión y la incredulidad son una cuerda de tres dobleces de la oscuridad que es difícil de romper. Muéstreme un hombre que descarte o ignore lo que Dios dice en su Palabra y se aferre a sus propias opiniones, y le mostraré alguien que no permanecerá. Su única esperanza es el verdadero arrepentimiento y la humildad.

ARMADURA TRASERA

El orgullo es muy engañoso. Yo creo que es el arma más eficaz del enemigo para evitar que terminemos bien. El orgulloso no puede ver los avances del enemigo porque es golpeado desde atrás; por la espalda. ¿Cuántas veces usted y yo hemos escuchado de quienes lo han perdido todo: ¡No lo vi venir!"?

Hay una razón para eso. Si vemos la armadura de Dios en la Biblia, todo está en su lugar para protegernos cuando *miramos de frente*. El cinto de la verdad, la coraza de justicia, el calzado del evangelio de la paz, la fe como un escudo, la salvación como nuestro casco, y la Palabra de Dios como nuestra espada…cuando lo pensamos, todo eso cubre los ataques frontales. Pero ¿qué cubre nuestras espaldas? El profeta Isaías proporciona la respuesta: "y la gloria de Jehová será tu retaguardia" (58:8).

La Nueva Traducción Viviente dice que la gloria de Dios "nos protegerá atrás". Su gloria protege nuestra espalda. Pero debemos seguir teniendo en mente la enfática afirmación de Dios de que Él no compartirá su gloria con nadie (véase Isaías 42:8). Cuando exaltamos nuestra propia opinión por encima de la de Él, actuamos con orgullo y perdemos nuestra retaguardia de su gloria, ¡y nuestras espaldas quedan al descubierto!

Cuando pienso en lo mal informados que estamos con respecto a la verdadera humildad y el orgullo, tiemblo. Dios dice: "Mi pueblo fue destruido, porque le faltó conocimiento" (Oseas 4:6). ¿Cuántos de nosotros hemos sido, o seremos, destruidos debido a la ignorancia? Si los diez espías y todo Israel confundieron la humildad de Caleb y Josué con el orgullo, y si Eliab confundió la humildad de David con el orgullo, entonces ¿qué de la actualidad?

Podría compararse a hacer un largo viaje sin saber que a lo largo del camino ciertas situaciones están llenas de animales mortales y agresivos. Si usted saliera de su vehículo y se dirigiese hacia el lugar equivocado, podría terminar como una víctima destrozada.

En una ocasión, a Lisa y a mí nos regalaron un safari en África. Era un lugar bonito, una acomodación de cinco estrellas en la cual cada pareja tenía su bungalow privado. Cada noche, un guarda armado nos acompañaba por el camino que iba desde el comedor al aire libre hasta nuestro bungalow. Era una distancia considerable. La primera noche, el guarda nos advirtió seriamente a Lisa y a mí: "Bajo ninguna circunstancias salgan durante la noche, porque podrían ser fácilmente atacados. Hay animales salvajes y hambrientos que salen a cazar de noche, y no hay vallas para mantenerlos a distancia".

¿Y si no hubiéramos sabido eso y hubiéramos decidido salir hacia el restaurante para tomar un refrigerio de medianoche? Probablemente nos habríamos convertido nosotros mismos en el refrigerio de medianoche. Yo habría sido destruido por falta de conocimiento. Basándonos en lo que ya hemos explorado en este capítulo, las palabras de Oseas podrían parafrasearse de esta manera: "Mi pueblo es destruido por falta de saber la diferencia entre la verdadera humildad y el orgullo".

Estoy muy contento de que usted esté tomando tiempo para aprender lo que significa armarse de humildad. Pero no se detenga aquí. Examine las Escrituras y pida al Espíritu Santo que le ilumine. No sea atacado por la espalda y derribado en la vida debido a la falta de conocimiento. Usted está destinado a terminar bien. Escuche la promesa de Dios:

Entonces los humildes crecerán en alegría en Jehová (Isaías 29:19).

¡Qué gran promesa! A todos nos encanta la alegría. Pero ¿por qué es también una promesa crucial? Porque "el gozo de Jehová es vuestra fuerza" (Nehemías 8:10). Fortaleza para terminar bien. No podemos correr la carrera implacable y terminar sin ella. Promete que usted y yo aumentaremos en alegría y fortaleza, si permanecemos vestidos de humildad. Él también promete:

Porque así dijo el Alto y Sublime,
el que habita la eternidad, y cuyo nombre es el Santo:
Yo habito en la altura y la santidad,
y con el quebrantado y humilde de espíritu,
para hacer vivir el espíritu de los humildes,
y para vivificar el corazón de los quebrantados
   (Isaías 57:15).

Cuando Dios habita en nuestro interior, podemos correr sin duda alguna nuestra carrera con aguante. Una visitación de Dios no es lo que buscamos; más bien, deberíamos desear que Él habite en nuestro interior, pues eso fomenta la fortaleza para aguantar.

Por tanto, querido lector: "revestíos de humildad; porque: Dios resiste a los soberbios, y da gracia a los humildes. Humillaos, pues, bajo la poderosa mano de Dios, para que él os exalte cuando fuere tiempo".

11

QUITÉMONOS TODO PESO

Y todos, sumisos unos a otros, revestíos de humildad; porque:
Dios resiste a los soberbios, y da *gracia* a los humildes.
Humillaos, pues, bajo la poderosa mano de Dios,
para que él os exalte cuando fuere tiempo;
echando toda vuestra ansiedad sobre él,
porque él tiene cuidado de vosotros.

1 PEDRO 5:5-7

Uno de los principales aspectos de revestirnos de humildad es situarnos bajo la misión de Dios, como hicieron Caleb y Josué. Cuando lo hacemos, cualquier adversidad que se interponga entre nuestra posición presente y la terminación de nuestra misión divina se vuelve conquistable. En humildad basamos nuestros cálculos en la fuerza de Dios su mano poderosa. En humildad creemos las palabras de Él incluso por encima de lo que dicte la mejor lógica o razonamiento humano. En humildad caminamos por fe, y no gobernados por nuestros sentidos o nuestro conocimiento natural.

Para vivir de modo realista de esa manera debemos echar toda nuestra ansiedad sobre Él. No algunas preocupaciones; todas las preocupaciones. Eso es lo que Caleb y Josué hicieron con respecto a sus esposas y sus hijos. Como padres y esposos, también ellos se interesaban profundamente por sus familias; pero para ellos, la palabra del Señor estaba por encima de la lógica y el temor humanos. Ellos entendían que al poner la voluntad de Dios en primer lugar, sus familias serían protegidas y recibirían provisión. Caleb y Josué eran verdaderamente humildes delante del Señor y, como resultado, sus preocupaciones familiares estaban en las manos más capaces del universo.

ECHAR TODA NUESTRA ANSIEDAD SOBRE ÉL

Echar toda nuestra ansiedad sobre Dios nos da la capacidad de permanecer implacables en nuestra misión. A fin de proseguir, no podemos transportar pesadas cargas. La Biblia nos enseña: "*quitémonos todo peso* que nos impida correr... Y corramos con perseverancia la carrera que Dios nos ha puesto por delante" (Hebreos 12:1, NTV).

Los pesos nos ralentizan y pueden evitar que terminemos bien. ¿Puede imaginarse correr una maratón con un peso de veinte kilos colgando de cada cadera? Sería muy difícil correr en absoluto, ¡y menos terminar la carrera!

Un peso muy pesado que obstaculiza nuestro progreso es nuestra ansiedad y nuestras preocupaciones. Precisamente es lo que aplastó a los diez espías que no terminaron bien. Su pesada carga con respecto al posible peligro para sus esposas y sus hijos evitó que avanzasen en la promesa de Dios para hacer su voluntad.

Es importante aclarar que nuestras familias *no* son el peso; es la *preocupación* por nuestras familias lo que se convierte en el peso. Si cuestionamos la capacidad o el deseo de Dios de proveer y proteger, insultamos su integridad y su fuerza. Es interesante recordar que Caleb y Josué finalmente demostraron el error de sus contemporáneos cuando, cuarenta años después, ciertamente fueron a la batalla con los mismos cananeos, y sus familias no fueron dañadas de ninguna manera. De hecho, hacer batalla en realidad bendijo a sus esposas y sus hijos dándoles una tierra fructífera como herencia.

> Cada uno de nosotros tiene que escoger entre seguridad y destino.

Piense con atención en los diferentes resultados. Los diez espías, que buscaron proteger a sus familias en lugar de confiar en la dirección de Dios, hicieron que sus familias heredasen el desierto. Sin duda, fue un fin no deseado, lleno de cuarenta años de dificultad y falta de abundancia. Pero los dos líderes que creyeron y obedecieron la Palabra de Dios, y confiaron el cuidado de sus familias a la integridad de Él, hicieron que sus familias heredasen la Tierra Prometida, la tierra que fluía leche y miel. Era su destino.

En diversas épocas en nuestras vidas, cada uno de nosotros tiene que escoger entre seguridad y destino. ¿Escogeremos el camino que conduce al *significado*, o intentaremos asegurar nuestra comodidad y bienestar? Si escoge usted la autopreservación, su fin no será su destino divino. Puede que tenga éxito a la hora de mantener su sentimiento de seguridad, pero finalmente descubrirá, en el trono de juicio de Cristo, la abundante plenitud de vida que usted se perdió a causa de mantener su zona de comodidad temporal.

Es un hecho, verificado una y otra vez a lo largo de la Palabra de Dios: si usted quiere completar su viaje planeado por Dios, necesitará dejar el peso de sus afanes y preocupaciones en Él. Su camino es de aventura y de fe, y la recompensa siempre es mucho mayor que su sentimiento de seguridad y comodidad. Quítese el peso que le detiene echando su ansiedad sobre Él.

Nuestros desafíos personales

Permítame que comparta con usted algunos de los pesos que yo he tenido que quitarme en mi carrera personal. Cuando yo era pequeño, reconocía la importancia de un padre y esposo que sostenía a su familia. Mi papá era ejemplo de eso de manera hermosa, enseñándonos que una moneda ahorrada era una moneda ganada. El papel del esposo y padre a la hora de proporcionar un hogar seguro y estable fue infundido en mí cuando era pequeño. Yo quería ser piloto, pero mi padre no me alentó porque en aquellos tiempos ser piloto no era considerado un trabajo seguro. Papá me dirigió hacia una carrera más estable. Estudié ingeniería y, en 1981, acepté un empleo en Rockwell International.

Ganaba un salario bastante bueno como joven ingeniero. Era un buen sentimiento poder sostener adecuadamente a mi esposa. Como joven , yo seguía lo que había sido modelado delante de mí; sin embargo, batallaba con un conflicto interior: sentía un ardiente llamado a entrar en el ministerio. Había estado en mí algunos años, pero no veía manera de poder sostener a mi esposa y finalmente a nuestros hijos con los ingresos de un ministro. Por tanto, Lisa y yo ideamos un plan.

Yo me había enterado por otro empleado que la empresa pagaba un salario muy grande si un empleado aceptaba un puesto en el extranjero, especialmente en Oriente Medio. Así que acudí al director de personal y pregunté acerca de ser transferido a Arabia Saudita. Lisa y yo pensábamos que podíamos aguantar vivir allí algunos años, ahorrar el dinero extra y regresar a Estados Unidos, pagar en efectivo una casa modesta y después entrar en el ministerio.

Un problema: nuestros planes estaban todos ellos basados en nuestra propia capacidad.

Una noche, un joven ministro, que hacía un par de años que nos conocía a Lisa y a mí, se sentó a mi lado y me reprendió durante dos horas. En esencia me dijo: "John, el llamado de Dios está en tu vida, y no estás haciendo nada al respecto. Si te quedas en el mismo camino en el que estás ahora, terminarás siendo un viejo ingeniero que se perdió su destino".

Yo quedé sacudido por sus palabras, pero sabía que él tenía razón. Llegué a casa aquella noche y le dije a Lisa: "Voy a ponerme a disposición de la iglesia para trabajar en cualquier puesto. Voy a atravesar la primera puerta que se abra. ¿Estás conmigo?".

"Estoy contigo", me dijo ella.

Oré apasionadamente durante los siguientes meses para que Dios abriese una puerta para que yo pudiera servir en el ministerio. Mientras tanto, hacía todo lo que podía para servir en nuestra iglesia como voluntario. Fui ujier, me uní al ministerio de la iglesia en la cárcel local, e incluso enseñaba a los hijos de mi pastor a jugar al tenis (yo había sido instructor de tenis por tres años en un club de natación y raqueta mientras estaba en la universidad).

Unos meses después, en 1983, se abrió una puerta para un puesto a tiempo completo en el ministerio. Dejé Rockwell y comencé a trabajar para mi iglesia local. Acepté un inmenso recorte de salario para aceptar el nuevo puesto, y mi papá pensó que me había vuelto loco (al igual que lo pensó mi jefe en Rockwell). Otros amigos cuestionaron mi decisión, y también yo batallé con pensamientos en cuanto a cómo podría sostener a mi familia. Sobre el papel sencillamente no funcionaba; nuestros ingresos mensuales eran menores que el total de nuestros gastos.

Pero yo sabía que era el plan de Dios para mí que aceptase ese puesto. Por tanto, Lisa y yo dejamos la *preocupación* de la provisión en manos de Dios. Nunca nos faltó una comida, y siempre tuvimos suficiente para satisfacer nuestras necesidades. Una y otra vez, sin decir ni una sola palabra a nadie, vimos a Dios proveer de manera milagrosa. Lisa y yo expresábamos en privado nuestras necesidades a Dios, resistíamos el desaliento del enemigo con la Palabra de Dios, y éramos testigos de una provisión milagrosa tras otra.

Recuerdo que una vez teníamos que tomar la decisión de dar nuestro diezmo o comprar provisiones. No fue una batalla muy grande porque ya habíamos decidido poner a Dios en primer lugar en todo. Por tanto, pusimos el 10 por ciento de nuestro salario en la ofrenda, lo cual significaba que no nos quedaba nada para comprar provisiones, porque el otro 90 por ciento había que emplearlo en pagar facturas y otros gastos imprevistos, uno de ellos nuestro auto.

En aquel momento teníamos sólo un auto y el alternador había fallado. Como yo estaba muy ocupado con el trabajo en mi iglesia, no tuve tiempo para repararlo. Además, yo conducía la camioneta de la iglesia, así que tenía el transporte que necesitaba para ir y regresar del trabajo. Por tanto, nuestro auto quedó en espera. Entonces, unos días después de que fallara el alternador, se pinchó un neumático. Para empeorar aún más las cosas, el neumático de repuesto estaba inservible. Vivíamos en Dallas, Texas, y el calor de aquel verano era extremo. Una noche llegué a casa del trabajo sólo para descubrir que una de las ventanillas de nuestro auto se había roto en mil pedazos. Resultó que el interior del auto se había puesto tan caliente que el aire se ensanchó hasta el punto de hacer explotar una de las ventanillas.

La frustración aumentó. Yo estaba metido en un lío. Incluso si arreglaba el alternador, no podría conducir el auto porque no tenía neumático. Cubrimos la ventanilla con una bolsa de basura y cinta adhesiva, pero yo sabía que si había una fuerte lluvia, nuestra ventanilla provisional se rompería y el agua entraría en el auto. Con el paso del tiempo, la humedad podría pudrir el interior del auto. No podía dejarlo pasar ni un día más. Llamé a varios talleres, pero todos los cálculos estaban por encima de lo que podíamos pagar. Sencillamente no teníamos dinero para reparar nuestro auto. Con mi anterior salario como ingeniero habría sido un asunto fácil. Tuve que batallar con pensamientos de lástima de mí mismo y visiones de nuestro auto pudriéndose en el estacionamiento.

Finalmente, me harté. Encontré un lugar apartado para reunirme con Dios y grité: "Señor, tú dijiste que debo echar toda mi ansiedad sobre ti; por tanto, en este momento tomo la ansiedad de este automóvil y la pongo en tus manos completamente y totalmente. Ya no es mi ansiedad, ahora es tuya. Si el auto se pudre, no es culpa mía, ¡porque la preocupación ya no es mía! Permanezco enfocado en lo que tú me has dicho que haga. Ahora te doy gracias por proporcionar la solución".

Dije mis palabras con voz alta y fuerte, y realmente lo dije de verdad. Y por primera vez desde que el alternador se estropeó, comencé a sentir paz en mi alma. Fue tal como la Palabra de Dios promete:

> No se preocupen por nada; en cambio, oren por todo. Díganle a Dios lo que necesitan y denle gracias por todo lo que él ha hecho. Así experimentarán la paz de Dios, que supera todo lo que podemos entender. La paz de Dios cuidará su corazón y su mente mientras vivan en Cristo Jesús (Filipenses 4:6-7, NTV).

Entonces comencé con el enemigo. Hablé con violencia y pasión: "Satanás, escúchame. Mi Dios, mi Padre, suple todas mis necesidades según sus riquezas en gloria. No me falta nada, porque busco primero su Reino y me es añadido todo lo que necesito. Por tanto, te resisto en el nombre de Jesús y te ordeno que quites tus sucias manos de nuestras finanzas y de nuestro auto".

Sentí como si algo se partiera. Casi inmediatamente me encontraba riendo. Pensé: *¿Me he vuelto loco?* Sin embargo, el gozo salía de un profundo pozo en mi interior. Yo sabía que era el gozo del Señor, el cual sería la fortaleza que necesitaba. Con esa fuerza sabía que podía seguir corriendo mi carrera implacablemente. Mi ansiedad estaba ahora en la poderosa mano de Dios y el enemigo estaba atado. Yo estaba en un estado de anticipación de la provisión de Dios.

Al día siguiente, llegó a vernos una amiga de Lisa y vio nuestro auto estropeado en el estacionamiento de nuestro apartamento. Ciertamente era una escena penosa. Ella dijo: "Lisa, tengo un amigo que es mecánico. ¿Por qué no me pongo en contacto con él para ver lo que puede hacer por ti y por John?". Su amiga terminó arreglándolo todo por una fracción de lo que otros talleres querían cobrarnos. Vimos a Dios proveer de forma increíble, y eso nos fortaleció.

Pero debido a haber dado nuestro diezmo, seguíamos sin tener dinero para comprar provisiones, y yo no recibiría otro pago hasta doce días después. Una noche estábamos sentados en el auto y lloramos juntos. Nuestras lágrimas no eran de incredulidad sino de frustración. No entendíamos por qué teníamos que batallar por todo mientras otros vivían holgadamente. Como con el apóstol Pablo, nos faltaba entendimiento de lo que se estaba logrando en medio de nuestra prueba. Nosotros considerábamos las pruebas molestas, irritantes y una pérdida de nuestro tiempo; no entendíamos que estábamos siendo fortalecidos en la gracia de Dios para así poder más adelante enfrentarnos a retos mayores a fin de poder dar mayor gloria a Dios. Después de algunas lágrimas, Lisa y yo afirmamos nuestra fe en la Palabra de Dios y seguimos adelante con nuestra misión divina.

Dos días después, una pareja que estaba de visita desde San Antonio, a quienes habíamos conocido aquella misma semana, se acercó a mí. Me dijeron: "John, no sabemos por qué, pero Dios sigue hablándonos de que le regalemos esto". Me entregaron un sobre que contenía un cheque por 200 dólares. Lisa y yo quedamos sorprendidos. Nadie excepto Dios conocía nuestra situación, y Él proveyó para nosotros una vez más.

UN NUEVO NIVEL DE SOLTAR PREOCUPACIONES

Después de unos años más de crecimiento y desarrollo en nuestra fe y madurez, acepté un puesto como pastor de jóvenes para una iglesia grande en Florida. De nuevo nos enfrentamos al mismo reto financiero de otro recorte en el salario en esa posición. Aquella vez teníamos un hijo de dieciocho meses de edad, así que salir adelante era incluso más desafiante. De nuevo echamos nuestra ansiedad sobre Dios, resistimos al enemigo y vimos provisión milagrosa. Yo permanecía enfocado en la misión, y la provisión llegaba una y otra vez, con frecuencia de maneras espectaculares.

En septiembre de 1988, Dios me mostró que había llegado el momento de pasar a la siguiente fase de ministerio: viajar y hablar a tiempo completo. Yo me había sometido al liderazgo de mi pastor, así que decidí no decir ni una palabra y esperar que Dios le mostrase lo que había a continuación para mí. Ninguna otra persona sabía lo que me había sido mostrado en oración a excepción de Lisa y un amigo que vivía en otro Estado.

En febrero de 1989, mi pastor llegó a nuestra reunión de personal y habló de una vívida visión que había tenido la noche anterior. Compartió que nos vio a Lisa y a mí salir de la iglesia para viajar y ministrar a tiempo completo. Mientras yo le escuchaba, comencé a llorar. El Espíritu Santo había confirmado su voluntad, al igual que lo había hecho con Bernabé y Pablo en Hechos 13:1-5.

Seis meses después, en agosto de 1989, en un período de tres semanas recibí invitaciones para siete eventos futuros en los que hablar. Se lo dije a mi pastor y él sonrió, se rió y dijo: "Esto es lo que el Señor nos mostró. Parece que estás en el camino". Entonces dijo: "John, viaja todo lo que puedas este otoño y la iglesia seguirá pagando tu salario hasta el final del año. Desde el 1 de enero estarás por tu cuenta financieramente".

Durante los meses siguientes viajé a aquellos siete lugares y tuvimos buenas reuniones, pero no llegaron otras invitaciones. Yo esperaba ser lanzado pronto, pero no tenía ningún lugar donde ir. Mi pastor se dio cuenta de aquello y, dos meses antes de que yo fuese a quedarme sin salario, me dio una notable carta de recomendación y las direcciones de seiscientas iglesias en Estados Unidos en las cuales él había hablado (él era un ministro muy conocido, tanto nacionalmente como internacionalmente).

Inmediatamente comencé a repasar su carta con las direcciones que me dio. Mi plan era poner su carta y otra carta mía en el sobre y dirigirla a las seiscientas iglesias. Había terminado unos cuarenta de los sobres cuando escuché al Espíritu Santo decirme: *Hijo, ¿qué estás haciendo?*

Yo respondí: "Estoy haciendo saber a estos pastores que estoy disponible para visitar sus iglesias".

Estarás fuera de mi voluntad.

Yo dije: "Pero Dios, nadie ahí fuera sabe quién soy".

Yo lo sé. Confía en mí.

En ese momento tenía una decisión que tomar. Podía escoger la *humildad* sometiéndome a la dirección de Dios que había oído en mi corazón, o podía asegurar provisión por medio de mis propios esfuerzos de marketing. En otras palabras, ¿echaría sobre Él mi ansiedad y mis preocupaciones, o las mantendría en mis propias manos? Tomé la decisión de inmediato. Antes de que mi intelecto o mis emociones pudieran convencerme para no hacerlo, rompí los cuarenta sobres con las direcciones. Pensé: *O estoy escuchando de parte de Dios o estoy loco.*

Pasó el tiempo. Era ya mitad de diciembre y yo tenía concertadas solamente dos reuniones. Una sería la primera semana de enero en una diminuta ciudad en Carolina del Sur, en una pequeña iglesia que se reunía en una funeraria. La otra estaba concertada para finales de febrero en una pequeña iglesia en las colinas de Tennessee.

En ese punto nuestro pastor estaba muy preocupado por nosotros. Él estaba a punto de comenzar su programa de televisión diario que finalmente se emitiría en todo el mundo. Lisa tenía experiencia en producción de televisión, y nuestro pastor le ofreció un empleo para producir el nuevo programa por 45 dólares la hora. ¡Yo estaba muy aliviado y emocionado! Y Lisa también. Eso nos proporcionaría un dinero muy necesario mientras mi ministerio itinerante cobraba impulso.

Pero unos días después mientras yo estaba en oración, el Espíritu Santo habló de nuevo a mi corazón. *Hijo, si Lisa acepta el empleo de productora de televisión, entonces todo lo que ella gane económicamente yo lo deduciré de las ofrendas tomadas para tu ministerio itinerante. No quiero que ella trabaje para tu pastor. Quiero que esté a tu lado.*

Yo quedé conmocionado. Compartí este mensaje con Lisa y, para sorpresa mía, ella estuvo de acuerdo. ¡Ella había recibido el mismo mensaje durante su tiempo de oración! Con gratitud declinamos la oferta de nuestro pastor, pero él seguía estando preocupado por nosotros.

Estábamos ya a finales de diciembre. Mi salario de parte de la iglesia estaba a punto de terminar, y yo tenía solamente dos reuniones concertadas. Una vez más nuestro pastor se acercó a mí: "John, el domingo en la mañana durante nuestro servicio televisado voy a hacerte subir a la plataforma y anunciar a todos los pastores que nos ven en todo el país que estás siendo lanzado a un ministerio itinerante y que estás disponible para visitar sus iglesias. Además, nuestra iglesia va a darte apoyo mensualmente".

Una vez más me alegré mucho. Este hombre de Dios quizá era uno de los pastores más conocidos en Estados Unidos, con millones de personas que veían su programa. Yo estaba seguro de que esa era la manera de Dios de hacerme salir al campo para hacer lo que Él me había llamado a hacer.

Pero unos días después mientras estaba orando, el Espíritu Santo volvió a hablar: *Hijo, tu pastor no te anunciará en el programa de la iglesia televisado, y la iglesia no te dará sostén mensual.*

Para entonces yo me estaba frustrando, y protesté: "¿Por qué no? ¡Nuestro pastor dijo que lo haría!".

Inmediatamente escuché en mi corazón: *Porque yo no le permitiré hacerlo, y él es un hombre que me escucha.*

"¿Por qué no le permitirás hacer lo que me ha prometido?".

Entonces el Señor me dijo algo que nunca olvidaré: *Porque si él lo hace, cuando lleguen los momentos difíciles acudirás a él en lugar de acudir a mí.*

En efecto, nuestro pastor nunca me sacó delante de la audiencia de televisión. De hecho, nunca mencionó mi ministerio en absoluto, y no me dio apoyo mensualmente. Estoy muy contento de que no hiciera ninguna de esas cosas. Eso me obligó a echar mi ansiedad sobre Dios, orar y luchar en lugar de dar indicaciones a hombres que tenían el dinero o la influencia que necesitábamos.

Llegó el mes de enero y, en efecto, la iglesia dejó de pagar su nuestro salario. Lisa y yo teníamos 300 dólares a nuestro nombre. Teníamos dos niños pequeños: Addison, que tenía tres años y medio, y Austin, que tenía nueve meses. Nuestros pagos mensuales eran de 1000 dólares por la hipoteca de nuestra casa y 200 dólares por nuestro auto. Yo no sabía de dónde llegaría el próximo centavo. Oré como si mi vida dependiese de ello, lo cual me forzó a acercarme al Espíritu Santo.

Vimos abrirse puertas de las maneras más singulares. Mi primer compromiso para hablar, para la iglesia que se reunía en funeraria, fue un estupendo conjunto de reuniones, que se extendieron hasta otra semana. Se difundió la noticia y otro pastor asistió desde Columbia, Carolina del Sur. Al final de la reunión, él me preguntó si yo visitaría su iglesia. Lisa y yo fuimos, y su iglesia condujo a otra. Y así continuó.

Pasaron un par de meses, y de nuevo mi calendario estaba totalmente abierto. Estábamos bajo mucha presión económicamente, pero no tuvimos que retrasar el pago de ninguna factura. Una mañana temprano yo salí fuera para orar. "Dios, mi Padre, estoy haciendo lo que tú me dijiste que hiciera", grité. "Si tú no provees reuniones y finanzas para mi familia, entonces voy a conseguir un empleo en un supermercado, y le diré a la gente que tú no pudiste proveer para nosotros. Padre, me niego a venderme. Si tú me has llamado, tú abrirás las puertas. Te entrego esta preocupación completamente a ti".

Entonces me giré hacia el norte y ordené que se abrieran puertas. Después me dirigí hacia el sur, el este y finalmente el oeste, cada vez ordenando que se abrieran puertas. Entonces ordené al enemigo que se retirase, diciéndole al diablo que no podía obstaculizar los pasos que Dios nos había ordenado que diésemos.

Poco después de aquella sesión de oración, una iglesia en Michigan me llamó para realizar cuatro días de reuniones, y se produjo un genuino movimiento de Dios. La reunión de cuatro días se convirtió en semanas de reuniones. Acudían personas a las reuniones desde lugares tan lejanos como a más de cien kilómetros de distancia, llenando por completo la iglesia cada noche. Llamé a Lisa, que estaba con nuestros hijos en la piscina pública cercana a la casa de mis padres en Florida. Le hablé de las reuniones y que no había final a la vista, y le dije que le enviaría billetes de avión para que ella y los niños se reuniesen conmigo en Michigan.

Un pastor que estaba de vacaciones estaba sentado al lado de Lisa y escuchó la parte de ella en esa conversación telefónica. Se acercó a ella y le dijo: "Perdóneme, por favor, pero estaba escuchándole hablar con su esposo. Yo soy pastor de una iglesia de mil quinientos miembros en Nueva York, y anhelo un movimiento de Dios entre nuestra congregación. Sentí que el Señor me dijo que invitase a su esposo".

Por tanto, después de las reuniones en Michigan fuimos a Nueva York, y aquellas reuniones también se convirtieron en servicios poderosos. Regresamos a esa iglesia frecuentemente. Este tipo de cosas continuó semana tras semana; de hecho, en los cuatro primeros años del ministerio itinerante nunca escribimos una carta ni hicimos una llamada telefónica a ninguna iglesia. Cada reunión sencillamente se abría tal como he descrito o de alguna otra forma inusual.

PROVISIÓN CONTINUADA

Lo repetiré: me criaron con una mentalidad de que es muy importante que un hombre provea para su familia. El pasaje de 1 Timoteo 5:8 confirma esta convicción al afirmar que si yo no lo hago, entonces soy peor que un incrédulo. Proveer para mi familia era una preocupación válida y piadosa; sin embargo, si yo hubiese convertido esta preocupación en mi principal prioridad, nunca habría dado el paso de obediencia a Dios. Esa preocupación o ansiedad habría sido el peso que habría obstaculizado en gran manera mi carrera.

Después de haber estado algunos años en la carretera, tuve la oportunidad de observar otros ministerios que habían decidido de modo diferente, que no habían echado la preocupación de su provisión totalmente sobre Dios. Al igual que con los diez espías, ellos parecían calcular su provisión por su propia capacidad. Yo los vi venderse a ellos mismos, dar indicaciones o realizar juegos políticos. Me entristecí por ellos, sabiendo que el llamado en sus vidas era genuino pero que se habían vendido a ellos mismos y a Dios. Incluso en la actualidad, muchos de esos ministros aún no han entrado en el gobierno del Reino. Entristece mi corazón cuando oigo decir a un pastor: "Mire, la fe sin indicaciones está muerta".

En nuestro primer año de viajes, Lisa y yo vimos a Dios proveer de maneras sorprendentes. Un mes necesitábamos casi 700 dólares para pagar nuestra hipoteca, que vencía al día siguiente. Yo fui al buzón y allí encontré una carta de una pareja hippy que vivía en Alabama. Ellos tenían ocho hijos y dormían sobre el piso con un somier y un colchón. La carta decía: *John y Lisa, no sabemos por qué, pero Dios puso hoy de manera muy fuerte en nuestro corazón que les enviásemos este cheque de 300 dólares.*

Aquella noche yo hablé en una iglesia de sólo cuarenta personas. El pastor me dio la ofrenda en un sobre de papel. Llegué a casa y me fui a la cama, y entonces me di cuenta de que me había olvidado de contar la ofrenda. Debido a que Lisa y yo habíamos entregado nuestra ansiedad a Dios, sinceramente yo no estaba preocupado por el pago de la casa que vencía al día siguiente. Me levanté y conté la ofrenda. Era de 397,26 dólares. Combinado con el donativo de la pareja hippy era suficiente para el pago de nuestra casa. Una vez más, Dios había provisto.

Con el tiempo, llegué a entender el proceso que Dios utilizó para entrenarnos. Lisa y yo primero tuvimos que aprender a echar nuestra ansiedad sobre Dios en asuntos más pequeños, como un alternador para el auto. Fue importante que aprendiésemos a creer y luchar cuando nuestro salario era bajo. ¿Por qué? Porque cuando entramos al ministerio itinerante a tiempo completo, pasamos de tener un salario bajo a no tener ningún salario. Habíamos crecido en la fe y estábamos preparados para una misión más difícil. Los retos que afrontamos durante nuestro primer año de viajes nos ayudaron a crecer aún más y nos prepararon para el siguiente nivel de fe que necesitaríamos.

Al escribir este libro, nuestro presupuesto en Messenger

International es de más de 100 000 dólares por semana. Si yo no hubiese aprendido a echar mi ansiedad sobre Dios y creerle a Él paso a paso, ahora estaría abrumado. Pero la buena noticia es la siguiente: *Nunca he perdido ni un solo minuto de sueño preocupado por nuestra provisión.* La paz de Dios, que sobrepasa todo entendimiento, ha guardado notablemente nuestros corazones y mentes en Cristo Jesús, tal como Dios prometió.

DE FE EN FE

El proceso que Dios utiliza para edificar nuestra fe me recuerda al culturismo. Cuando yo tenía treinta y cinco años estaba tan ocupado viajando y hablando que consideraba ir al gimnasio una pérdida de tiempo. Como consecuencia, casi me desmayé sobre una plataforma un domingo en Atlanta, Georgia.

Teníamos un vecino que era luchador profesional para lo que entonces era la Federación Mundial de Lucha. Él, su esposa y sus hijos se habían convertido en buenos amigos nuestros. Él se había ofrecido anteriormente a llevarme al gimnasio, pero yo había rechazado la oferta. Después de mi incidente en Atlanta, mi actitud había cambiado por completo, y le pregunté si me ayudaría a ponerme en mejor forma.

Mi amigo era inmenso, con un peso de 118 kilos y solamente el 4 por ciento de grasa corporal; sus bíceps y tríceps eran mayores que mis muslos. Comenzamos a ir al gimnasio regularmente. Enseguida conocí a algunos de sus inmensos amigos culturistas y observé sus técnicas de entrenamiento. Descubrí que levantar pesos ligeros con muchas repeticiones ("reps") no construiría grandes músculos; más bien, aquellos hombres cargaban la barra con el peso suficiente para hacer un máximo de tres o cuatro repeticiones. Yo les observaba empujar el peso hasta tres veces, pero la cuarta repetición era donde se producía toda la acción. El hombre que estaba en el banco realmente no tenía la fuerza para hacer aquella cuarta repetición, pero su rostro se contraía, sus venas sobresalían y su cuerpo temblaba, y todos sus amigos le gritaban: "¡Empuja!" o "¡Explota!". Y él empujaba con todas sus fuerzas para hacer aquella cuarta repetición. Es *entonces* cuando los músculos del cuerpo responden y crecen.

La primera vez que estuve en el gimnasio podía levantar en el banco solamente 40 kilos, y así fue durante el primer mes. Entonces me gradué hasta llegar a los 60 kilos; después de seis meses llegué a 85 kilos, y finalmente hasta 90 kilos. Sin embargo, me quedé atascado en los 90 kilos durante algunos años.

Entonces un anterior culturista llegó a trabajar para nuestro ministerio. Mientras hablábamos, él refrescó mi memoria sobre lo que se requería para aumentar la fuerza y el músculo. Yo había olvidado que para construir músculo se debe "alcanzar el tope" con pocas repeticiones. Así que comenzamos de nuevo el proceso y continuó hasta que él me acompañó a un viaje ministerial a Fresno, California. Durante un descanso en la conferencia, varios de nosotros fuimos al gimnasio, donde todos decidieron confabularse contra mí. Mi colega dijo: "John, hoy vas a levantar 100 kilos".

Yo dije: "De ninguna manera".

"¡Sí, claro que sí! Sólo ponte en el banco y te ayudaremos".

En efecto, levanté 100 kilos. Estaba muy emocionado. Seguí entrenando y llegué a los 110 kilos. Pero de nuevo me quedé atascado. Mi meta, que en realidad yo pensaba que era inalcanzable, era la de levantar algún día 140 kilos.

Fui a una iglesia en Detroit, Michigan, donde el pastor me dijo que uno de sus miembros era entrenador de culturistas conocido nacionalmente. El pastor mismo recientemente había levantado en el banco 250 kilos. El día después de nuestros servicios de domingo, el pastor me llevó juntamente con el entrenador, y yo levanté 120 kilos. ¡Estaba muy emocionado! Él me puso en un programa intenso, que el miembro de mi personal y yo seguimos diligentemente durante los meses siguientes.

Cuando regresé a la iglesia en Detroit, prediqué sobre el Espíritu Santo en los servicios del domingo en la mañana y en la noche. El lunes en la mañana fuimos al gimnasio, y el mismo entrenador me dijo: "John, anoche tuve un sueño en el que levantabas 135 kilos en el banco".

"De ninguna manera", sonreí.

Él me miró y dijo: "Vamos, ayer hablaste todo el día sobre cómo el Espíritu Santo se comunica con nosotros. Él se comunicó conmigo anoche; por tanto, ponte en el banco. Hoy vas a levantar 135 kilos".

Yo sabiamente cerré mi boca y me sitúe en el banco. Después de unos calentamientos, mi amigo puso 135 kilos en la barra, y dijo intencionadamente: "Tan sólo explota cuando baje la barra. Ni siquiera lo pienses. ¡Tan sólo explota!".

Él y los demás alrededor de nosotros gritaban: "¡Empuja! ¡Empuja! ¡Empuja!". Mientras la barra descendía hasta su punto mínimo, yo empujaba con todas mis fuerzas. ¡Y subió! ¡Hasta arriba! Ellos agarraron la barra, y yo salté del banco gritando de alegría. Estaba sorprendido.

Mi amigo entrenador me permitió celebrar durante cinco minutos, y después me miró directamente a los ojos. Tenía aquella misma mirada intensa. "Ahora vas a levantar 140 kilos".

"No puede ser; ¿también soñaste eso anoche?", dije yo.

Él tan sólo sonrió y dijo educadamente: "Cierra la boca y vuelve al banco".

En efecto, a los cuarenta y cuatro años de edad, levanté en el banco 140 kilos. Yo daba saltos de alegría. Nunca olvidaré llamar a Lisa desde el aeropuerto de Detroit para darle la noticia.

Más adelante, Dios me mostró que aquellos entrenadores (el miembro de mi personal, los pastores en California y el entrenador nacional en Detroit) eran todos ellos como el Espíritu Santo. Recordemos las palabras de Pablo:

> No os ha sobrevenido ninguna tentación que no sea humana; pero fiel es Dios, que no os dejará ser tentados más de lo que podéis resistir, sino que dará también juntamente con la tentación la salida, para que podáis soportar (1 Corintios 10:13).

Aquellos entrenadores sabían lo que yo podía y no podía manejar. Ellos sabían que no tenían que poner 180 kilos en la barra cuando yo solamente podría levantar 140. Ellos estaban entrenados y podían reconocer el potencial. Yo estaba muy impresionado por su capacidad de ver por encima de lo que yo podía ver. Cada vez, yo no podía imaginarme a mí mismo levantando tanto peso como ellos creían. Ellos veían la fuerza y el potencial que yo no sabía que estaban ahí.

El Espíritu Santo es igual. Él sabe lo que usted puede y no puede manejar. Si mi amigo luchador profesional hubiese puesto 140 kilos en la barra la primera vez que fuimos al gimnasio, ¿qué habría sucedido? La barra habría descendido casi con la velocidad de la gravedad, me habría partido las costillas y posiblemente me habría matado. Tuve que comenzar con 40 kilos e ir avanzando desde ahí.

De igual manera, el Espíritu Santo sabía lo que tenía preparado para Lisa y para mí. Dios dice: "Porque yo sé muy bien los planes que tengo para ustedes" (Jeremías 29:11, NVI). Él tuvo que edificar nuestra fe, y en el proceso de edificación nosotros tuvimos que aprender a echar nuestras preocupaciones sobre Él.

> El Espíritu Santo sabe lo que usted puede y no puede manejar.

Nunca fue cómodo, pero siempre fue beneficioso. Muchas veces batallé con las emociones de querer abandonar o retirarme, pero sencillamente no podía hacerlo porque Jesús nunca me abandonó. Permanecimos firmes en nuestra misión divina y seguimos venciendo la resistencia a lo largo del camino.

Al mirar atrás ahora, el bajo salario, los problemas con el alternador, los desafíos económicos y otras pruebas que atravesamos fueron los peldaños para fortalecernos para lo que llegaría más adelante. Si hubiéramos tenido que comenzar creyendo a Dios para recibir 100 000 dólares por semana, habría sido como poner 140 kilos en la barra durante mi primera visita al gimnasio. No, el Espíritu Santo tuvo que llevarnos gradualmente y firmemente hasta el lugar donde podíamos confiar en Dios para las cosas más grandes.

No burle su entrenamiento

La resistencia que afrontamos en los primeros tiempos de nuestro proceso de entrenamiento tenía que ver con nuestras necesidades personales: arreglar el auto, pagar los alimentos, pagar facturas, hacer el pago de la casa. Pero la resistencia que afrontamos ahora rara vez implica nuestras necesidades personales, sino que en cambio es para el bienestar de las multitudes que Dios ha confiado a nuestro ministerio. Si nosotros hubiésemos burlado el proceso de entrenamiento de Dios al principio, no habríamos tenido la fortaleza para lo que Él nos envía ahora. Él habría tenido que conseguir a otra persona para hacerlo.

¿Cuántos ministros no fueron capaces de llegar a las personas a las que Dios les había llamado a alcanzar porque no completaron el proceso de entrenamiento? Si ellos no utilizaron su fe para levantar retos de 90 kilos entonces, no puede manejar retos de 140 kilos ahora. Tristemente, Dios tuvo que conseguir a otra persona para completar las tareas de ellos.

¿Cuántos hombres y mujeres de negocios están atascados muy por debajo de donde Dios les ha llamado porque no entraron en el reinado por medio de las pruebas que afrontaron? En lugar de creer a Dios, acudieron a instituciones de hombres y utilizaron técnicas de manipulación o dominio para vencer sus pruebas. Como resultado, se han quedado cortos en el potencial que Dios les ha dado.

Estoy casi seguro de que los diez espías de Israel no atravesaron el proceso de entrenamiento como lo hicieron Caleb y Josué. Lo más probable es que encontrasen maneras de rodear las pruebas y las dificultades de modo que no tuvieran que creer a Dios. No edificaron su fe. Por tanto, cuando llegó el momento definitivo, no tuvieron la fortaleza de fe para creer.

Nuestro Padre conoce el mejor curso de entrenamiento para cada uno de nosotros. Y aunque Él no es el autor de las dificultades, las permite a fin de fortalecernos para el destino que Él tiene para cada uno de nosotros.

No burle su proceso de entrenamiento. *Las pruebas que afronta en el presente le están preparando para mayores hazañas que logrará en el mañana. Recuerde siempre, amigo mío, que Dios no le llevará a un lugar desafiante sin antes poner a su disposición el entrenamiento que necesita para atravesarlo con éxito.*

Aprenda a echar ansiedad sobre Él en verdadera humildad de modo que pueda ir de gloria en gloria, de fe en fe, y de fuerza en fuerza.

12

SED SOBRIOS Y VELAD

Revestíos de humildad; porque:
Dios resiste a los soberbios, y da *gracia* a los humildes.
Humillaos, pues, bajo la poderosa mano de Dios,
para que él os exalte cuando fuere tiempo;
echando toda vuestra ansiedad sobre él,
porque él tiene cuidado de vosotros.
Sed sobrios, y velad; porque vuestro adversario el diablo,
como león rugiente, anda alrededor buscando a quien devorar;
al cual resistid firmes en la fe.

1 PEDRO 5:5-9

Antes de seguir examinando la abundante exhortación de Pedro, resumamos brevemente: el apóstol está hablando de la verdadera gracia de Dios. La gracia no es sólo para nuestra salvación, el perdón de los pecados, sino que también nos capacita para brillar en un mundo oscuro y perdido. Pero distinguirnos no llega sin resistencia; será una lucha. Por tanto, también debemos estar armados con las armas de la gracia.

Armarnos comienza con humildad porque la gracia es dada a los humildes. Pablo nos exhorta a vestirnos de humildad, y un aspecto crucial de la verdadera humildad es echar nuestras ansiedades sobre Él en lugar de intentar manejar los retos de la vida únicamente con nuestra propia capacidad. No podemos correr la carrera, luchar eficazmente y soportar hasta el final si estamos asediados por las preocupaciones personales. Ansiedad, preocupación y temor son enemigos de nuestro destino. Entregar la carga a Dios nos capacita para correr con más rapidez y blandir nuestras espadas con mayor fuerza.

Lo fundamental: la verdadera humildad nos libera para hacer progreso positivo libremente contra la corriente de este sistema mundial.

La alternativa es arrastrar un ancla por el barro de la preocupación, una tarea imposible unida a la resistencia de la corriente del río.

Entonces Pedro nos exhorta a ser sobrios y velar.

SED SOBRIOS

La palabra *sobrio* puede definirse como "serio, sensible y solemne". La palabra griega es *nepho*, que se define como la antítesis de estar borracho de vino. Significa "tener una mente cabal".

Yo comencé a beber alcohol durante mi primer año en la secundaria, y continuó los fines de semana hasta mi segundo año; sin embargo, durante mi primer año en la universidad, la bebida se aceleró porque yo ya no estaba bajo la directa supervisión de mis padres. Unirme a una fraternidad tampoco ayudó, ya que considerábamos la vida universitaria como la gran fiesta con algo de estudio entre medias. No pasó mucho tiempo hasta que me convertí en un bebedor regular y excesivo. Estoy muy contento de que Jesús me rescatase en mi segundo año; sólo Dios sabe de qué final desastroso me libré.

Varias veces me había emborrachado sólo para enterarme al día siguiente por amigos de las cosas tan estúpidas y ridículas que había hecho y dicho. Con palabras sencillas, una persona bebida pierde el control; está lejos de estar alerta. Nuestra fraternidad estaba llena de bromistas, y no nos llevó mucho tiempo descubrir lo fácil que era tratar mal a un hermano de fraternidad que estaba bebido. Podíamos hacer cosas que nunca podríamos haber hecho si él estuviera sobrio.

Una de las bromas era el robo. El muchacho ni siquiera se daba cuenta de que le quitaban una posesión valiosa. La mañana siguiente era un alboroto cuando la víctima buscaba frenéticamente en su cuarto y en toda la casa de la fraternidad; no tenía idea alguna de cómo y dónde podría haber sucedido aquello. Con pánico recorría la casa lamentándose, quejándose y algunas veces gritando mientras buscaba su proyecto de laboratorio perdido, su cartera, la fotografía de su novia o algún otro artículo de valor. Todos los demás se reían mientras observaban el espectáculo. Cuando sentíamos que nuestro hermano ya había sufrido lo suficiente, le devolvíamos el objeto perdido riéndonos a carcajadas.

Desde luego, sólo estábamos bromeando, ¿pero y si alguien hubiera ido en serio con respecto a robar sus objetos valiosos? Si no estaba sobria, esa persona era presa fácil y podría haber perdido algo muy valioso.

La embriaguez también crea una inmensa desventaja en la lucha.

Recuerdo una fiesta en la que observamos a dos de mis amigos comenzar una lucha a puñetazos; un amigo estaba bebido y el otro sobrio. En cualquier otro día, mi amigo bebido fácilmente habría batido al sobrio, pero debido a que estaba bebido fue batido miserablemente. Fue necesario que alguien interviniese para evitar un grave daño físico.

Recordemos en nuestra introducción la historia verdadera detrás de la película *Los demonios de la noche*. Compartí de los dos hombres valientes (Patterson, el ingeniero militar y Remington, el famoso cazador estadounidense) que abatieron a los dos leones responsables de haberse cobrado las vidas de 130 hombres. Lo que no dije en la introducción es que al final Remington perdió su vida debido a uno de los leones. Tras varios días de caza, los dos hombres habían disparado y matado con éxito al primer león. Aquella noche, en la celebración, Remington bebió hasta emborracharse y, como resultado, perdió su vida ante el segundo león. Patterson poco después causó la muerte al segundo león, que había matado a su amigo.

Remington tenía fama mundial por su destreza en la caza, pero no le sirvió, y perdió su vida delante del enemigo debido a su embriaguez. Él tenía un arma que era muy superior a la capacidad del león, pero no estaba sobrio y, por tanto, no estaba alerta para esquivar el ataque mortal del animal.

EMBRIAGUEZ ESPIRITUAL

Lo mismo sucede espiritualmente. El enemigo puede fácilmente robar o destruir a quienes no tienen una mente sobria. Deberíamos ser capaces de batirle por completo con nuestras armas de gracia, pero si estamos en estado de embriaguez, perderemos nuestra capacidad y él puede derrotarnos.

Pedro advierte que Satanás anda alrededor buscando a quien devorar (véase 1 Pedro 5:8). Él puede devorar al orgulloso y a quienes están aplastados por las preocupaciones, pero la presa más fácil es el creyente que esté embriagado. ¿Se está refiriendo Pedro al alcoholismo? Probablemente no, pero más aún, se está refiriendo al creyente que está bebido con el vino del mundo.

> El enemigo puede fácilmente robar o destruir a quienes no tienen una mente sobria.

Hacia el final del libro de Apocalipsis, Juan describe el juicio de la gran ramera: Babilonia. Un ángel le dice:

Ven acá, y te mostraré la sentencia contra la gran ramera, la que
está sentada sobre muchas aguas; con la cual han fornicado los
reyes de la tierra, y los moradores de la tierra *se han embriagado
con el vino de su fornicación* (Apocalipsis 17:1-2).

Hay diferentes perspectivas en cuanto a lo que significa esta ramera.
Algunos dicen que es la Iglesia Católica; otros creen que se refiere a la
antigua ciudad de Babilonia, y hay otros que creen que es la ciudad de
Roma o el imperio romano.

Personalmente, yo creo que "la gran ramera" es el sistema económico del mundo. Una razón de mi creencia es el misterioso nombre
que hay escrito en su frente: "Babilonia la grande, madre de todas
las…obscenidades del mundo" (Apocalipsis 17:5, NTV). Otras traducciones utilizan la palabra *abominaciones*, pero no creo que la antigua
Babilonia, Roma, el imperio romano o la Iglesia Católica sean la madre
de todas las obscenidades y abominaciones de la tierra. Pero las Escrituras sí nos dicen que "raíz de todos los males es el amor al dinero" (1
Timoteo 6:10), y podríamos fácilmente sustituir la palabra males por
obscenidades y abominaciones y seguir siendo fieles al significado del
versículo. No vale la pena un extenso debate, pero es algo a considerar.

Mi punto es: los caminos de este sistema mundial son atractivos
para los sentidos y, así, pueden ser embriagadores. Observemos las palabras de Juan en el anterior pasaje de Apocalipsis: "y los moradores de
la tierra se han embriagado con el vino de su fornicación". Al quedar
enredado en el embriagado vino de las preocupaciones, las riquezas
y los placeres del mundo, uno puede ser fácilmente apartado de la
intimidad con el Espíritu Santo. Es un estado muy engañoso, porque
un creyente puede tener *apariencia* de piedad mientras a la vez esté
embriagado de los deseos de este mundo. Al haber perdido el filo espiritual, esa persona entonces se convierte en un objetivo fácil para el
robo del enemigo, su engaño, su destrucción e incluso la muerte.

Este estado de embriaguez es una buena descripción de lo que le
sucedió a Salomón. Él comenzó buscando conocer la sabiduría piadosa;
le fue otorgada y, como siempre, la sabiduría capacitó a Salomón para
lograr grandes éxitos y riquezas (véase Proverbios 8:11-12). Sin embargo,
a lo largo del tiempo, el rey Salomón llegó a embriagarse de los beneficios de la sabiduría y perdió de vista al Dios que se la había otorgado.
Bebió de los placeres, deseos y riquezas de este mundo. Ya embriagado, inevitablemente hizo lo que nunca ni siquiera habría considerado
estando sobrio: comenzó a adorar a otros dioses.

Me ha inquietado mucho que Salomón pudiera sucumbir a tal
engaño, especialmente después de haber visto a Dios dos veces. Pero

si vemos lo que él hizo a la luz de lo que acabo de describir, se vuelve más fácil de entender. Cuando mis hermanos de fraternidad y yo estábamos totalmente bebidos, hacíamos cosas que nunca habríamos hecho estando en nuestros cabales. Salomón no era distinto.

¿Cómo nos guardamos de tal necedad y permanecemos con una mente sobria? La respuesta es continuamente alimentarnos y beber en el Señor, quien satisface verdaderamente. Pablo escribe: "No se emborrachen con vino, porque eso les arruinará la vida. En cambio, sean llenos del Espíritu Santo" (Efesios 5:18, NTV). No creo que él esté hablando sólo de vino físico, sino también de cualquier cosa que pueda embriagarnos y debilite nuestro enfoque en los caminos de Dios. Podría ser una excesiva atención a los negocios, al sexo contrario, a un deporte o pasatiempo, a las relaciones sociales…la lista es interminable.

En sí mismas, las actividades puede que sean inofensivas, porque sabemos que Dios "nos da en abundancia todo lo que necesitamos para que lo disfrutemos" (1 Timoteo 6:17, NTV). Es perfectamente bueno y sano disfrutar de la recreación, el entretenimiento limpio, la competición deportiva, la comida, la belleza de la naturaleza e incluso los frutos de la tecnología. Pero si participamos en exceso y obtenemos nuestra satisfacción de esas cosas en lugar de obtenerla de Dios mismo, se convierten en adicciones embriagadoras.

Jesús debe ser nuestro primer amor y pasión; debemos embriagarnos solamente de su Espíritu.

REALICE CHEQUEOS PERIÓDICOS

Para permanecer sobrio, para evitar que las cosas de este mundo nos embriaguen y debiliten, cada hijo de Dios debería realizar chequeos periódicos. Debemos preguntarnos con sinceridad: "¿De qué tengo hambre y sed?". No sea superficial en esto; sea totalmente sincero. ¿Qué se encuentra haciendo en su tiempo libre? ¿Hacia dónde se dirigen constantemente sus pensamientos o sus actos? Si son los partidos de fútbol, entonces usted está bebiendo demasiado de la liga de fútbol; ha sobrepasado el disfrute y ahora es excesivo. ¿Es el sexo contrario su bebida favorita? ¿Llena sus pensamientos el hacer dinero? Entonces está descubriendo lo que le embriaga. Por esta razón se nos dice que leamos, prestemos atención y meditemos en la Palabra de Dios. Lo que usted más beba será aquello de lo que tenga sed. Lo que usted más coma, será aquello de lo que tenga hambre.

Recuerdo observar a mi entrenador de tenis en la secundaria volverse adicto a la Coca-Cola. Comenzó con una al día, pasó a dos y después a tres. Ese patrón continuó hasta que él deseaba la Coca-Cola tanto que consumía un paquete cada día. Recuerdo abrir su refrigerador y ver dos o tres paquetes de Coca-Cola, y al lado del refrigerador había más paquetes esperando sustituir a los que fueran consumidos.

He visto a otras personas llegar a tener sobrepeso y batallar con problemas de salud debido a que bebían cantidades excesivas de refrescos. Como joven creyente, yo sabía que mi cuerpo era el templo de Dios, y que yo era responsable de administrarlo correctamente. Ya no quería ingerir los horribles ingredientes que se encuentran en los refrescos, así que decidí dejar de consumirlos. ¡No fue fácil! Me encontré deseando aquellos refrescos. Tuve que negarme a mí mismo durante una temporada.

Jesús nos dice: "Si alguno quiere venir en pos de mí, niéguese a sí mismo" (Mateo 16:24). Para ser libres de la embriaguez, tenemos que negarnos a nosotros mismos lo que deseamos. Yo aprendí a sustituir los refrescos por algo mejor: un vaso de agua con limón. Yo no deseaba agua ni tenía sed de agua; quería refrescos, pero me obligué a mí mismo a beber dos litros de agua al día. En unos meses, ya no deseaba beber refrescos. En la actualidad no tengo ningún deseo de beberlos. ¡Hoy deseo agua!

No es diferente con la Palabra de Dios. Las palabras de Jesús son espíritu, vida y verdad. A fin de volver a encender nuestra pasión por la Palabra de Dios, a veces debemos negarnos a nosotros mismos porque nuestros apetitos y nuestra sed se han desviado. Por ejemplo, si descubro que los medios de comunicación están consumiendo gran parte de mis pensamientos y de mi tiempo, entonces realizo un ayuno de medios de comunicación. Los elimino durante una temporada y los sustituyo por tiempo de calidad con Dios y con su Palabra. Algunos de los ayunos más significativos y eficaces que he realizado no fueron ayuno de alimentos sino de medios de comunicación.

Cuando nos llenamos de su Palabra y la obedecemos, cuando invertimos tiempo de calidad en oración y obedecemos la dirección de Él, somos llenos de su Espíritu. La embriaguez o las adicciones de Babilonia pierden su tenaza sobre nosotros. Otras personas podrían pensar que somos extraños, pero sencillamente hemos cambiado nuestros hábitos de bebida. Ahora anhelamos el vino que satisface verdaderamente, capacita y permanece.

Ahora pensaremos con mayor claridad, tomaremos decisiones correctas y fácilmente divisaremos al enemigo cuando llegue buscando devorar. Satanás no puede derrotar al creyente de mente sobria, porque ese creyente conoce y reclama las promesas de pacto de Dios. Estamos alertas y serios. Estamos armados y preparados para la batalla.

Velad

"Sed sobrios y velad", nos enseña Pedro en 1 Pedro 5:5-9. No se puede velar sin antes estar sobrio, pero el estado de estar sobrio no necesariamente supone vigilancia. Velar, o estar vigilante, es un acto consciente de la voluntad de un creyente de mente sobria.

Para nuestra discusión definiremos velar como "mantener atenta vigilancia del posible peligro o dificultades", y como otra fuente lo define: "siempre despierto y alerta; vigilante sin dormir". Las definiciones deberían describir el estado de cada seguidor de Cristo. La vigilancia es otro factor crucial y no opcional de estar armado.

Hace algunos capítulos divisamos la vida en la Alemania nazi durante la época de Hitler. Al igual que los judíos sabios vivían en alerta durante aquellos terribles años, así un creyente debería estar vigilante cada momento de cada día. El peligro nos rodea a todos, ya que el diablo anda alrededor buscando a quien devorar. Pero hay una inmensa diferencia entre el estado nazi y nuestro mundo actual: el pueblo judío no tenía autoridad sobre Hitler, pero nosotros sí tenemos autoridad sobre nuestro enemigo. Nuestro enemigo gobierna el mundo, pero no nos gobierna a nosotros. Pero él puede plantear una buena pelea y, si se lo permitimos, puede devorar. Por ese motivo, el apóstol Pablo nos advierte a usted y a mí: "Dedíquense a la oración con una mente alerta y un corazón agradecido" (Colosenses 4:2, NTV).

Nuestra principal manera de mantener una vigilancia alerta es mediante la oración. Abre nuestros ojos al ámbito espiritual, capacitándonos para ver por encima de lo natural y para detectar peligros y ataques antes de que se manifiesten en nuestro mundo natural. Esta verdad queda perfectamente ilustrada por la noche anterior a la crucifixión de Jesús.

Durante la última cena, Jesús sabía en su espíritu la intensa prueba que pronto tendría que afrontar. Nada parecía estar fuera de lo ordinario, todo parecía estar bien y pacífico, pero Él era muy consciente de lo que se estaba cociendo. Después de la cena, llevó a sus discípulos a uno de sus lugares

> Nuestra principal manera de mantener una vigilancia alerta es mediante la oración.

favoritos para orar: el huerto de Getsemaní. Allí, Él compartió con Pedro, Santiago y Juan: "Mi alma está muy *triste*, hasta la muerte; quedaos aquí, y *velad* conmigo" (Mateo 26:38). Observemos lo que dice concretamente el maestro: "Velad conmigo". Una de las definiciones de vigilancia es "mantener cuidadosa atención al peligro". Jesús ya estaba vigilante y alerta, pero también era muy consciente de que sus discípulos eran insensibles a las señales de advertencia del inminente peligro y así, ignorantes de él.

Jesús dijo que su alma estaba "muy triste", y ahí yace el principal secreto para permanecer vigilante: la oración. Mantener una vida de oración coherente capacita el alma para estar más en sintonía con lo que esté sucediendo en el ámbito del mundo espiritual. Entonces somos más aptos para reconocer las advertencias, interpretarlas y actuar en consecuencia. Esto es crucial para permanecer por delante del enemigo.

LAS SEÑALES DE ADVERTENCIA

En los primeros años de nuestro matrimonio, Lisa y yo tuvimos algunas épocas difíciles. Los dos éramos nuevos cristianos y proveníamos de familias que habían soportado recurrentes dificultades durante generaciones. Del lado de Lisa había un historial familiar de intensa pelea, divorcio y múltiples matrimonios. Satanás no quería soltar esa fortaleza que tenía en la línea familiar durante años, y Lisa y yo experimentamos múltiples ataques a nuestro matrimonio.

Yo pasaba al menos una hora y a veces hasta dos horas en oración cada día y, como consecuencia, me volví muy sensible al ámbito de lo espiritual. Periódicamente, una *tristeza* abrumadora golpeaba lo profundo de mi ser, una alarma en mi corazón que me decía que algo iba muy mal. No es fácil de describir, pero era como una irritación persistente y penetrante en lo profundo de mi ser. Definitivamente puede describirse como un tipo de "tristeza" en el interior.

Cuando aquello comenzó por primera vez, yo no podía imaginar por qué sucedía. Normalmente, todo parecía estar bien y no había señales exteriores de peligro; Lisa y yo nos llevábamos muy bien. Desgraciadamente, las primeras veces en que esa tristeza llegó sobre mi yo la pasé por alto. Pero cada vez, unas pocas horas después, parecía que el infierno entero se había desatado contra nuestro matrimonio. Discutíamos, nos peleábamos, y pronunciábamos palabras de las que necesitábamos días, semanas e incluso meses para sanar.

A medida que pasaba el tiempo comencé a reconocer ese patrón, así que convertí en una práctica el que siempre que aquel sentimiento de tristeza llegase sobre mi alma, independientemente de lo bien que parecieran las cosas externamente, yo me apartaría y oraría sinceramente por nuestro matrimonio. En efecto, el diablo siguió atacando, pero debido a que yo le estaba resistiendo firmemente en oración de antemano, sus ataques se desvanecían rápidamente con pocas o ninguna secuela posterior.

En la actualidad el enemigo no nos golpea tan fácilmente ni tan frecuentemente. Creemos que él se cansó de ser asaltado por la "espada del Espíritu" cada vez que planeaba un ataque. No me malentienda: Lisa y yo tenemos que seguir siendo vigilantes. No podemos volvernos complacientes ni bajar la guardia. Tenemos que resistir al enemigo de modo consciente y en oración, pero ni se acerca a la frecuencia con que sucedía durante nuestros primeros años de matrimonio.

La lección positiva que hemos aprendido de estas batallas es reconocer las señales de advertencia de un inminente ataque del enemigo. Ahora somos conscientes de la importancia de permanecer vigilantes en *todas* las áreas de la vida, de detectar la tristeza que surge en nuestros corazones justamente antes de los ataques sobre nuestras finanzas, nuestra salud, nuestras relaciones y nuestro ministerio. He aprendido a pedir al Espíritu Santo que me ayude, ya que con frecuencia no sé cómo orar concretamente cuando se trata de advertencias de antemano. Él me ayuda, y Él hará lo mismo por usted. ¡Él está a *favor* de usted! Él le ayudará, incluso hasta el punto de orar por medio de usted si usted se rinde a Él. La Palabra de Dios promete:

> Y de igual manera el Espíritu nos ayuda en nuestra debilidad;
> pues qué hemos de pedir como conviene, no lo sabemos, pero
> el Espíritu mismo intercede por nosotros con *gemidos* indecibles.
> Mas el que escudriña los corazones sabe cuál es la intención del
> Espíritu, porque conforme a la voluntad de Dios intercede por
> los santos (Romanos 8:26.27).

Esos gemidos son las tristezas que experimentamos en lo profundo de nuestra alma, como Jesús experimentó en el huerto la noche anterior a su crucifixión. Cuando reconozcamos la tristeza, debemos responder. Podemos escoger lo contrario a velar, la pereza, y apagar la tristeza ignorándola repetidamente o suprimiéndola. O podemos velar y rendirnos al Espíritu de Dios.

La meta del Espíritu Santo es hacernos avanzar más allá de los gemidos y finalmente darnos instrucciones concretas para tratar la situación que tengamos entre manos. Pablo escribe: "Oraré con el espíritu, pero oraré también con el entendimiento" (1 Corintios 14:15).

VELAD Y ORAD

En el huerto de Getsemaní, después de que Jesús informase a sus discípulos de la profunda tristeza o gemidos de su alma, les encargó:

"quedaos aquí, y *velad* conmigo" (Mateo 26:38). Entonces se apartó de los tres caminando un poco más lejos en el huerto, donde oró por una hora.

Cuando regresó, los encontró *durmiendo*. ¡Durmiendo! ¿Por qué estaban durmiendo? ¿Era muy avanzada la noche? ¿Estaban agotados a causa de un día completo de trabajo? ¿Habían comido demasiado en la última cena? El Evangelio de Lucas nos dice exactamente por qué estaban durmiendo: "Cuando se levantó de la oración, y vino a sus discípulos, los halló *durmiendo a causa de la tristeza*" (22:45).

También ellos estaban a punto de situarse bajo ataque, y por eso experimentaron una tristeza similar a la de Jesús. En la última cena, Pedro había declarado con valentía que moriría antes de negar al Señor. Pedro creía en su propia capacidad para permanecer implacablemente firme hasta el final. Los otros discípulos declararon lo mismo: que permanecerían leales a su Maestro. Sin embargo, Jesús sabía no sólo que Él estaba a punto de ser severamente probado en su lealtad al Padre, sino que también los discípulos serían probados severamente en su lealtad a Él.

Escuche el modo en que Jesús se dirigió a sus discípulos que dormían.

Vino luego a sus discípulos, y los halló durmiendo, y dijo a Pedro: ¿Así que no habéis podido velar conmigo una hora? Velad y orad, para que no entréis en tentación; el espíritu a la verdad está dispuesto, pero la carne es débil (Mateo 26:40-41).

Aquí de nuevo está la clave con respecto a si permaneceremos implacables en nuestra obediencia a Dios o meramente plantearemos el deseo pero nos quedaremos cortos. Se trata de fortalecernos por medio de velar (vigilancia) y de la oración. Judas escribe: "Pero vosotros, amados, edificándoos sobre vuestra santísima fe, orando en el Espíritu Santo" (versículo 20). La oración aquieta nuestra carne y edifica nuestra persona interior.

Nuestra carne es débil; siempre buscará el camino de menor resistencia, que con frecuencia es el camino equivocado. Nuestra carne no quiere luchar contra la fuerte corriente de las fuerzas del mundo. La oración, por otro lado, edifica nuestra fortaleza interior para vencer los deseos de la carne. Evita que desmayemos. Jesús declara "una parábola sobre la necesidad de orar siempre, y no desmayar" (Lucas 18:1). En otras palabras, desmayaremos si no oramos, especialmente en los momentos en que las tristezas (gemidos) lleguen sobre nosotros.

Desmayar es lo que sucedió con los discípulos aquella noche en el huerto. Aquellos hombres dormían mientras deberían haber estado orando. No estaban alertas a los peligros que acechaban. No estaban vigilantes, fueron perezosos.

En la actualidad, usted y yo tenemos otros medios de apagar o suprimir las advertencias del Espíritu: podemos encender el televisor, navegar por la web, enviar mensajes de texto a amigos o revisar Facebook con nuestros teléfonos celulares siempre presentes, jugar a juegos en la computadora, participar en tareas inútiles, o visitar el refrigerador y alimentar nuestra carne. Nos volvemos cada vez menos sensibles a la dirección y las advertencias del Espíritu Santo; por consiguiente, perdemos nuestra capacidad de permanecer fuertes en las dificultades. Perdemos la fortaleza implacable que está libremente a nuestra disposición por medio de la gracia de Dios.

Por tanto, Jesús confrontó a sus amigos más íntimos y les dirigió a "Velad y orad, para que no entréis en tentación" (Mateo 26:41). Él se alejó a poca distancia y oró durante una segunda obra, y después regresó solamente para encontrarlos dormidos otra vez. Esa vez Él no los despertó y los advirtió; ellos habían tomado su decisión.

Muchas veces Dios nos advertirá una vez, quizá dos veces, pero si ignoramos sus primeras advertencias, Él permanecerá en silencio después hasta que nos arrepintamos. Cuando lleguen los problemas sobre nosotros, preguntaremos con frustración: "¿Dónde estabas, Dios?". Él nos había advertido, pero nosotros sencillamente no escuchamos.

Jesús regresó al mismo punto a poca distancia de los discípulos que dormían, y oró durante una tercera hora. Cuando terminó, ellos seguían dormidos. Y fue entonces cuando Judas, el traidor, y los guardias del Sanedrín llegaron al huerto y arrestaron a Jesús.

La diferencia entre éxito y fracaso

Jesús tuvo éxito en su increíble misión de gracia al permanecer sobrio, vigilante en oración e implacablemente firme hasta el final. Por otro lado, los discípulos habían expresado su deseo de permanecer firmes; pensaban que podían hacerlo, pero no poseían la fortaleza. Tal como Jesús había predicho, cada uno de ellos fue atacado y fracasó: "Entonces todos los discípulos, dejándole, huyeron" (Mateo 26:56). Pedro hizo exactamente lo que dijo que no haría: negó a Jesús. Puede decirse una cosa positiva de Pedro. Al menos siguió a Jesús al juicio. Los otros, a excepción de Juan, huyeron inmediatamente del huerto buscando su propia seguridad.

¿Cuántas veces escuchamos las buenas intenciones de otros creyentes pero vemos su falta de seguimiento? ¿A qué se debe? A que, al igual que los discípulos en el huerto, ¡no están velando en oración! Su espíritu está dispuesto, pero su carne es débil. No estar adecuadamente armados evita que alcancen su final deseado.

¿Quién mejor para escribir la exhortación a armarnos que el apóstol Pedro? En aquella noche crucial, él fue valiente en palabras; sin embargo, fracasó en los actos. Jesús le había advertido de antemano concretamente: "Simón, Simón, Satanás ha pedido zarandear a cada uno de ustedes como si fueran trigo" (Lucas 22:31, NTV). Pero Pedro y los demás carecían de la fortaleza implacable necesaria para permanecer fuertes a lo largo de la noche. Por tanto, más adelante en su vida, él nos advierte a usted y a mí que nos armemos a fin de terminar fuertes, ya sea durante una noche, un período o nuestra vida entera.

Armarnos para la batalla incluye permanecer sobrios y vigilantes. No debemos permitir que las atracciones de este mundo reduzcan nuestra resolución con nuestro compromiso a ser semejantes a Cristo en todas las cosas. Y debemos estar alertas, vigilantes en todo momento, porque si no velamos *implacablemente* con respecto al diablo que busca devorarnos, él causará estragos.

13

RESISTID AL DIABLO

*Sed sobrios, y velad; porque vuestro adversario el diablo,
como león rugiente, anda alrededor buscando a quien devorar;
al cual resistid firmes en la fe.*

1 PEDRO 5:8-9

Ahora llegamos a la sección de la exhortación de Pedro que trata directamente sobre la lucha. Él declara que el diablo (incluyendo cualquiera de sus cohortes) es como un león, que busca a quien devorar.

Para cuestiones de aclaración, león no es la identidad del enemigo; en la Escritura se le llama serpiente, dragón, ladrón y algunos otros nombres, pero no león. Jesús es el verdadero León, "el León de la tribu de Judá" (Apocalipsis 5:5). Sin embargo, lo que Pedro establece es que el diablo es como un león voraz en busca de aquellos a los que pueda devorar. Y él ciertamente devorará, sin misericordia, si se le da la oportunidad. No se equivoque al respecto. Él es un enemigo derrotado, pero es un oponente cruel y nunca debería ser tomado a la ligera. No tiene afecto alguno ni compasión por nosotros, y tiene una sola misión: matar, robar y destruir.

Si usted estuviera en las llanuras de Tanzania en el territorio de un león que come hombres, no querría caminar por la región sin ir armado. Si lo hiciera, hay buenas probabilidades de que no saliera usted vivo de allí. Si es usted sabio, llevaría un potente rifle y sabría utilizarlo. Si estuviera armado, sobrio y alerta, estaría preparado para luchar y ganar. No sufriría daño. Este es el énfasis de Pedro.

RESISTIR AL DIABLO

En el versículo 9 Pedro nos exhorta con fuerza a resistir al diablo. La palabra *resistir* es la palabra griega authistemi. Thayer's la define de este modo: "establecerse contra, soportar, oponerse". Strong's añade: "permanecer contra". Mi diccionario define *resistir* como "evitar por la acción o el argumento". No hay cuestión alguna, la palabra implica un conflicto agresivo.

Pero cuando nos preparemos para el conflicto armado, escuchemos las palabras de seguridad de Jesús: "He aquí os doy potestad...sobre toda fuerza del enemigo, y nada os dañará" (Lucas 10:19). ¿No es eso alentador? La promesa de Dios asegura que si usted camina en su poderosa gracia, nadie ni nada puede hacerle daño, ¡ni siquiera el diablo mismo! Eso es importante.

Sin embargo, usted tiene que *utilizar* el poder que se le ha dado. Si no lo hace, la promesa no tendrá efecto y usted sufrirá daño. Por esta razón Pedro nos dice que *resistamos* al diablo. No dice: "Oren y pidan a Dios que le aleje". Tenemos que resistirle directamente, con valentía y con propósito.

> Por decreto, Dios dio toda autoridad a Jesús, y Jesús a su vez nos la dio a nosotros.

En ningún lugar en el Nuevo Testamento encontrará una escritura que nos enseñe que pidamos a Dios que quite al diablo de nuestras vidas. ¡El hecho es que Dios no puede hacerlo! Entiendo que puede que usted piense que he perdido la razón al utilizar el verbo *no puede* con respecto a Dios; pero es cierto. Dios dio al hombre autoridad en la tierra, y Él no revocará su propia palabra. Por eso Él no interfirió en el encuentro entre la serpiente y Adán en el huerto. Por eso Jesús tuvo que venir como el Hijo del Hombre para derrotar al diablo. Y por eso el Cuerpo de Cristo debe resistir directamente a Satanás y sus seguidores.

Por decreto, Dios dio toda autoridad a Jesús, y Jesús a su vez nos la dio a nosotros. Como Cuerpo de Cristo, nosotros debemos luchar, pero según las Escrituras es una buena batalla (véase 1 Timoteo 6:12).

NUESTRO MEJOR EJEMPLO

Si queremos aprender a resistir al diablo, entonces ¿de quién aprender mejor que de Jesús? Podemos aprender mucho del tiempo que Él paso en el desierto.

Jesús, lleno del Espíritu Santo, volvió del Jordán, y fue llevado por el Espíritu al desierto por cuarenta días, y era tentado por el diablo. Y no comió nada en aquellos días, pasados los cuales, tuvo hambre (Lucas 4:1-2).

Las tentaciones del enemigo tuvieron lugar durante un período de cuarenta días. Eso significa que Jesús tuvo que resistir bastante tiempo. La primera confrontación registrada se produjo cerca del final de los cuarenta días; fue el intento de hacer que Jesús utilizase su poder divino para demostrar que era el Hijo de Dios. Jesús tenía hambre, así que el enemigo sugirió que convirtiese una piedra en pan. Jesús respondió con valentía: "Escrito está: No sólo de pan vivirá el hombre, sino de toda palabra que sale de la boca de Dios" (Mateo 4:4).

Hay al menos tres lecciones para nosotros en esta situación. En primer lugar, Jesús reconoció y trató la tentación con rapidez. No pensó en ella ni entretuvo la idea, lo cual le habría dado a la sugerencia de Satanás oportunidad de ser concebida en su corazón. Nosotros deberíamos seguir su ejemplo.

En segundo lugar (y muy importante), Jesús habló directamente al diablo. No oró a su Padre para que quitase al tentador o la tentación, ni tampoco se comunicó con el enemigo indirectamente diciendo algo como: "No es la voluntad de Dios que Satanás me venza, así que no sucumbiré a esta prueba". No, Él trató directamente y firmemente con Satanás. Usted y yo deberíamos hacer lo mismo. Se nos exhorta: "ni deis lugar al diablo" (Efesios 4:27).

Finalmente, Jesús pronunció la Palabra de Dios escrita. Notemos sus palabras: "Escrito está". ¿Por qué es esto tan importante? Porque la Palabra de Dios es nuestra espada. Pablo dice: "Y tomad... la espada del Espíritu, que es la palabra de Dios" (Efesios 6:17). La Palabra de Dios no es un arma física, pero es arma extraordinariamente espiritual. Jesús apuñaló literalmente al enemigo con su espada espiritual, y no hay duda de que dolió; sin embargo, el enemigo es muy tenaz y no tiró la toalla; soportó el doloroso golpe y siguió atacando.

En el siguiente intento registrado, Satanás ofreció a Jesús un atajo para recuperar los reinos del mundo, que el pecado de Adán le habían entregado al diablo. Lo único que Jesús tenía que hacer era postrarse y adorarle; pero Jesús respondió: "Vete de mí, Satanás, porque escrito está: Al Señor tu Dios adorarás, y a él solo servirás" (Lucas 4:8).

Jesús le dijo al enemigo que se fuese de Él. Eso sería parecido a que usted y yo dijéramos con valentía: "¡Apártate!". Jesús entonces usó la Palabra de Dios para apuñalar una vez más al enemigo.

Las tentaciones continuaron hasta que el enemigo hubo utilizado todo lo que pudo manejar en un solo encuentro. Lucas registra: "Cuando el diablo terminó de tentar a Jesús, lo dejó hasta la siguiente oportunidad" (4:13, NTV).

Un pastor obstaculizado

Hace algunos años, un pastor al que llamaré Ken acudió a mi oficina. Ken era joven, fuerte y bien parecido, y era bendecido con una estupenda esposa e hijos. Antes de ser creyente, había estado involucrado en las drogas ilícitas. Ken estaba tan agradecido por la liberación y la salvación que con frecuencia lloraba durante la adoración. Tocaba mi corazón profundamente el intenso amor que este hombre tenía por Jesús. Ken era tierno, un buen esposo y un estupendo padre. Definitivamente él era consciente de lo mucho que se le había perdonado y, por tanto, amaba mucho.

Pero había estado en una severa batalla durante meses, y se lo había guardado para sí. Finalmente, no pudo soportar más la presión y decidió confiar en mí. Cuando entró en mi oficina tenía una expresión penosa en su rostro.

Le pregunté: "¿Qué sucede?".

Ken comenzó a contarme parte de su historia familiar. Sucedía que había muchas enfermedades del corazón y, por consiguiente, muertes prematuras entre los varones en su familia. Él me dijo: "John, lucho contra un intenso temor a morir de un ataque al corazón. He programado chequeos con el doctor, y hasta ahora parece que todo va bien; sin embargo, no puedo quitarme de encima el temor a morir de repente. Vivo con ello, pero a veces me sobrepasa por completo. Comienzo a sudar mucho, y mi ropa se empapa de sudor. Sucede durante la noche, o cuando estoy a solas, e incluso cuando estoy con personas o en reuniones de la iglesia. Parece que no tengo control sobre el temor; llega de repente, sin advertencia, y me sobrepasa.

"He orado apasionadamente. Le he pedido a Dios que quite el temor y me ayude a no sucumbir a los abrumadores sentimientos".

Fue entonces cuando yo hablé.

"Ken, por eso no estás viendo ningún resultado. Estás orando a Dios, pero no estás hablando directamente al enemigo como Jesús hizo en el desierto. La Palabra de Dios nos enseña concretamente: "resistid al diablo, y huirá de vosotros" (Santiago 4:7). ¡Tienes que hacerlo! Jesús derrotó a Satanás, pero después se fue al cielo y está sentado a la diestra de Dios. Antes de irse, Él nos dio su autoridad y su poder para ejecutar su voluntad sobre su enemigo derrotado. Jesús lo deja muy claro cuando dice: 'los espíritus se os sujetan' (Lucas 10:20). Ellos *deben* obedecerte. Se nos dice que utilicemos la Palabra de Dios, hablemos al enemigo y le ordenemos que obedezca la promesa de pacto de Dios".

Mi amigo escuchaba atentamente, así que yo continúe. "Ken, hay momentos en que el enemigo me acosa y todo comienza a descontrolarse, y entonces yo voy a un lugar solitario donde sepa que nadie puede oírme. Entonces comienzo a gritar en voz alta, porque *ferviente* significa darle todo lo que tengo: espíritu, alma y cuerpo. La parte del 'cuerpo' con frecuencia significa naturalmente elevar mi voz, así que digo: 'Muy bien, diablo, si lo que quieres es pelea, ¡vas a tener pelea! Pero te digo de antemano que vas a salir otra vez azotado porque yo tengo una espada y tú no. Así que voy a tomar la espada del Espíritu y voy a cortarte en pedazos, y entonces si no has tenido bastante y has huido, te cortaré en pedazos más pequeños hasta que salgas corriendo aterrorizado. Ahora, la Palabra de Dios dice…'".

Ken escuchaba mientras yo compartía algunos pasajes de la Palabra de Dios acerca de la sanidad, la libertad del temor, la provisión y la liberación. Le mostré cómo tomar las promesas escritas y convertirlas en una espada en la batalla. Le dije a Ken que tenía que hablar directamente y fervientemente al espíritu de temor. Hablamos durante un rato más, yo oré por él, y después se fue.

Seis meses después Ken regresó con una expresión solemne. Yo podía ver que la pesadez seguía estando sobre él. Le pregunté cómo le iba, pero ya sabía lo que iba a decirme.

Me dijo: "John, ahora es peor que nunca. Estoy luchando contra el temor con mayor frecuencia que hace seis meses. Parece que sucede cada día: sudo mucho, mi ropa se empapa de sudor, y mi confianza tiembla. Estoy teniendo problemas para ministrar a otras personas debido a mi propia batalla".

Ken se inclinó hacia adelante y admitió con consternación: "John, he ayunado, orado e incluso he clamado a Dios apasionadamente para que me ayude. No estoy obteniendo ningún alivio ni respuesta. Estoy a punto de volverme loco".

Yo estaba incrédulo. "Ken, ¿has hecho lo que te dije que hicieras hace varios meses? ¿Te has ido a un lugar remoto y has luchado con el enemigo directamente? ¿Le has hablado la Palabra de Dios?".

"Bueno…realmente no".

Para entonces yo estaba enojado. "Ken, no sucederá nada, no habrá ningún cambio, a menos que confrontes directamente al enemigo con la espada del Espíritu, la Palabra de Dios".

Él inclinó su cabeza, y yo pude ver que estaba comenzando a retirarse. No creo que Ken hubiera estado nunca de acuerdo con mi consejo, pero había regresado porque sabía que otros habían acudido y habían recibido ayuda. Él era un hombre de fe y realmente creía que Dios era bastante poderoso para responder su clamor, pero no estaba viendo resultados y estaba desesperado.

Yo estaba sentado buscando una ilustración cuando, de repente, el Espíritu Santo me dio un ejemplo relevante. "Ken, el presidente de los Estados Unidos es el comandante en jefe de todas las Fuerzas Amadas de E.U. Dicho sencillamente, él es el jefe, líder y cabeza de todo el personal militar.

"Imagina a uno de nuestros soldados en el campo de batalla en Irak. El enemigo le está disparando desde todos los flancos, pero nuestro soldado no dispara. De modo frenético y temeroso, llega hasta la radio y puede llamar a la Casa Blanca. Cuando el Presidente responde, el soldado ruega: 'Sr. Presidente, estoy bajo fuego pesado. El enemigo está disparándome e intenta destruirme. Sr. Presidente, por favor venga y mate al enemigo que intenta darme muerte. ¡Estoy desesperado y aterrado! ¡Le suplico que venga y me ayude!'".

Le pregunté a Ken: "Es cierto que la vida de ese soldado corre un gran peligro, pero incluso así, ¿cómo respondería el presidente a su frenética petición?".

Procedí a responder mi propia pregunta. "El Presidente gritaría al soldado: '¿qué está haciendo al llamarme? Le di la mejor formación militar de este planeta. Le di las mejores armas disponibles. Le di la autoridad de los Estados Unidos de América para destruir al enemigo. ¡Soldado, deje el teléfono y dispare! ¡Ataque al enemigo!'. Entonces el presidente colgaría y esperaría que el soldado hiciera su trabajo".

Pude ver una luz que llegaba a los ojos de Ken.

Continué: "Ken, has recibido una espada, y el enemigo con el que luchas no tiene ninguna. De hecho, él está totalmente desarmado porque nuestro Señor 'despojando a los principados y a las potestades, los exhibió públicamente' (Colosenses 2:15). Tú tienes un arma legítima; el enemigo solamente tiene intimidación. No sólo eso, sino que también se te han otorgado el poder y la autoridad que tiene el nombre de Jesús. Se nos dice que toda rodilla debe doblarse ante su nombre y toda lengua debe confesar su señorío (Filipenses 2:10-11).

"Has recibido la armadura de Dios: la coraza de justicia, el escudo de la fe, el casco de la salvación, etc. Tu escudo de la fe apagará no *algunos sino todos* los dardos que el enemigo te lance. Dios te ha dicho en su Palabra: 'Ninguna arma forjada contra ti prosperará, y *condenarás* toda lengua que se levante contra ti en juicio. Esta es la herencia de los siervos de Jehová, y su salvación de mí vendrá, dijo Jehová.' (Isaías 54:17). Ken, Dios dice concretamente que tú eres quien tiene que repeler los asaltos. Él no lo hace; tú debes dirigirte al diablo y hablarle. Sigues clamando a Dios, pero Dios te responde, al igual que el presidente: '¡Dispárale!' o '¡Traspásale con la espada!'".

Ken me miraba directamente a los ojos. Él vio la sabiduría del ejemplo que el Espíritu Santo había puesto por medio de mí. Se fue de mi oficina con esperanza y fe. Tres semanas después, regresó a mi oficina sonriendo de oreja a oreja. Tenía cierto brío en su paso, brillo en sus ojos y cierto tono en su voz. "John, ¡tienes que escuchar lo que sucedió!".

Yo me incliné hacia adelante anticipando una gran historia.

Ken dijo: "Iba de camino a la iglesia el domingo en la mañana cuando comenzó otra vez. Surgió en mí el horrible temor a que en cualquier momento caería muerto de un ataque al corazón. Comencé a sudar y mi ropa se estaba mojando; pero en lugar de clamar a Dios como siempre había hecho en el pasado, me harté, y me enfurecí con el diablo. El enojo brotaba en mí y, sin advertencia alguna a mi esposa que iba sentada a mi lado, di un puñetazo al salpicadero del auto. ¡Ella casi sale despedida por el techo! Yo grité: 'Diablo, ¡hasta aquí! ¡He terminado contigo y con este temor!'. Entonces comencé a citar en voz fuerte y apasionada lo que la Palabra de Dios afirma con respecto a mi vida.

"John, cuando di el puñetazo sobre el salpicadero y grité: 'Diablo, ¡hasta aquí!', de repente tuve una visión en mi corazón. Vi a Jesús en su trono en el cielo, y en el momento en que confronté a Satanás, vi a Jesús saltar de emoción, con sus brazos extendidos hacia arriba, y gritó: '¡Sí!'".

Ken comenzó a reír cuando dijo: "John, fue como si Jesús estuviera diciendo: 'He estado esperando todo este tiempo a que hicieras esto. Estoy muy contento de que finalmente actuases'".

Ken nunca más volvió a sucumbir al temor; nunca volvió a luchar contra la depresión debido a su temor. Actualmente, más de veinte años después, este querido hombre de Dios sigue estando vivo y sano, y tiene una iglesia grande en el sur de los Estados Unidos. Le va muy bien: físicamente y espiritualmente.

RESISTIR IMPLACABLEMENTE

Ahora leamos un poco más atentamente las palabras de Pedro:

> Sed sobrios, y velad; porque vuestro adversario el diablo, como león rugiente, anda alrededor buscando a quien devorar; al cual resistid *firmes* en la fe (1 Pedro 5:8-9).

Si recuerda, en el capítulo 1 la palabra *firme* es sinónimo de implacable. La Biblia no enseña que si resistimos al enemigo una vez, se le prohíbe regresar e intentarlo de nuevo. No, más bien lo contrario: él puede intentarlo una y otra vez. A lo largo de los años he aprendido que es aquí donde muchos cristianos se desalientan y experimentan derrota. Piensan: *Supongo que no funciona* o *No debo de tener lo necesario*. Esas son grandes mentiras. No podemos permitirnos entretenerlas: nunca.

Otra historia ilustra este punto. Lisa tenía cólicos cuando era un bebé. Eso les sucede a los niños, normalmente bebés de menos de un año de edad. Todos los bebés lloran, pero un bebé con cólicos llorará durante horas sin parar, y no hay nada que se pueda hacer para aliviar el dolor. El incesante llanto se produce casi diariamente, y ese estado puede durar meses. Los médicos no están seguros de lo que causa los cólicos, pero muchos creen que es un resultado de un sistema digestivo inmaduro.

Nuestro primer hijo, Addison, también luchó con los cólicos. Recuerdo que lloraba intensamente sin razón alguna aparente. Las primeras veces parecía no tener fin. Le dábamos golpecitos en la espalda, le acunábamos, le cantábamos, pero él seguía gritando. Nos sentíamos indefensos porque no podía recibir ningún consuelo. Después de un rato yo le tomaba en mis brazos y ordenaba al dolor que se fuera de su cuerpo. Hablaba directamente a su sistema digestivo; entonces oraba en voz alta y con fuerza en el Espíritu, y Addison se quedaba dormido.

Una noche Lisa estaba en el cuarto de baño y yo ya estaba en la cama. De repente, escuchamos un grito agudo desde el otro cuarto. Lisa gritó: "John, ¡es otra vez el cólico!".

Me levanté de la cama y miré el reloj. Las 12:11 de la noche. Fui enseguida al cuarto, agarré a Addison de su cuna, y ordené al dolor que se fuese del cuerpo de mi hijo en el nombre de Jesús. Entonces oré en el Espíritu hasta que Addison se quedó dormido. Tomó unos quince minutos.

La siguiente noche estábamos los dos en la cama cuando oímos otra vez el horrible grito. Tengo que admitir que mis primeros pensamientos fueron: *¡No funciona! Sigo orando por él y no mejora nada. Eres ineficaz y no tienes fe.* Tuve que expulsar conscientemente ese pensamiento de mi mente y sustituirlo por lo que la Palabra de Dios dice sobre la oración respondida. Le dije a Lisa: "Me ocuparé de esto".

Me levanté y miré el reloj. De nuevo eran las 12:11 de la noche. Pensé: *Es una coincidencia.* Fui deprisa al cuarto del pequeño Addison, le abracé, ordené al dolor que se fuese en el nombre de Jesús, y oré en el Espíritu hasta que él se quedó dormido. De nuevo, pasaron de diez a quince minutos.

La noche siguiente, Lisa se estaba desmaquillando en el cuarto de baño y yo estaba en la cama. Por tercera noche consecutiva escuchamos el horroroso grito. Esta vez mis pensamientos fueron un poco más fuertes: *John, has estado orando por Addison casi por dos semanas. Oraste anoche y la noche anterior. Sé sincero; ¡no le estás haciendo ningún bien a tu hijo! ¡Tus oraciones no están funcionando!* De nuevo luché contra esos pensamientos sustituyéndolos por la Palabra de Dios, y salí de la cama otra vez.

Mis ojos regresaron al reloj, y lo comprobé por segunda vez. Por tercera noche consecutiva, el grito se produjo a las 12:11 de la noche. ¡Yo estaba furioso! Fui rápidamente al cuarto, vi a mi niño que sufría, me acerqué a su cuna y puse mi mano sobre su pecho. Miré a mi pequeño y sentí que no era solamente yo quien miraba a mi hijo; era como si el Espíritu Santo le estuviese mirando por medio de mis ojos.

Con enojo y gran autoridad grité: "¡Espíritu inmundo de cólico y enfermedad, ya estoy harto de que atormentes a mi hijo! Rompo esta maldición que ha estado en la familia de Lisa, ¡y te ordeno en el nombre de Jesús que quites tus sucias manos de Addison! Debes irte ahora mismo, ¡y no regreses!". Podría usted pensar que aquello habría aterrorizado al bebé, pero sucedió justamente lo contrario. El pequeño Addison inmediatamente dejó de llorar, me miró con ternura y después cerró sus ojos y se quedó dormido. Aquella fue la última vez que volvió a llorar debido a los cólicos; desde aquella noche en adelante, fue un bebé normal y feliz. El enemigo ya había tenido suficiente; estaba cansado de ser apuñalado con la espada. Dejó a Addison para no regresar más.

Nuestro segundo hijo, Austin, llegó a nuestra familia menos de tres años después. Unos meses después de su nacimiento, comenzó a mostrar los mismos síntomas. Yo sabía lo que llegaría y estaba preparado para otra lucha. Hablé con autoridad una o dos veces, y el horrible llanto se detuvo. Los cólicos cesaron en un par de días y nunca volvieron a molestar a Austin. Cuando nació nuestro tercer hijo, Alec, unos años después, no tuvo ningún problema con los cólicos. El ciclo había sido roto. Me imagino al enemigo pensando: *Si lo intento otra vez, voy a ser golpeado y apuñalado con la espada: la Palabra de Dios.*

Querido amigo, sea implacable al resistir al diablo. Repréndale directamente y firmemente en la autoridad que el Señor Jesucristo le ha otorgado. *Nuestra determinación a ser libres de la atadura debe ser mayor que la determinación de nuestro adversario a esclavizarnos.*

Nunca olvidaré escuchar el testimonio de un gran misionero para los indios de México. Él trabaja predominantemente en las aldeas pequeñas en las montañas, y casi todo el mundo en una aldea era creyente como resultado del ministerio de su equipo. Una noche, fue despertado por los aldeanos. Estaban desesperados. El bebé de una pareja que asistía a la iglesia acababa de morir, y los familiares urgentemente pidieron al misionero que fuese a orar. Él se levantó de inmediato, fue a su casa y ordenó al espíritu de muerte que dejase al bebé. Minutos después, el niño comenzó a toser, estornudar y respirar. ¡El bebé regresó de la muerte! Todos lo celebraron, y el misionero regresó a su residencia y volvió a dormirse.

Un rato después, las mismas personas llamaron a su puerta otra vez. El bebé había muerto una segunda vez. El misionero se levantó, reprendió al espíritu de muerte, y el bebé regresó a la vida. El misionero dijo que tuvo que resistir a la muerte varias veces aquella noche antes de que dejase por completo al niño.

El bebé vivió, y en el momento del informe del misionero, era uno de los niños sanos de la aldea.

RETENER

Con demasiada frecuencia he sido testigo de creyentes que sufren trágicas pérdidas. Personas con buenas intenciones han recibido genuinamente bendiciones, sanidad y milagros de Dios, pero días después, semanas, meses o incluso años han perdido lo que recibieron. Por eso la Biblia nos dice: "Retengan lo que es bueno" (1 Tesalonicenses 5:21, NTV). Todo creyente debería pensar, memorizar y retener esta exhortación, que yo aprendí temprano en mi caminar cristiano.

Durante la mayoría de mi vida como adolescente sufrí de un irritante dolor en la parte baja de la espalda. Después de haber sido creyente aproximadamente un año, asistí a una reunión con un amigo. La señora que dirigía el servicio anunció: "Hay alguien en esta reunión hoy que sufre de dolores de espalda, particularmente en la parte baja de su espalda".

Yo supe inmediatamente que se refería a mí, pero estaba un poco receloso de lo que estaba sucediendo. Durante la mayor parte de mi vida había estado en misas católicas y no me sentía cómodo con que un ministro desvelase el problema de alguien. Me quedé en mi asiento. Cuando la señora siguió adelante, me sentí aliviado.

Diez minutos después ella dijo: "Lo siento, el Señor no me deja tranquila con respecto a este asunto. Alguien en esta reunión necesita sanidad en su espalda".

De nuevo pensé: *No me voy a poner de pie aquí delante de todas estas personas. No voy a moverme.* Sin embargo, esa vez el Espíritu

Santo me estaba impulsando, así que hice a un lado mis aprensiones y decidí responder. La señora y su esposo oraron por mi espalda, y yo fui sanado inmediatamente. ¡Estaba sorprendido! Mi espalda no había estado libre de dolor en años. Quedé verdaderamente asombrado por lo que Dios había hecho en mi cuerpo aquella noche.

Durante las dos semanas siguientes disfruté de una espalda sin dolor. Era increíble. Me encantaba inclinarme para cepillarme los dientes o para afeitarme y no tener que agarrarme la espalda en agonía cuando me estiraba otra vez. Estaba muy feliz y agradecido por lo que Dios había hecho.

Aproximadamente un mes después estaba yo en la cama, a punto de dormirme, cuando algo entró en mi cuarto. No pude verlo, pero sin duda pude sentirlo. Mi cuarto recibía la luz de la luna por la ventana, pero extrañamente parecía un poco más oscuro. Cuando la presencia entró, también lo hizo el temor. De repente sentí el mismo dolor en la parte baja de mi espalda con el que había batallado por años. Volvió el pensamiento a mi cabeza: *¡Has perdido tu sanidad! Tus días sin dolor han terminado. Tendrás dolor de espalda el resto de tu vida.*

Como joven creyente yo me había sumergido en la Palabra de Dios y tenía el suficiente conocimiento para saber que aquello era un ataque. Inmediatamente salté de mi cama y comencé a caminar por el piso gritando: "Satanás, fui sanado en aquel servicio hace dos semanas. ¡Lo retengo! La Biblia dice que por las llagas de Jesucristo soy sanado. No vas a volver a poner este dolor en mí. Permaneceré sin dolor. Así que te ordeno que salgas de mi cuerpo, de mi cuarto y de mi apartamento ahora, ¡en el nombre de Jesús!".

El cuarto en realidad se iluminó. El temor y la presencia que acompañaban al ataque se fueron de inmediato, y el dolor también se fue. Nunca he tenido que volver a luchar contra el dolor de espalda desde entonces.

Jesús dice: "retén lo que tienes, para que ninguno tome tu corona" (Apocalipsis 3:11). Debemos ser implacables en retener lo que hemos recibido de Dios.

Una de las historias más tristes de la que he sido testigo es la de un hombre que recibió una sanidad milagrosa una noche en una reunión de la iglesia en la que yo estaba hablando. La multitud era grande, así que al final hice una oración en conjunto. Observé

> Debemos ser implacables en retener lo que hemos recibido de Dios.

que un hombre se inclinaba, llorando entre el mar de personas que tenía delante de mí. Me acerqué a él para ver qué había sucedido, y resultó que él había soportado varias cirugías de espalda y tenía una discapacidad permanente. Había vivido con dolor crónico, pero ahora estaba completamente sanado. No dejaba de llorar, y lloraba de gozo, como nunca he visto llorar a ningún hombre, por la increíble libertad que había recibido.

Semanas después nos encontramos en un restaurante. Él era todo sonrisas, lleno de vitalidad, y compartió que ya no tenía discapacidad y estaba disfrutando de su recién encontrada libertad. Yo estaba muy feliz por él.

Un poco más de un año después volví a verle. Él no se acercó a mí con una sonrisa como la que antes tenía; de hecho, no se acercó a mí. Yo le reconocí y le pregunté cómo estaba, y me dijo que sus problemas de espalda habían regresado. Cuestionó si la sanidad que había recibido en la reunión aquella noche era auténtica. Intentó asegurarme que su recaída no era algo totalmente malo porque Dios le estaba enseñando lecciones a través del dolor. Yo intenté compartir con él las palabras de Jesús de "retener", pero él no estaba interesado en lo que yo tenía que decir. Se había convencido a él mismo de otra cosa.

Hasta el día de hoy él es un hombre bueno, un estupendo papá y esposo pero, desgraciadamente, está llevando un peso por el que Jesús pagó un alto precio para quitarlo de él.

ES IMPOSIBLE NO RECIBIR

Lo que tengo que decir ahora es realmente importante. Si usted cree y se mantiene firme en su resistencia del diablo, *siempre* ganará. Retenga, declare y actúe con valentía según la promesa: "resistid al diablo, y huirá de vosotros" (Santiago 4:7).

La palabra griega para "huir" es *pheugo,* que significa "desvanecerse, escapar, huir y buscar seguridad huyendo". Incluso he oído enseñar que *pheugo* significa "correr con terror". ¡Eso es bueno! La Palabra de Dios no dice que el diablo *podría* huir de usted. No, si usted le resiste, él *huirá.* ¡Él *aborrece* la resistencia valiente y basada bíblicamente!

¡Debe saber que el enemigo tiene temor de usted! Cuando le mira, no ve a quien ven sus amigos; él ve a Cristo. Usted es el Cuerpo de Cristo; usted es el ungido de Dios. Usted es creado a la imagen de Aquel que destruyó la Satanás y le quitó toda su armadura y sus armas. Usted es una gran amenaza. Muchos de nosotros hemos permitido que en nuestra imaginación aumente el poder de Satanás, pero él está por debajo de usted: por debajo de los pies del Cuerpo de Cristo. Incluso si usted fuese el dedo del pie más pequeño en el Cuerpo de Cristo, todo el poder del enemigo está muy por debajo de su posición en Cristo. De hecho, la Escritura declara:

¡Cómo has caído del cielo, oh estrella luciente, hijo de la mañana! Has sido arrojado a la tierra, tú que destruías a las naciones del mundo. Pues te decías a ti mismo: "Subiré al cielo para poner mi trono por encima de las estrellas de Dios. Voy a presidir en el monte de los dioses, muy lejos en el norte. Escalaré hasta los cielos más altos y seré como el Altísimo". En cambio, serás bajado al lugar de los muertos, a las profundidades más hondas. Allí todos te mirarán y se preguntarán: "¿Puede ser éste el que sacudía la tierra y hacía temblar a los reinos del mundo?" (Isaías 14:12-16, NTV).

Históricamente, Isaías escribe del rey de Babilonia; sin embargo, la escritura profética con frecuencia tiene dos aplicaciones y cumplimientos diferentes: uno natural y otro espiritual. Cuando Isaías escribe de aquel cuyas fuerzas destruyeron individuos, familias y naciones, no hay duda alguna de que a nivel espiritual se está dirigiendo a Satanás. Según Isaías, su fin está en las profundidades más hondas del lago de fuego donde él y sus compañeros serán "atormentados día y noche por siempre jamás" (Apocalipsis 20:10, NTV).

Es imposible no recibir bendición y liberación de Dios si usted cree y se mantiene firme contra las fuerzas opositoras de las tinieblas. Puede que sea en el área de las finanzas, la sabiduría, la salud, los negocios, el ministerio o, lo más importante, su capacidad de ayudar a otros. Si usted pelea con la espada del Espíritu, saldrá vencedor cada vez, al igual que Jesús hizo.

UNAS PALABRAS DE ADVERTENCIA

Antes de concluir este capítulo quiero dirigirme a los extremos de los que he sido testigo en el Cuerpo de Cristo. El primer extremo es buscar al diablo detrás de cada esquina. Los cristianos en este grupo se han vuelto tan conscientes de los demonios que han apartado su vista del Maestro. Esto no es nada sano.

El segundo extremo es amar a Dios pero ignorar por completo al enemigo, como el pastor Ken que visitó mi oficina. La mentalidad predominante de los cristianos en este grupo es: *Si no presto atención alguna al diablo, finalmente se irá.* Esa idea es inútil y está lejos de la verdad. Se nos manda resistir activamente al enemigo y continuar haciéndolo hasta que prevalezca la voluntad de Dios. Debemos tener en mente que aquello que no confrontamos en el nombre de Jesús no cambiará. ¡No sea cobarde en la confrontación! Es su obligación como ciudadanos del Reino, es su obediencia a Dios, y está dentro del magnífico poder que Dios le ha otorgado a usted por su gracia.

La Biblia nos enseña cómo vivir de manera sana espiritualmente. Se nos enseña: "corramos con paciencia la carrera que tenemos por delante, *puestos los ojos en Jesús*, el autor y consumador de la fe" (Hebreos 12:1-2). Un estilo de vida sano e íntegro está fundado en fijar nuestra vista en Jesús y mantenerla en Él. Si el diablo o cualquiera de sus seguidores se interpone en el camino, ¡salga contra él! ¡Resístale y huirá! Pero después vuelva a enfocar su atención en Jesús. Él es quien nos dio nuestra fe, y es quien nos perfeccionará en ella.

14

LA FORMA MÁS SUBLIME DE RESISTENCIA

Al cual resistid firmes en la fe,
sabiendo que los mismos padecimientos
se van cumpliendo en vuestros hermanos en todo el mundo.

1 Pedro 5:9

Supongamos que una fuerza militar malvada ha invadido su país y lo ha mantenido cautivo durante años. Para producir verdadera liberación, usted no sólo debe confrontar al enemigo en batalla directa, sino que también debe eliminar las fortalezas que ha establecido, las cuales pueden ser minas terrestres ocultas, trampas, búnkeres y bases, por nombrar algunas.

Sin embargo, una de las fortalezas más difícil con las que contender es la mentalidad retorcida y malvada que el enemigo ha infundido en los ciudadanos de su nación cautiva. Este tipo de oposición no puede resistirse mediante el combate directo, porque es psicológica y no física. Pero si usted no gana este aspecto tan insidioso de la guerra, cualquier avance realizado en el combate directo puede finalmente perderse.

En este capítulo vamos a armarnos para este tipo de resistencia. Como con el combate directo, también debe ser firme, implacable. Si no lo es, todas las demás formas de batalla no tendrán consecuencias. El apóstol Santiago hace hincapié en este aspecto de la guerra cuando escribe: "Someteos, pues, a Dios; resistid al diablo, y huirá de vosotros" (Santiago 4:7).

En este versículo, Santiago revela que el método principal de combatir el diablo es someternos a Dios. Eso significa vivir en constante confianza y obediencia a Él. Al hacerlo podemos dar entrada a sus caminos, su mentalidad y sus principios en las áreas retorcidas y pervertidas del mundo que nos rodea. La *obediencia absoluta* es el principal método de repeler las fortalezas o los ataques del enemigo, y de elevarnos a un nuevo nivel de autoridad y gobierno. Escuchemos las palabras de Pablo:

> Pues aunque andamos en la carne, no militamos según la carne; porque las armas de nuestra milicia no son carnales, sino poderosas en Dios para la destrucción de fortalezas, derribando *argumentos* y toda *altivez* que se levanta contra el conocimiento de Dios, y llevando cautivo *todo pensamiento* a la obediencia a Cristo, y estando prontos para *castigar toda desobediencia, cuando vuestra obediencia sea perfecta* (2 Corintios 10:3-6).

Las fortalezas del diablo son procesos de pensamiento, mentalidades, razonamientos, perspectivas intelectuales, imaginaciones o cualquier otro patrón psicológico que sea contrario al conocimiento o la voluntad de Dios. Entre ellos se incluirían, aunque no están limitados a ellos: celos, avaricia, egoísmo, manipulación, lujuria, odio, peleas, seducción y envidia. Estas posturas del corazón y de la mente son contrarias a la verdad de Dios, y crean verdaderos conflictos espirituales; sin embargo, como escribió Pablo, nuestra obediencia nos capacita para derribar estas formas de desobediencia.

CRECER EN CRISTO

Como dijimos en un capítulo anterior, nuestro nivel de autoridad y poder aumenta a medida que manejamos la adversidad exitosamente. En otras palabras, evolucionamos y crecemos para entrar en nuestro reinado. Regresar a la exhortación de Pedro a "armarnos" nos da mayor perspectiva:

> Puesto que Cristo ha padecido por nosotros en la carne, vosotros también armaos del mismo pensamiento; pues quien ha padecido en la carne, *terminó con el pecado*, para no vivir el tiempo que resta en la carne, conforme a las concupiscencias de los hombres, sino conforme a la voluntad de Dios (1 Pedro 4:1-2).

Quien ha padecido en la carne, *terminó con el pecado*. ¿Qué quiere decir Pedro con esto? Él habla de obtener madurez espiritual, de convertirnos en un hombre o mujer maduro en Cristo. Un "adulto espiritual" en el Reino ya no vive para los deseos de los hombres, sino que está totalmente comprometido con la voluntad de Dios y la obedece. Ya no cede a las presiones del sistema del mundo, sino que ahora puede derribar sus fortalezas. Pablo describe este poder en 2 Corintios 10:6 como "estando prontos para castigar toda desobediencia, cuando vuestra obediencia sea perfecta".

Debemos recordar que, independientemente de cuál sea nuestra edad física, nacimos como bebés en la familia de Dios; y Él espera que crezcamos. Él nos manda: "desead, como *niños recién nacidos*, la leche espiritual no adulterada, para que por ella crezcáis para salvación" (1 Pedro 2:2). Al igual que tenemos diferentes etapas de crecimiento físico (bebés, niños y adultos), así tenemos etapas de madurez espiritual. Pablo afirma: "hermanos, no pude hablaros como a espirituales, sino como a carnales, como a *niños en Cristo*" (1 Corintios 3:1). Aquellos cristianos corintios puede que fuesen adultos en edad pero eran bebés en cuanto a la madurez espiritual. Ese es un lugar triste para que cualquiera permanezca.

En una carta diferente, Pablo ilustra la siguiente etapa de crecimiento espiritual, la niñez: "para que ya no seamos *niños* fluctuantes, llevados por doquiera de todo viento de doctrina" (Efesios 4:14). Y Pablo escribe de nuevo: "Hermanos, no seáis niños en el modo de pensar, sino sed niños en la malicia, pero *maduros* en el modo de pensar" (1 Corintios 14:20). Debemos ser inocentes como bebés solamente cuando se trata de malicia; en el entendimiento y la firmeza debemos ser creyentes adultos maduros.

Un bebé responderá según la formación que reciba, ya sea una buena o mala formación. Los niños son también vulnerables y fácilmente influenciables; sin embargo, un adulto la mayoría de las veces sabe dónde se encuentra y no puede ser influenciado tan fácilmente por las fuerzas equivocadas. Se nos amonesta a crecer en Cristo para poder ser capaces de mantenernos fuertes en la verdad y retirar de manera efectiva o castigar toda desobediencia. Según Pablo, se necesita entendimiento para ser maduro en Cristo. Pero implica algo más, y Pedro habla de ello.

¿Cómo crecemos espiritualmente? Será útil considerar en primer lugar el crecimiento físico y mental. ¿De qué es una función el crecimiento físico, y a que está limitado? *El tiempo.* ¿Ha visto alguna vez a un niño de seis meses de edad que tenga una altura de 1,80 metros? No, normalmente son necesarios de quince a dieciocho años para llegar a la altura de adulto. El crecimiento físico es una función del *tiempo.*

El crecimiento mental, comparado con el crecimiento físico, no está limitado al tiempo. He conocido a personas de catorce años que se han graduado de secundaria y a quienes se hace referencia como "niños prodigio". He conocido a personas de cincuenta años que no se han graduado de secundaria. Por tanto, el crecimiento mental o intelectual no es una función del tiempo sino una función del *aprendizaje*. Usted debe pasar de primero a segundo grado, después continuar en tercero, cuarto, quinto y así sucesivamente. Pero puede hacer eso con la rapidez o lentitud que usted desee.

Por tanto, ¿son el crecimiento y la madurez espirituales una función del tiempo y están limitados a él? Bien, he observado a personas que han nacido de nuevo y sólo después de un año ya han crecido hasta la madurez; también he visto a otros que han sido salvos durante veinte años pero siguen llevando "pañales espirituales" y causan muchos problemas para sus líderes cristianos, al igual que para los demás creyentes. Por tanto, la madurez espiritual no es una función del tiempo.

¿Son el crecimiento y la madurez espirituales una función del aprendizaje y están limitados a él? Los fariseos podían citar los cinco primeros libros de la Biblia de memoria, pero no pudieron reconocer al hijo de Dios cuando Él sanaba a los enfermos y expulsaba demonios delante de sus propios ojos. Sus vidas personificaban la hipocresía, y estaban espiritualmente ciegos a la llegada y el ministerio del Mesías.

Por tanto; ¿de qué es función del crecimiento espiritual? ¿A qué está limitado? La respuesta es el *sufrimiento*. Leamos de nuevo las palabras de Pedro: "quien ha padecido en la carne, terminó con el pecado" (1 Pedro 4:1). Alguien que ha terminado con el pecado ha llegado a la madurez espiritual completa.

Un argumento que puede plantearse es el siguiente: "Yo he observado a personas que han sufrido, y ahora están amargadas". Y eso sucede. Por tanto, debe de haber otro elemento que sea clave para la madurez espiritual. El escritor de Hebreos nos ilumina: "Y aunque era Hijo, por lo que padeció aprendió la obediencia" (Hebreos 5:8).

> El crecimiento espiritual no llega cuando el sol brilla con fuerza sobre nuestras vidas.

Este versículo nos dice que Jesús no llevó automáticamente obediencia con Él cuando vino a la tierra; tuvo que aprenderla, lo cual hizo perfectamente: Él nunca pecó ni cometió un error. Para nuestra discusión, el punto clave es que *Jesús aprendió la obediencia mediante el sufrimiento*. Unir esta escritura a las palabras de Pedro revela que el crecimiento espiritual no llega cuando el sol brilla con fuerza sobre nuestras vidas, cuando todos hablan bien de nosotros y nos tratan amablemente, y todo discurre con suavidad. No, crecemos espiritualmente cuando seguimos obedeciendo a Dios en medio de la prueba. Nos fortalecemos a medida que nos sometemos a la sabiduría de Dios siempre que las personas nos calumnien, murmuren sobre nosotros, nos traten mal o intenten ofendernos…o cuando acabemos de perder nuestro trabajo, recibamos un mal informe de un abogado o un doctor o no sepamos de dónde saldrán los fondos que necesitamos.

Escogemos en medio de la dificultad creer a Dios, incluso si parece que eso nos causa desventaja. Escogemos resistir al diablo que nos ataca, en primer lugar y principalmente obedeciendo la Palabra de Dios. Es entonces cuando se produce el verdadero crecimiento espiritual. Esto queda ejemplificado de modo hermoso en la vida de José, hijo de Jacob.

EL SUEÑO DE JOSÉ

Dios hizo un pacto con Abraham. La promesa se transmitió a Isaac, su hijo, y a Jacob, su nieto. Jacob tuvo doce hijos, y el undécimo fue José. Los hermanos mayores de José le despreciaban, y la Escritura nos da indicaciones en cuanto al motivo. El joven José era un chismoso (Génesis 37:2) y un poco presumido (versículo 5). Y su padre, Jacob, favorecía a José por encima de los demás, y también le mimó regalándole una elaborada túnica de muchos colores. Ninguno de esos factores fomentaba la buena voluntad entre los hermanos mayores de José.

Con sus relaciones ya tensas, el colmo llegó cuando Dios le dio dos sueños a José. En el primer sueño José vio gavillas atadas en un campo: su propia gavilla estaba de pie mientras que las gavillas de sus hermanos se inclinaban ante la de él. En el segundo sueño José vio al sol y la luna y once estrellas inclinarse ante él. José, de modo inocente y entusiasta, compartió los dos sueños con sus hermanos, junto con su interpretación de que algún día él gobernaría sobre ellos. No es sorprendente que los hermanos no compartiesen el entusiasmo de José, sino que le aborreciesen aún más.

Más adelante, los diez hermanos mayores se fueron a gran distancia de su casa en busca de campos frescos para que los rebaños de su padre pudieran pastar. Pasó el tiempo, y Jacob envió a José para comprobar cómo les iba. Cuando sus hermanos mayores vieron acercarse a José, conspiraron: "Aquí llega nuestro hermano pequeño, el soñador, el Sr. líder, nuestro ilustre gobernador. ¡Vamos a matarle! Entonces veremos lo que resulta de sus sueños" (paráfrasis del autor).

Así que le lanzaron a un pozo con la intención de dejarle allí para que muriera. Sin embargo, unas horas después pasó por allí una caravana de ismaelitas que iban de camino a Egipto. Judá, el cuarto hermano, tuvo una idea brillante: "Oigan, esperen un momento. Si le dejamos que se pudra en el pozo, no nos dará ningún beneficio. Vamos a venderle como esclavo y ganar algo de dinero. Él nos hará bien como si estuviera muerto y nunca más volverá a molestarnos, y todos compartiremos el botín. Además de eso, no seremos responsables de haberle matado" (paráfrasis del autor).

A los hermanos que estaban presentes les gustó la idea, así que vendieron a José por veinte monedas de plata. Su envidia, odio y pensamientos malvados impulsaron actos que tenían la intención de robar a José su herencia y su familia. ¡Tenga en mente que fueron sus hermanos quienes hicieron todo aquello!

En la actualidad nos resulta difícil comprender la injusticia realizada a José. Venderle como esclavo fue casi tan cruel como quitarle la vida. En aquellos tiempos era muy importante tener hijos, porque los hijos llevaban el nombre y la herencia de un padre. Los hermanos de José le privaron de eso. Borraron su nombre, despojándole por completo de su identidad. En aquel entonces, cuando un hombre era vendido como esclavo a otro país seguía siendo esclavo hasta la muerte, y su esposa y sus hijos serían todos ellos esclavos. Para José, todo lo que él conocía y todo lo que le resultaba querido se habían ido. Era muy difícil ser marcado como esclavo durante toda la vida, pero indescriptiblemente más difícil nacer como heredero de un hombre rico solamente para que todo eso le fuese arrebatado, ¡y por su propia carne y sangre! Era casi como si José ahora viviese como un "hombre muerto". Me imagino que José tuvo que luchar contra pensamientos de desear estar muerto en lugar de ser vendido como esclavo. Lo que hicieron los hermanos de José fue indescriptiblemente cruel y malvado.

Cuando la caravana llegó a Egipto, José fue vendido a un hombre llamado Potifar, oficial del faraón. Ahora era propiedad de Potifar. Usted y yo podemos leer la historia en la Biblia miles de años después de que ocurrió, de modo que conocemos el resultado. Pero recuerde que José no tenía el libro del Génesis para leerlo; no sabía lo que le depararía el futuro excepto la esclavitud en un país extranjero. A él le parecía que nunca más volvería a ver a su padre, sus amigos ni su tierra natal; también parecía que había perdido toda oportunidad de ver el cumplimiento de sus sueños. ¿Cómo podrían nunca hacerse realidad? Él era un esclavo en Egipto; no podía irse, porque estaba ligado a otro hombre durante el resto de su vida.

Pero andamos por fe y no por vista.

José sirvió a Potifar durante diez años. Nunca recibió noticias de su casa, y cada año que pasaba tan sólo afirmaba la dolorosa realidad de que sus hermanos habían dicho a todos sus seres queridos que él había muerto. En aquel punto estaba seguro de que su padre, Jacob, había lamentado su pérdida y había seguido adelante sin él. No había esperanza alguna del rescate de un padre o de volver a verle.

A medida que pasaba el tiempo, José halló favor con Potifar. Fue situado a cargo de la casa de Potifar y de todas sus pertenencias. Pero al mismo tiempo, algo terrible se estaba cociendo por debajo de la superficie. La esposa de Potifar había puesto ojos deseosos sobre José, y lo mostraba abiertamente. De hecho, ella era bastante persistente, porque se acercaba a él cada día. Era una mujer rica acostumbrada a conseguir sus deseos; no sólo estaba decidida, sino también vestida y perfumada con lo mejor de lo mejor, y casi sin duda tenía un espíritu fuerte y seductor.

José, sin embargo, resistió sabiamente cada uno de sus intentos: "por cuanto tú eres su mujer; ¿cómo, pues, haría yo este grande mal, y pecaría contra Dios?" (Génesis 39:9). Aunque su joven vida aparentemente había sido arruinada por la traición y el desengaño, José era un hombre de verdad, sometido a su Dios, y eso era su fundamento.

Un día, José y la esposa de Potifar estaban en la casa los dos solos. Aún con la intención de seducirle, ella agarró su ropa y le instó: "Por favor, mi esposo no está, vamos a acostarnos. Nadie lo sabrá. Podemos llenar el día de diversión y amor placentero" (paráfrasis del autor).

De nuevo, José resistió la inmoralidad sexual y huyó de la casa. Salió corriendo tan de prisa que dejó su ropa entre las manos de ella. La vergüenza de la mujer defraudada enseguida se convirtió en enojo, y gritó: "¡Violación!".

Sin dilación, Potifar hizo que José fuese llevado a la mazmorra de faraón. Una vez más, al igual que cuando fue vendido por sus hermanos, en un solo día todo lo bueno que había en la vida de José se perdió.

Guerra espiritual en la mazmorra

Nuestras cárceles en Estados Unidos no son nada comparadas con la mazmorra de faraón. He ministrado en varias cárceles y, por desagradables que sean, se seguirían viendo como bonitos hoteles comparadas con una mazmorra en Oriente Medio. También he visitado un par de aquellas antiguas cárceles en esa parte del mundo. Son frías, húmedas, deprimentes, y sin luz del sol ni calor. Contrariamente a las cárceles estadounidenses, no tienen zonas para entrenamiento, televisiones, cafeterías, baños, lavabos ni colchones donde dormir. Sencillamente son habitaciones hundidas o cisternas vacías excavadas de la roca. La mayoría de las celdas tienen sólo un metro o metro y medio de altura y son burdas y deshumanizan.

En aquellos tiempos, a los prisioneros les daban solamente agua y comida para que permanecieran vivos, porque morir sería demasiado fácil para ellos (véase 1 Reyes 22:27). Según Salmos 105:18, los pies de José dolían por los grilletes que le habían puesto. Potifar le había puesto en aquella mazmorra para que muriese. Si él hubiera sido egipcio, podría haber tenido alguna oportunidad de quedar libre, pero como esclavo extranjero acusado de violar a la esposa de uno de los principales oficiales del rey, José no tenía esperanza alguna. José había descendido tan bajo como podría hacerlo una persona sin estar muerta.

¿Puede imaginar los pensamientos que él tuvo que esquivar en aquella húmeda y oscura mazmorra? Con todo el tiempo del mundo en sus manos, estoy seguro de que el enemigo atacó su mente y su imaginación sin piedad. ¿Puede usted oír los pensamientos de José? *Serví a Potifar y a su casa fielmente, con honestidad e integridad durante más de diez años. He sido más leal a él que su propia esposa. Permanecí fiel a Dios y a mi maestro huyendo diariamente de la inmoralidad sexual. ¿Cuál es mi recompensa por mi obediencia? ¡Una mazmorra! ¿Por qué no me comporté como cualquier varón normal con sangre en las venas y disfruté de los placeres de aquella mujer? Si me hubiera acostado con ella cuando estábamos a solas, nadie lo habría sabido y yo no estaría en esta mazmorra.*

Si José hubiera creído todas esas mentiras, habría abierto la puerta para que sus pensamientos se hundiesen en niveles aún más bajos: *¿Y es así como un Dios amoroso y fiel se ocupa de quienes le obedecen? Vaya, Él no es fiel en absoluto; de hecho, Él abusa de sus siervos. Él permite que los malvados prosperen y triunfen mientras yo soy atormentado por mi obediencia. ¿Qué bien causa obedecer a Dios? Él me da un sueño de liderazgo, yo sencillamente lo comparto con mis hermanos, ¿y qué me causa eso? ¡El pozo y la esclavitud! Después obedezco a Dios y huyo de la inmoralidad sexual, ¿y cuál es mi recompensa? ¡Esta mazmorra! Parece que cuanto más obedezco, peor va mi vida. ¡Servir a Dios es sólo una mala broma!*

José tenía una libertad muy limitada en la cárcel, pero seguía teniendo derecho a escoger sus respuestas a todo lo que le había sucedido. ¿Se volvería amargado y resentido? ¿Harto y cínico? ¿Despreciaría la Palabra de Dios, entretendría pensamientos de venganza, y daría entrada al odio que estaba llamando a la puerta de su corazón?

¿O *resistiría firmemente* la ráfaga de pensamientos y emociones negativas que sin duda alguna inundaban su alma?

Dudo de que alguna vez cruzase por la mente de José hasta mucho más adelante que aquella horrible serie de acontecimientos fuese la manera de Dios de prepararle para gobernar. José estaba aprendiendo obediencia por medio del sufrimiento. Sus músculos de la obediencia estaban siendo estirados hasta el máximo. Era como si hubieran puesto 140 kilos en la barra y él estuviera en el banco con todo en su interior gritando: *¡Tira la toalla!* ¿Prestaría atención a los gritos del cielo de *¡Empuja! ¡Empuja! ¡Empuja!* o escucharía a su lógica humana, escogería el camino más fácil de la amarga venganza, y cedería ante la presión del peso?

¿FUE AGARRADO DIOS FUERA DE GUARDIA?

Para José, lo fundamental eran sus hermanos. Si no hubiera sido por ellos, él nunca habría estado en aquel horrible lugar. Durante los dos años que vivió en la mazmorra, estoy seguro de que muchas veces se cruzó por su mente cuántas cosas habrían sido diferentes si sus hermanos no le hubiesen traicionado.

¿Cuántas veces batallamos nosotros con esos mismos pensamientos? Ya sabe, todos esos pensamientos sobre Si...

- *Si no fuese por mi jefe, yo habría sido ascendido en lugar de despedido.*
- *Si no fuese por mi ex-esposo, no estaríamos en la terrible situación económica en que estamos.*
- *Si no fuese por el hombre que me calumnió en el trabajo, no habría perdido mi empleo ni me enfrentaría a esta amenaza de desahucio por parte del dueño de mi apartamento.*
- *Si mis padres no se hubieran divorciado, mi vida sería normal.*

Es fácil culpar a todos los demás de la adversidad e imaginar lo mucho mejor que usted estaría si no hubiera sido por todos aquellos que parecieron oponerse a usted. Pero la irónica verdad es que tales pensamientos sólo debilitan nuestra resistencia a lo que finalmente nos hará daño. *La verdadera amenaza no son nuestras circunstancias adversas sino las creencias y pensamientos equivocados que intentan colarse durante nuestra dificultad.* Debemos ser implacables en nuestra fe en el plan soberano de Dios y firmes para resistir cualquier lógica que sea contraria a su Palabra.

Finalmente, esta verdad debe quedar sólidamente establecida en nuestro corazón: *¡Ningún hombre, mujer o diablo puede nunca sacarnos* *de la voluntad de Dios! Nadie sino Dios sostiene nuestro destino.* Los hermanos de José intentaron con fuerza destruir la visión que Dios le había dado, y pensaron que le habían puesto fin. Incluso se dijeron los unos a los otros: "Ahora pues, venid, y matémosle y echémosle en una cisterna…y veremos qué será de sus sueños" (Génesis 37:20). Ellos se propusieron a propósito destruirle. No fue un accidente; ¡fue deliberado! Ellos no querían que José tuviera ninguna oportunidad de cumplir nunca ningún sueño.

¿Cree usted que a Dios le agarró fuera de guardia cuando ellos le vendieron como esclavo? ¿Puede imaginarse a Dios Padre mirando al Hijo y al Espíritu Santo y con un tono perplejo y frenético decir: "¿Qué vamos a hacer ahora? ¡Miren lo que han hecho los hermanos de José! Han arruinado nuestro plan para su vida. ¡Será mejor que pensemos algo rápido! Pensemos en un plan de respaldo?".

Si pensamos en las típicas respuestas de muchos cristianos en las situaciones de crisis, parecería que eso es exactamente lo que sucede en el cielo. ¿Puede usted ver al Padre diciéndole a Jesús: "¡Jesús, el pastor Bob acaba de ser expulsado de su denominación porque oró para que alguien fuese sanado! ¡No lo vi venir! ¿Tienes otra iglesia para que él la dirija?". O que le parece lo siguiente: "Jesús, Sarah y sus hijos no tienen ningunos ingresos porque su esposo se divorció de ella y no le paga ninguna pensión alimenticia ni manutención para sus hijos. Para empeorar las cosas aún más, la economía es mala, ¡y ella no tiene mucha formación, conjunto de capacidades ni educación formal! ¿Qué vamos a hacer?".

Suena absurdo; sin embargo, el modo en que reaccionamos con tanta frecuencia a las pruebas sugiere que ese es el modo en que vemos a Dios.

La mayor prueba de José

¿Y qué de ajustar las cuentas? Si José hubiera sido como muchos de nosotros, ¿sabe lo que habría estado haciendo? Tramando venganza. Se habría consolado a sí mismo con ideas contrarias a la Palabra de Dios (véase Romanos 12:19). *Si salgo de esta cárcel, les haré pagar por lo que me hicieron. Contrataré al mejor abogado, llevaré a juicio a mis hermanos, ¡y les machacaré! O mejor aún, ¿por qué desperdiciar el dinero y el tiempo? Simplemente les mataré. Haré que parezca un accidente, igual que ellos hicieron conmigo.*

Pero si José hubiera actuado realmente de ese modo, Dios se habría visto obligado a dejarle en la mazmorra para que se pudriese. ¿Por qué?

Porque si él hubiera tramado un plan como ese, ¡habría cortado las cabezas de diez de las doce tribus de Israel! Eso habría incluido a Judá, quien llevó el linaje del rey David y, lo más importante, de Jesucristo. Es correcto: ¡quienes trataron a José de modo tan malvado fueron los patriarcas de Israel!

José tuvo que resistir implacablemente razonamientos, argumentos, pensamientos e imaginaciones que se exaltaban por encima de los caminos de Dios. Tuvo que permanecer firme en su fe en la promesa de Dios, porque la prueba más crucial de su confianza y obediencia aún estaba por llegar.

Llegaron dos nuevos prisioneros a la mazmorra. Eran el copero y el panadero de faraón. En distintos momentos, cada uno de ellos tuvo inquietantes sueños y se los contaron a José. ¿Cuál fue la prueba de José? *¿Podría él proclamar la fidelidad de Dios a aquellos dos hombres cuando no había visto ni una pizca de evidencia de la fidelidad de Dios en su propia vida en más de diez años?* Piénselo: José había tenido un sueño de liderazgo en el cual sus hermanos le servirían; sin embargo, ni una sola faceta de aquella promesa se había cumplido. Si José hubiera sido como muchos en la actualidad, habría dicho a los dos hombres: "Entonces tuvieron sueños anoche. Bueno, muy bien, yo también tuve un sueño. Déjenme en paz".

Si esa hubiera sido su respuesta, él habría muerto en la mazmorra siendo un hombre muy amargado y musitando: "Dios no es fiel. No cumple sus promesas". Habría destruido el camino hacia su destino, porque dos años después fue el informe del copero a faraón con respecto a la capacidad de José de interpretar sueños lo que finalmente sacó a José de la cárcel para interpretar el propio sueño del faraón. Ese único incidente catapultó a José desde las profundidades de la mazmorra a ocupar la segunda posición de mando sobre todo Egipto; y finalmente, nueve años después, ver a sus hermanos literalmente inclinarse ante él exactamente como se le había prometido en su sueño tan lejano.

José no vio cumplirse aquella promesa dada por Dios durante veintiún años; sin embargo, ciertamente se cumplió porque Dios es fiel para cumplir sus promesas. ¿Cuántos de nosotros nos rendimos si no vemos nuestras oraciones respondidas en tres años? ¿O en tres meses? ¿O en tres semanas? Si los métodos de Dios y su momento son distintos a los nuestros, tendemos a culparle a Él. Pero no es Dios quien aborta el sueño; ¡somos nosotros! Tenemos necesidad de aguante, de fe y obediencia implacables, y el poder que necesitamos está a nuestra disposición en la economía de la gracia de Dios. Es su regalo gratuito que todos tenemos disponible; sólo necesitamos confiar en su

Palabra y permanecer firmes en nuestra fe en Él. Cosecharemos si no desmayamos.

Como he afirmado, ningún hombre o demonio pueden detener el plan de Dios para su vida, y si usted se establece en esta verdad, será una fuerza imparable en su Reino. Sin embargo, hay una excepción a esta verdad que usted necesita conocer: *sólo una persona puede destruir su destino, ¡y es usted mismo!*

> ———
> Ningún hombre o demonio pueden detener el plan de Dios para su vida.
> ———

Piense en la nación de Israel. Dios envió a Moisés para sacarlos de la esclavitud en Egipto y llevarlos a la Tierra Prometida. Su voluntad era que ellos entrasen en Canaán un año después de salir de Egipto; sin embargo, debido a la incredulidad, los pensamientos equivocados, las quejas y culpar a Moisés, nunca entraron en su destino. En cambio, toda aquella generación a excepción de dos personas, Caleb y Josué, murió en el desierto. Se quejaban constantemente de que Dios no era fiel, pero en realidad eran ellos quienes no eran fieles a Dios. Debido a que no fueron implacables en su fe y obediencia, ellos mismos sabotearon su destino.

EL CARÁCTER PARA GOBERNAR

José comenzó como un chismoso y un presumido, y era altivo; pero no permaneció así. Obedeció mediante la adversidad y, por consiguiente, desarrolló el carácter que necesitaría a fin de gobernar finalmente de modo eficaz. Se convirtió en el segundo hombre más poderoso de la tierra. Si él hubiera albergado amargura, ofensa, falta de perdón y odio hacia sus hermanos, podría fácilmente haber ejecutado venganza. Sus hermanos llegaron a Egipto a buscar alimento durante la hambruna que había en todo el mundo. Él podría haberlos metido en la cárcel de por vida, o haberlos torturado e incluso matado. Sin embargo, José hizo precisamente lo contrario. Les dio grano sin cobrarles nada y el mejor terreno en Egipto para sus familias. Ellos comieron la mejor comida que el país ofrecía. Lo fundamental: él les dio a sus hermanos no merecedores lo mejor de todo Egipto. El carácter maduro se había establecido, fortalecido y asentado en el corazón de José, un carácter semejante al de Cristo, porque él bendijo a sus hermanos que le habían maldecido e hizo el bien a quienes le aborrecían (véase Mateo 5:44-45).

Veamos atentamente la conclusión de la exhortación de Pedro:

Al cual resistid firmes en la fe, sabiendo que los mismos padecimientos se van cumpliendo en vuestros hermanos en todo el mundo. Mas el Dios de toda gracia, que nos llamó a su gloria eterna en Jesucristo, después que hayáis padecido un poco de tiempo, él mismo os *perfeccione, afirme, fortalezca y establezca* (1 Pedro 5:9-10).

Que el Dios de toda gracia…os perfeccione, afirme, fortalezca y establezca. Estas son cuatro palabras muy poderosas y prometedoras para usted y para mí. Permítame citar las definiciones de James Strong's para cada una:

1. *Perfeccionar:* "restaurar o completar mediante la reparación, el ajuste o el arreglo".
2. *Establecer:* "dirigir, girar con resolución en cierta dirección, fijar, establecer, situar firmemente".
3. *Afirmar*: "poner una base para; por ej., literalmente erigir".

Cada una de estas palabras describe lo que Dios hizo en el interior de José mientras se preparaba para gobernar. Él estaba fijado o reparado, ya no era un chismoso, ni presumido ni altivo. Se volvió poderoso, elevado por la increíble gracia de Dios a su lugar de destino. Llegó a ser espiritualmente fuerte en cuanto a que bendijo y no maldijo a sus hermanos. Su obediencia implacable mediante lo que parecían ser situaciones sin esperanza forjó una innegable sabiduría, valor y carácter.

En el capítulo anterior examinamos la importancia de participar en el combate directo con nuestro enemigo aferrándonos de la Palabra de Dios y pronunciándola. Sin embargo, pronunciar la Palabra no es en realidad muestra mayor arma. Nuestra arma más poderosa para el combate directo es permanecer firmes en nuestra obediencia a la Palabra de Dios. Es pensar, hablar y vivir su verdad. Dios clama por medio del profeta Jeremías: ¿Dónde están quienes se fortalecieron para la verdad en la tierra? (Véase Jeremías 9:3). Él está buscando a los José de nuestra generación. Si somos implacables en nuestra obediencia y pronunciamos la Palabra de Dios con valentía, obtendremos una abundante cosecha de promesas cumplidas, carácter maduro, mayor autoridad y fortalezas destruidas. Quienes están dentro de nuestra esfera de influencia se beneficiarán notablemente de nuestra firme fe y obediencia.

¡Dios le ha llamado a una vida estupenda! Los planes para usted fueron establecidos antes de que fuese formado en el vientre de su madre. Al igual que José, Él le está llamando a la grandeza. Pedro lo resume todo a la conclusión de su exhortación:

Os he escrito brevemente, amonestándoos, y testificando que ésta es la verdadera gracia de Dios, en la cual estáis (1 Pedro 5:12).

El poder para obedecer implacablemente se encuentra en la gracia de Dios. Espero que nunca más vuelva a reducir la increíble gracia de Dios solamente a una cubierta para el pecado y un billete de entrada en el cielo. ¡Es mucho más! Por su gracia debemos distinguirnos para la absoluta gloria de nuestro señor Jesucristo.

15

ORACIÓN IMPLACABLE

En aquel día no me preguntaréis nada.
De cierto, de cierto os digo,
que todo cuanto pidiereis al Padre
en mi nombre, os lo dará.

JUAN 16:23

N uestra discusión de *Implacable* no estaría completa sin hablar de nuestra relación personal con Dios mismo. ¿Cómo debemos aproximarnos a Él y pedirle? ¿Deberíamos acudir con una disposición tímida, acobardados en postura? ¿Deberíamos pedir sólo "cosas grandes" con una actitud de "esperanza" para no quedar defraudados si no vemos respuestas? ¿Deberíamos esperar que un porcentaje pequeño, medio o grande de nuestras oraciones fuesen respondidas?

Sé que esas preguntas podrían parecerle absurdas, pero después de haber viajado durante más de veinte años y haber orado con muchos líderes y creyentes, esas preguntas realmente no están tan desencaminadas. He sido testigo de incontables oraciones ordinarias sin ninguna fuerza de convicción mi pasión en ellas. He asistido a reuniones de oración en las cuales las personas miraban a su alrededor, leían su Biblia o escuchaban la música de adoración mientras se suponía que estábamos intercediendo. Con frecuencia me pregunto si esos cristianos suponen que por su asistencia Dios responderá, o si se rindieron hace mucho tiempo en cuanto a orar con una fe decidida e implacable y a confiar en Dios en todas las cosas.

Demasiadas veces mi corazón se ha dolido cuando he escuchado a líderes hacer oraciones superficiales y poco concretas. Por mi mente ha cruzado la idea: *Si yo acudiera a la oficina de algún líder civil de la misma manera en que él está pidiendo a Dios, el oficial probablemente me respondería: "¿Para qué está usted aquí? ¡Me está haciendo perder el tiempo".* Es como si esos líderes cristianos escogiesen sus palabras para sonar espiritualmente aceptables, sin querer avivar las esperanzas de las personas y prepararlas para el desengaño. Es muy triste porque demuestra lo poco realista que es el ámbito espiritual para muchos cristianos en la actualidad.

SER VALIENTES Y FERVIENTES

El Dios del universo nos invita cordialmente a acercarnos "confiadamente al trono de la gracia" (Hebreos 4:16). Ser valiente es ser confiado, valeroso, directo, fuerte y firme. Antónimos de *valiente* incluyen: *tímido, dudoso* y *vacilante*. Piénselo: Dios le invita y le enseña que se acerque a Él con confianza, fuerza y firmeza a fin de recibir sus necesidades de parte de Él. ¡Eso es lo que Él desea!

El apóstol Santiago nos dice: "La oración ferviente de una persona justa tiene mucho poder" (Santiago 5:16, NTV). Ferviente significa "tener o mostrar gran intensidad de espíritu, sentimiento, entusiasmo". El diccionario revela que sinónimos incluyen *apasionado* y *sincero*. Santiago está diciendo que una oración eficaz es una oración ferviente. Por otro lado, una oración ineficaz es una oración sometida, poco apasionada y sin sinceridad.

Cuando usted oye *ferviente*, ¿oye también *implacable*? Debería. Santiago subraya su punto recordando al gran profeta Elías:

> Elías era hombre sujeto a pasiones semejantes a las nuestras, y oró *fervientemente* para que no lloviese, y no llovió sobre la tierra por tres años y seis meses. Y otra vez oró, y el cielo dio lluvia, y la tierra produjo su fruto (Santiago 5:17-18).

Elías oró fervientemente, *implacablemente*, y experimentó resultados milagrosos. Se define como "serio en intención, propósito o esfuerzo; ser sinceramente celoso". ¿Se está usted aferrando a la Palabra de Dios sobre cómo orar eficazmente? Está claro: Dios está buscando una pasión sincera e implacable cuando nos acercamos a Él con nuestras necesidades y peticiones.

Algún tiempo después de la oración de Elías para que cesara la lluvia, él comenzó a orar para que regresara la lluvia. El relato bíblico nos dice: "Y Elías subió a la cumbre del Carmelo, y postrándose en tierra, puso su rostro entre las rodillas" (1 Reyes 18:42).

La Nueva Traducción Viviente dice: "se inclinó hasta el suelo y oró". Puedo imaginármelo clamando a Dios con gran pasión. Está en posición de rodillas o sentado, moviéndose hacia adelante y hacia atrás con su cabeza entre las rodillas, y gritando: "Dios de Abrahán, Isaac y Jacob, tú me hablaste de que tu deseo es que regrese la lluvia. Por tanto, clamo a ti para que traigas nubes y lluvia, ¡y que el fruto pueda regresar a esta tierra! Te pido que no te retrases, ¡sino que traigas la lluvia a fin de que tu pueblo pueda otra vez regocijarse en tu bondad!". Él pide con valentía, implacablemente, con sincera pasión. Entonces Elías da instrucciones a su sirviente: "Sube ahora, y mira hacia el mar" (1 Reyes 18:43).

Años antes, cuando Israel recibía lluvias regulares, provenían del mar Mediterráneo hacia el occidente. Elías ordena a su sirviente que vaya a mirar en esa dirección buscando las nubes. Él añade acción a lo que cree. Cuando creemos verdaderamente, eso es exactamente lo que haremos. El sirviente de Elías regresa y le dice: "No hay nada".

> Dios está buscando una pasión sincera e implacable cuando nos acercamos a Él con nuestras necesidades y peticiones.

Muchos de nosotros nos habríamos detenido en ese momento, ¿no es cierto? Diríamos: "Bueno, quizá no escuché bien. Supongo que Dios quiere seguir castigando a Israel por su malvada conducta. Mientras Acab sea el rey probablemente no veremos nada de lluvia". Nosotros no habríamos permanecido firmes en la fe; en cambio, habríamos dejado de pedir a Dios y, por consiguiente, nos habríamos perdido su voluntad. Pero no Elías.

Elías conoce la voluntad de Dios y que no se le negará. Él clama una vez más, esta vez, valientemente y fervientemente dando gracias a Dios, por la fe, por haber escuchado su oración. Envía a su sirviente hasta la cumbre del monte Carmelo una segunda vez.

La oración y la fe sin la acción correspondiente no es otra cosa que ejercicio religioso y una pérdida de tiempo. Ser ferviente en oración significa que su corazón, su mente, su alma y su cuerpo están decididos a recibir, y usted actúa en consecuencia. Debido a que está confiado en que está actuando en la voluntad de Dios, se niega a aceptar un no por respuesta. Sabe que las circunstancias y las condiciones pueden y deben cambiar.

Pero el sirviente de Elías regresa con la misma respuesta: "No hay nada".

La mayoría de nosotros, si no nos hubiéramos rendido la primera vez, nos rendiríamos en ese segundo momento. Encontraríamos una buena razón teológica con respecto a por qué Dios no estaba otorgando esta petición en particular en ese momento en particular del tiempo. ¡Pero no Elías! Él acude de nuevo al trono del cielo, y por tercera vez envía a su empleado hasta el monte. Una vez más, recibe la misma respuesta. Él lo hace una cuarta vez, una quinta vez, una sexta vez, ¡y hasta una séptima vez! (qué empleado tan estupendo; le piden siete veces en el mismo día que suba hasta la cumbre del monte Carmelo, y él lo hizo. No sólo Elías era ferviente, ¡sino también su sirviente!). Después del séptimo viaje de ida y vuelta, él dijo: "Hay una nube, tan pequeña como la mano de un hombre, ¡levantándose desde el mar!".

Una nube del tamaño de la mano de un hombre sin duda no puede producir el tipo de lluvia por el que Elías oraba. Pero fue todo lo que Elías necesitaba para dejar de pedir y pasar a la acción. Él sabía que su oración había sido escuchada.

> Y él dijo: Ve, y di a Acab: Unce tu carro y desciende, para que la lluvia no te ataje. Y aconteció, estando en esto, que los cielos se oscurecieron con nubes y viento, y hubo una gran lluvia (1 Reyes 18:44-45).

Siete veces había orado, y siete veces envió a su sirviente. Elías era implacable en su petición, decidido a recibir una respuesta. Este es el ejemplo al que Santiago se refiere cuando habla sobre la oración eficaz y ferviente. Es ferviente en creencia, conversación, perseverancia y acción.

PEQUEÑA NUBE QUE SUBE

La pequeña nube que subía anuncia la seguridad que podemos tener cuando oramos con fe implacable. El Espíritu Santo da testimonio a nuestro espíritu (véase Romanos 8:16). Esta es nuestra pequeña nube. A veces es una palabra, otras veces es una ráfaga de gozo, y otras es una conciencia en nuestro corazón de que aquello que hemos pedido a Dios está hecho. Cuando vemos nuestra pequeña nube que sube, podemos actuar en consecuencia, como hizo Elías.

Recuerdo cuando Lisa iba a dar a luz a nuestro cuarto hijo. Llevaba cinco días de retraso, pero ya tenía un historial de dar a luz a nuestros hijos con retraso; sin embargo, esta vez Lisa tenía una conciencia de que algo no iba bien. El bebé comenzó a revolverse en su vientre; ella llamó al doctor para comunicarle su preocupación, y él le dijo: "Venga mañana al hospital y provocaremos el parto".

A la mañana siguiente, el doctor le hizo romper aguas y nos informó de que casi seguramente estaría de parto enseguida. Nos envió a dar un paseo en un intento de que comenzaran las contracciones. Lisa y yo caminamos toda la mañana sin progreso alguno; alrededor del mediodía ella se cansó, así que regresamos a la habitación del hospital para descansar. Lisa dijo: "John, por favor sal y ora. Si no me pongo de parto pronto, tendrán que tomar más medidas para hacer que el bebé nazca, y yo no quiero que eso suceda".

Una de esas medidas sería darle una medicina llamada Pitocin y ponerle la epidural. Ella había pasado por este proceso con nuestro primer hijo, y había dado como resultado complicaciones a largo plazo en su espalda. Había otro factor disuasorio: era un procedimiento caro. Debido a que nuestro ministerio estaba aún en sus primeras etapas, no teníamos seguro médico. Éramos una familia con bajos ingresos y no teníamos dinero para otra cosa que no fueran los gastos básicos.

Al mediodía salí del hospital y encontré un lugar cercano y aislado donde pude levantar mi voz al cielo. Oré fervientemente. Cuarenta y cinco minutos después regrese a la habitación de Lisa, pero no descubrí progreso alguno. Pasé otra hora con Lisa y después volví a orar una segunda vez. Mis ruegos a Dios fueron más fuertes. Regresé a media tarde pero de nuevo no descubrí ningún progreso.

Pasamos juntos otra hora. La preocupación de Lisa iba aumentando por muchas razones, pero principalmente por la seguridad de nuestro bebé. Ella me rogó: "John, por favor sal y sigue orando, estoy muy preocupada".

Yo regresé una tercera vez a mi lugar aislado de oración. Esa vez fui incluso más apasionado e intenso. Mis oraciones fueron firmes y fuertes; estaba decidido a ser escuchado. Había visto la expresión temerosa en el rostro de Lisa, y quería ser capaz de consolarla. Oré en inglés y le recordé a Dios sus promesas del pacto. Después oré fervientemente en el Espíritu.

Después de varios minutos escuché con claridad en mi corazón: *Tu bebé nacerá hoy, y tanto la madre como el bebé estarán en casa mañana a esta misma hora con buena salud.* El Espíritu Santo dio testimonio a mi espíritu de que mi oración había sido escuchada dándome una palabra. Él me había dado "una pequeña nube del tamaño del puño de un hombre". Ahora yo ya estaba listo para actuar.

Regresé a la habitación de Lisa a las 5:00 de la tarde y le dije: "Arden nacerá hoy, y tanto tú como él estarán en casa mañana con buena salud". Ella fue consolada; pero después de un rato sin cambio alguno, la promesa realmente no parecía posible. Seguía sin haber contracciones de parto. ¿Cómo podía nacer un bebé con tanta rapidez? ¡Pero yo había visto la pequeña nube!

Avanzaba la tarde, y las enfermeras y el doctor estaban hablando de los siguientes pasos. Lisa me preguntó más de una vez: "John, ¿no deberías salir y volver a orar?".

Yo dije: "No es necesario. El bebé nacerá antes de la medianoche".

Con cada hora que llegaba y pasaba, mis pensamientos se intensificaban con respecto a abandonar y soltar la palabra que había escuchado con tanta claridad en mi corazón. Sin embargo, estaba seguro de que Dios me había escuchado, y me negué a ceder.

Finalmente, un poco después de las 11:00 de la noche comenzaron las contracciones. Arden nació a las 11:51 de la noche. Cuando salió, el cordón umbilical estaba rodeando fuertemente su cuello. Recuerdo la horrible escena de ver que su cabeza tenía un color distinto a su cuerpo; él estaba en el proceso de ser estrangulado. El doctor rápidamente cortó el cordón, y enseguida se llevaron a Arden a observación.

Al día siguiente salimos del hospital a las 3:30 de la tarde. Lisa y Arden llegaron a casa a las 4:30 de la tarde. Lo que Dios me había susurrado se cumplió exactamente como Él dijo que sería.

PEDIR, Y SEGUIR PIDIENDO

La mayoría de nosotros estamos familiarizados con las palabras de Jesús: "Pedid, y se os dará; buscad, y hallaréis; llamad, y se os abrirá" (Lucas 11:9). Sin embargo, si las leemos en la Nueva Traducción Viviente nos revela algo más:

> Así que les digo, sigan pidiendo y recibirán lo que piden;
> sigan buscando y encontrarán; sigan llamando, y la puerta
> se les abrirá. Pues todo el que pide, recibe; todo el que busca,
> encuentra; y a todo el que llama, se le abrirá la puerta (Lucas
> 11:9-10).

Puede ver que Jesús nos alienta a pedir, buscar y llamar implacablemente. ¿Por qué? ¿Es Dios duro de oído? ¡Claro que no! Es cuestión de que nosotros creamos verdaderamente. Yo he visto a personas que están *decididas* a recibir y a otras que *aspiran* a recibir. Existe una inmensa diferencia. Si alguien está *decidido*, es tenaz, ardiente y valiente. Irse con las manos vacías no es una opción. En el lado contrario, si sólo aspira a *recibir*, es propenso a abandonar con más facilidad. Si queremos verdaderamente, seguiremos pidiendo y nos volveremos más intensos cuanto más tiempo pase.

Considere esta lección del Maestro mismo:

> Cierto día, Jesús les contó una historia a sus discípulos para
> mostrarles que siempre debían orar y *nunca darse por vencidos*.

«Había un juez en cierta ciudad—dijo—, que no tenía temor de Dios ni se preocupaba por la gente. Una viuda de esa ciudad acudía a él repetidas veces para decirle: "Hágame justicia en este conflicto con mi enemigo". Durante un tiempo, el juez no le hizo caso, hasta que finalmente se dijo a sí mismo: "No temo a Dios ni me importa la gente, pero esta mujer me está volviendo loco. Me ocuparé de que reciba justicia, ¡porque me está agotando con sus constantes peticiones!"». Entonces el Señor dijo: «Aprendan una lección de este juez injusto. Si hasta él dio un veredicto justo al final, ¿acaso no creen que Dios hará justicia a su pueblo escogido que clama a él día y noche? ¿Seguirá aplazando su respuesta? Les digo, ¡que pronto les hará justicia! Pero cuando el Hijo del Hombre regrese, ¿a cuántas personas con fe encontrará en la tierra?» (Lucas 18:1-8, NTV).

Observemos las palabras de Jesús: *nunca darse por vencidos.* No es sólo una buena idea; lo más importante: la voluntad de Dios es que usted nunca se dé por vencido.

En la historia, la mujer es tan implacable en su petición que agota al juez injusto. Dicho con sencillez, le vuelve loco con su persistencia. El gobernante injusto actúa a favor de ella solamente para librarse de ella. Lo increíble para mí es que Jesús utiliza este ejemplo como una ilustración del modo en que debemos pedir a Dios, porque dice: "Aprendan una lección". Entonces Él habla de su pueblo que ruega día y noche y pregunta: "¿Seguirá [Dios] aplazando su respuesta?". Dios no es injusto; Él está *por* nosotros. Por tanto, Él concederá nuestras peticiones rápidamente cuando estemos *decididos,* tal como la mujer lo estaba en la historia de Jesús.

En este punto hay que hacer una aclaración. Una mala aplicación de esta parábola podría causar que alguien se desviase a una rutina de orar día y noche repetitivamente. Jesús en realidad nos advierte esto: "Y orando, no uséis vanas repeticiones, como los gentiles, que piensan que por su palabrería serán oídos" (Mateo 6:7). El objetivo no es las recitaciones o repeticiones frecuentes y descuidadas de oraciones. El enfoque es una actitud *implacable, ferviente* y *segura* cuando presentamos nuestras peticiones delante de Dios. Nos acercamos a Él confiadamente porque sabemos que nuestra petición está de acuerdo a su voluntad y, por consiguiente, no nos será negada. Elías no aceptó un no por respuesta; estaba decidido a ver un cambio según lo que había orado. Se aferró a ello hasta que supo que había sido oído.

BUSCAR Y LLAMAR ARDIENTEMENTE

Jesús no sólo nos enseña que debemos seguir pidiendo sino también seguir buscando y seguir llamando. La oración ferviente no está limitada a hablar en nuestro cuarto; incluye un seguimiento: buscar y llamar sinceramente. En otras palabras, practicamos lo que hemos pedido. Este es un factor crucial para ver resultados.

Hay numerosas historias de mi propia experiencia que podría compartir con respecto a este aspecto de la oración. Los siguientes son algunos ejemplos recientes:

Lisa y yo tuvimos la oportunidad de pasar dos días y medio solos en Maui, Hawaii, antes de hablar en una conferencia. El momento fue estupendo porque no habíamos tenido unos renovadores días juntos en bastante tiempo, y también su papá acababa de fallecer. Yo había planeado cuidadosamente pasar ese tiempo a solas.

Cada día, a medida que se acercaba nuestra partida para ese viaje, el informe meteorológico no cambiaba: ¡muchas lluvias continuadas! El mal tiempo sin duda estropearía nuestros planes, así que yo oré apasionadamente para que no lloviese, ordené al sistema meteorológico que evitase nuestra situación, y hablé a los ángeles del cielo para que llevasen a cabo lo que yo había orado.

Lisa no dejaba de decir: "Va a llover. Va a llover".

Y yo seguía respondiendo: "Tendremos un tiempo estupendo. Todo irá bien".

Llegamos a Hawaii en la noche y nos dieron la bienvenida unas condiciones meteorológicas oscuras. Los informes seguían indicando que la lluvia no cesaría. Resultó que vi un informe meteorológico en la televisión en el hotel. Una inmensa bolsa de nubes había llegado y cubierto no sólo todas las islas hawaianas sino también una inmensa región del océano Pacífico circundante.

En la mañana abrí las cortinas para contemplar oscuras nubes y una fuerte lluvia. No podía haber ninguna abertura en las oscuras nubes por ninguna parte; era exactamente como habían predicho. Pero yo me negué a decir nada contrario a lo que había pedido. Grité: "Gracias, Padre, por un hermoso día soleado. Quiero ver a mi esposa en bañador, tumbada al sol y descansando".

Lisa se rió ante mi conducta. Yo le seguí la corriente, pero realmente iba en serio. No iba a ceder. Fuimos a desayunar. Debido a la fuerte lluvia, la plantilla del restaurante se vio obligada a mover la mitad de las mesas desde el patio exterior hasta el vestíbulo del hotel.

Cuando llegó nuestra comida, yo miré a las oscuras nubes llenas de lluvia, y con propósito oré: "Señor, gracias por estos alimentos, los santificamos en el nombre de Jesús. Y gracias por un hermoso día al sol".

Lisa sonrió, y en tono de broma dijo: "John, ¿por qué no oras algo que sepamos que puede ser respondido?". Los dos nos reímos. Ella con frecuencia dice las frases más divertidas.

Yo le dije: "Cariño, realmente lo digo en serio. Hoy será un día hermoso".

Llegó nuestro camarero para decirnos: "¿puedo traerles algo más?".

Yo respondí: "Sí, ¿puede por favor detener la lluvia?".

Todos nos reímos. Sin embargo, antes de que terminásemos de desayunar la lluvia se había detenido, las nubes oscuras se habían ido, apareció un cielo azul y el sol brillaba con fuerza. Durante el resto de nuestro tiempo en Maui nunca vimos lluvia o ni siquiera una nube tapando el sol.

Más adelante viajamos a otra parte de Hawaii, Oahu, para la conferencia. Una vez allí, varios locales nos dijeron que había llovido con mucha fuerza los mismos días que nosotros tuvimos sol en Maui. De hecho, estábamos en el lado seco de Oahu, pero las playas estaban cerradas debido a que la excesiva lluvia había llevado peligrosos desechos al océano. Los locales estaban sorprendidos cuando dijimos que tuvimos un tiempo estupendo en Maui.

Yo creo que nuestro increíble Dios respondió mis persistentes peticiones y formó un agujero en el sistema meteorológico.

LIBROS PARA QUIENES TIENEN NECESIDAD

Compartí con usted la anterior historia para erradicar la falacia de que Dios está interesado solamente en cumplir las "grandes peticiones". Él se interesa verdaderamente por cada detalle de nuestras vidas. ¡Él es nuestro Padre! Pero ahora permítame testificar de su respuesta a una petición mucho más importante: oración para beneficiar a quienes tienen necesidad.

Lisa y yo creemos que nuestros libros son mensajes dados por Dios para su Iglesia global. Cuando los describo, con frecuencia menciono que la única razón de que mi nombre esté sobre un libro se debe a que yo soy el primero en leerlo. A la luz de esto, se nos ha entregado una seria administración. Lisa y yo

> Dios se interesa verdaderamente por cada detalle de nuestras vidas.

somos responsables de orar por los medios para llevar estos mensajes a la Iglesia en todo el mundo.

Al escribir este libro, mis libros han sido traducidos a más de sesenta idiomas. Nuestra oración continuada y apasionada ha sido llevar estos libros a pastores y líderes en naciones cerradas o en desarrollo como regalo. De hecho, queremos regalar más de los que se venden.

En los últimos diez años hemos distribuido aproximadamente 250 000 libros a líderes en China, Irán, Pakistán, India, Fiji, Tanzania, Ruanda, Uganda y otras naciones. Seguimos estando por detrás en nuestra meta de regalar más de los que vendemos, ya que muchos millones de ejemplares se han vendido.

A comienzos del año 2011, cuando nuestro equipo del liderazgo estaba creando la estrategia para el futuro, descubrí que solamente habíamos regalado 33 000 libros en 2010. Después de mucha conversación, anuncié: "Este año, nuestra meta será regalar 250 000 libros a líderes en el extranjero".

La sala se quedó en silencio. Un miembro de nuestro equipo habló: "Creo que eso sería situar el listón un poco alto. El aumento sería demasiado importante desde el año pasado. Necesitamos presentar este alcance tan grande a nuestros patrocinadores poco a poco. Necesitamos tiempo. ¿Podríamos establecerlo en 100 000 y quizá avanzar en los próximos años?".

Yo dije: "No, necesitamos creer a Dios y dar un paso para ayudar a esos pastores e iglesias necesitados en todo el mundo; 250 000 no es un objetivo demasiado grande".

El debate se intensificó. Ese miembro del equipo proporcionó razones adicionales en cuanto a por qué mi meta era demasiado grande. Finalmente, la identificó claramente como una meta irrazonable. Él era preciso y lógico en su evaluación, pero no estaba considerando la gracia de Dios.

Yo me puse más firme: "Miren, ningún otro ministerio tiene estos libros; Dios nos los ha confiado a nosotros. Nosotros somos los únicos que pueden regalar *La trampa de Satanás, Bajo el abrigo, Se despierta la leona, Guiados por la eternidad, Extraordinario* y nuestros otros títulos. Nosotros somos responsables de creerle a Dios para esto. Debemos poner nuestra vista bien alta".

La resistencia continuó. En ese momento yo me expresaba con fuerza y determinación: "No quiero que estemos delante de Jesús en su trono de juicio y tengamos que explicar por qué pedimos tan poco. No quiero que los pastores nos pregunten en el juicio: '¿por qué no nos regalaron esos libros que Dios les confió?'. Otros ministerios no tendrán que rendir cuentas de esto, ¡sólo nosotros!".

La atmósfera estaba cargada, y nuestra reunión terminó con un tono de estrés y conflicto. Yo sentía que hubiese llegado hasta el grado en que lo hizo, y por hablar con tanta intensidad. Nuestros jefes de departamento eran sinceros, personas piadosas que sólo intentaban buscar el bien del ministerio. Pero en lo profundo de mi corazón yo sabía que no podía echarme atrás. Era importante ponerme en la brecha para los pastores con hambre y las iglesias necesitadas situadas en regiones del mundo en desarrollo.

Unos días después nuestro jefe de administración se acercó a mí. "John, haremos lo que está en tu corazón. Estamos aquí para servir a la visión tuya y de Lisa. Por favor, dime si sigues creyendo que debemos regalar 250 000 libros. Si oras y crees esto, entonces estamos al 100 por ciento contigo en esta empresa. Oraremos y trabajaremos diligentemente hacia eso".

De nuevo busqué a Dios, y seguía creyendo que la meta debería establecerse en 250 000 libros. Ya se habían abierto puertas para que regalásemos libros a líderes en Vietnam, Liberia, China, Irán, Turquía, Gana, Tayikistán, Líbano, Burma y otras naciones. También sabíamos que llegarían muchas más peticiones. Publicar y distribuir aquella cantidad de libros en todo el mundo tendría un costo aproximado de entre 600 000 a 700 000 dólares estadounidenses. Esa era una suma de dinero inmensa para nosotros, pero no para Dios.

Dos semanas después nuestros miembros del equipo me llamaron a una habitación de hotel en Florida. Me dijeron con emoción en sus voces: "John, acabamos de recibir un cheque por 300 000 dólares para publicar libros para líderes en el extranjero". En la terraza de la habitación de mi hotel, literalmente grité de alegría.

Resulta que uno de nuestros empleados había compartido la visión con un hombre de negocios de Texas, y él donó ese cheque. La donación más alta que nuestro ministerio había recibido en los veinte años anteriores había sido de 50 000 dólares. ¡Eso fue verdaderamente un milagro! Esa cantidad de dinero podría publicar cerca de 150 000 libros. El hecho increíble era que ahora habíamos recorrido más de la mitad del camino hacia nuestra meta para 2011, ¡y solamente era febrero! La llamada telefónica se convirtió en una celebración; todos estábamos vigorizados y llenos de alegría.

Antes de colgar pregunté: "Muchachos, ¿entienden ahora por qué yo fui tan fuerte y determinado en la reunión hace dos semanas?".

Nuestro jefe de administración, quien había sido mi mayor confrontación en la reunión, se rió y dijo: "Pensé que ibas a decir: 'Apártate de mí, Satanás'". Todos nos reímos.

Más adelante aquel día, Lisa comentó: "Dios no quería que creyésemos en Él para lo posible; quería que creyésemos para lo imposible. Si no nos hubiéramos aferrado a la meta, no creo que el cheque de 300 000 dólares habría llegado a nuestras manos". Tengo que estar de acuerdo con ella. La sabiduría de Lisa dio en el clavo.

Al final del año, se distribuyeron más de 250 000 libros en manos de líderes en cuarenta y un países. Nada de esto podría haber sucedido sin el apoyo y las oraciones de nuestros compañeros y los diligentes esfuerzos de aquellos que participaron. Los testimonios de estos esfuerzos necesitarían libros enteros para ser registrados.

Este fue un gran acontecimiento para edificar fe en todo nuestro equipo. Había requerido pedir, buscar y llamar de modo persistente para ver abierta esta puerta e impactar incontables vidas. Siempre debemos recordar que Dios "es poderoso para hacer todas las cosas mucho más abundantemente de lo que pedimos o entendemos, según el poder que actúa en nosotros" (Efesios 3:20). No podemos permitir que nuestras mentes humanas finitas le limiten a Él en nuestro pensamiento y creencia. Si realmente queremos, pediremos persistentemente y seguiremos llamando hasta que veamos su gloria revelada.

¿QUÉ ESTÁ ESPERANDO?

El progreso del Reino no se produce en el ámbito natural hasta que primero sea asegurado en el ámbito espiritual. Pablo instruye a Timoteo: "Pelea la buena batalla de la fe, *echa mano de la vida eterna*, a la cual asimismo fuiste llamado" (1 Timoteo 6:12). Echar mano de la vida eterna es aferrarse a la provisión de Jesús, y sin duda no podemos hacer eso a medias. Cuando Dios ve este tipo de determinación por parte de sus hijos, eso le conmueve.

Se nos dice en Hebreos 11:6: "sin fe es imposible agradar a Dios; porque es necesario que el que se acerca a Dios crea que le hay, y que *es galardonador de los que le buscan*". No se nos dice que Dios recompensa a quienes le buscan *casualmente,* sino que recompensa a los que le buscan con *diligencia*. Él es atraído a la pasión sincera e implacable.

Bajo la misma luz, Dios habla por medio del profeta Jeremías:

> Porque yo sé los pensamientos que tengo acerca de vosotros, dice Jehová, pensamientos de paz, y no de mal, para daros el fin que esperáis. Entonces me invocaréis, y vendréis y oraréis a mí, y yo os oiré; y me buscaréis y me hallaréis, porque *me* buscaréis *de todo vuestro corazón*. Y seré hallado por vosotros, dice Jehová (Jeremías 29:11-14).

Los planes de Dios para su vida solamente son buenos; sin embargo, para recibir esta abundante provisión es necesaria una búsqueda apasionada y persistente. Esto es verdadera fe.

¿Recuerda las palabras finales de Jesús en la parábola de la mujer y el juez injusto? "Pero cuando venga el Hijo del Hombre, ¿hallará fe en la tierra?". ¡Qué pregunta! ¿Encontrará Él una fe mundana, tibia y cauta, o una fe verdadera? El tipo de fe de la que Él habla es comparada a la mujer que agota la paciencia del juez con su implacable petición.

Por tanto, no sea tímido al acercarse a Dios. No sea tímido con sus peticiones. Sea valiente, fuerte, decidido y concreto. Nuestra persistencia con Dios no proviene de la desesperación sino de la firme confianza en que Él es nuestro Padre amoroso y nos dará lo que pidamos persistentemente en su nombre.

> No sea tímido al acercarse a Dios.

¿Qué está esperando? Las necesidades a su alrededor son grandes. Hay muchas personas en su ámbito que necesitan que usted se acerque a Dios con valentía en oración en nombre de ellas. ¡Sea una luz para ellas! ¡Acérquese a Dios con implacable persistencia ahora!

16

CORRER PARA
GANAR EL PREMIO

¿No sabéis que los que corren en el estadio,
todos a la verdad corren, pero uno solo se lleva el premio?
Corred de tal manera que lo obtengáis.

1 CORINTIOS 9:24

Como hemos aprendido a lo largo de este libro, usted y yo estamos en una carrera desafiante. Y como el pasaje anterior de 1 Corintios revela, la carrera es personal. Es su carrera. Es mi carrera.

Nuestra competición no es los unos contra los otros sino contra fuerzas que no quieren que terminemos bien. Usted y yo vivimos en un mundo caído, que inevitablemente plantea oposición. Estamos contendiendo.

Observemos la frase del apóstol Pablo: *de tal manera*. ¿De qué manera debemos correr? Debemos correr implacablemente. El escritor de Hebreos lo expresa: "corramos con perseverancia la carrera que tenemos por delante" (12:1, NVI).

Yo he sido un atleta toda mi vida, y muchos de mis amigos son atletas amateur o profesionales. Los serios se entrenan duro, perseveran en la adversidad y soportan un agotador entrenamiento. Pablo escribe: "Todos los deportistas se entrenan con mucha disciplina" (1 Corintios 9:25, NVI). ¿Por qué hacen eso los atletas? El apóstol responde: "Lo hacen para obtener un premio".

Para el jugador de fútbol americano profesional, el premio es ganar la Super Bowl. Para el golfista profesional, puede que sea ganar un evento de la PGA, el Masters u otro torneo importante. Para el jugador de hockey, es la Copa Stanley, y para el atleta olímpico, es la medalla de oro. Su visión del premio es su motivación. Quienes fijan su visión firmemente en el premio se entrenarán de modo más implacable y soportarán la adversidad extrema, mucho más que aquellos que no tienen visión y no son motivados para obtener el premio.

Yo he visto a un jugador de hockey tener el tobillo partido pero rogar a su entrenador que le vendase la herida para poder seguir batallando por la Copa Stanley. Él sigue esquiando con un dolor con el que la mayoría de seres humanos ni siquiera caminaría. He visto a un jugador de fútbol americano romperse su nariz pero taponarla para poder seguir compitiendo; su visión de ganar la Super Bowl sobrepasa al horrible dolor. Todos hemos sido testigos de eso en un momento u otro, ya sea en los deportes o en otras empresas. La visión es el gran motivador. Hace que las personas destaquen de entre todas las demás; es lo que les hace ser campeones. Solamente aquellos que tienen su vista firmemente puesta en el premio soportarán tal adversidad.

> Comenzar bien es importante, pero... cómo terminamos tiene mucha más importancia.

Como pueblo del Reino que contiende diariamente contra las potentes y destructivas legiones de Satanás, debemos saber por qué estamos compitiendo. ¿Cuál es nuestra motivación para terminar bien? ¿Por qué es tan importante que permanezcamos fieles? ¿Qué suponen nuestras vidas individuales como pueblo de Dios? ¿Por qué es el curso que Dios ha situado delante de nosotros tan importante para el gran cuadro del Reino?

Pablo nos dice que la respuesta a cada una de esas preguntas es la misma que para el atleta. Nos esforzamos por el premio o la recompensa: "Corred de tal manera que lo obtengáis". En sus años posteriores, el apóstol Juan escribió un mandato similar de Dios:

> Tengan cuidado de no perder lo que hemos logrado con tanto trabajo. Sean diligentes para que reciban una recompensa completa (2 Juan 1:8, NTV).

Salomón se descalificó a sí mismo del mayor premio debido a no haber terminado fuerte. La meta no estaba fija en su enfoque.

Comenzar bien es importante, pero en la economía de Dios, cómo terminamos tiene mucha más importancia. Terminar bien y recibir el premio requiere nuestra implacable persistencia y aguante, y las dos cosas deben ser impulsadas por la motivación. Por tanto, este es un buen momento para hablar de una pregunta muy importante: *¿cuál es* *la recompensa por la que trabajamos, el premio que se nos advierte que no perdamos?*

La recompensa puede ser considerada en dos niveles. Exploraremos el primero aquí y el segundo en el siguiente capítulo.

LA PRIMERA RECOMPENSA

La primera recompensa o premio gira en torno al hecho de que el curso de nuestra vida está directamente involucrado en la edificación de la casa de Dios, el hogar en el cual Él habitará por la eternidad.[1]

Dios se está edificando a sí mismo una casa: un hogar glorioso y a medida. Es el hogar donde ha anhelado habitar, y ha sido el enfoque de su plan por miles de años. ¡Y Él está muy emocionado al respecto!

Lisa y yo tuvimos el privilegio de construir una casa a medida. A finales de los años ochenta cuando vivíamos en Orlando, Florida, un constructor de casas a medida muy conocido llamado Robert se acercó a nosotros: "Me encanta su ministerio", declaró, y entonces añadió: "Quiero construirles una casa a medida". En ese momento vivíamos en una casa pequeña y modesta, y pensamos que sus precios serían demasiado caros para nosotros. Pero cuando lo expresamos, Robert dijo: "Lo haré por un 'precio de Dios'". Resultó que él no obtuvo ni un céntimo de beneficio de aquella casa.

Antes de aquello, Lisa y yo habíamos sido dueños de dos casas. Ambas eran casas diminutas, y nosotros no habíamos tenido nada que ver con el diseño ni con los planos. Por tanto, estábamos acostumbrados sencillamente a escoger un plan estándar junto con una selección limitada de colores y materiales; nunca se nos había permitido tomar decisiones importantes; por tanto, el proceso de construir una casa a medida era ajeno para nosotros.

Nunca olvidaré cuando Robert llegó a nuestra casa unos días después, se sentó con nosotros en la mesa de la cocina, extendió un pedazo de papel en blanco, y dijo con entusiasmo: "¡Dibujen la casa de sus sueños!".

Nos quedamos anonadados. No entendíamos que se podía hacer tal cosa. Inmediatamente Lisa se puso a trabajar. Comenzó a dibujar enseguida como si hubiera estado pensando en eso durante bastante tiempo (el hecho es que, ¡lo había pensado!). Yo fui un poco más lento, proponiendo ideas para mi estudio y el garaje mientras mi esposa hacía casi todo lo demás. Era estimulante, y la emoción aumentaba cada vez más a medida que descubríamos que realmente podríamos diseñar nuestra propia casa del modo en que quisiéramos. No había limitaciones.

Entonces nuestro sueño, dibujado tan toscamente en aquel gran pedazo de papel, pasó a los arquitectos y diseñadores, y varios días después Bob nos enseñó los planos. Era muy emocionante. Poco después pasaron a trabajar la tierra y comenzaron a construir.

Mi esposa y yo fuimos al lugar cada día durante todo el proceso de construcción. A veces íbamos dos veces al día. Estábamos muy emocionados; no podíamos esperar a que se construyera la siguiente faceta de la casa. Aquellos pocos meses parecieron durar años, y los días parecían durar semanas, debido a la anticipación de que se añadiera algo nuevo a nuestra casa a medida y la última expectativa de mudarnos algún día allí. ¡Nos sorprendía observar que lo que habíamos bosquejado en una hoja de papel en blanco cobraba vida delante de nuestros propios ojos!

Bien, creo que la alegre anticipación que sentimos se parece bastante a las emociones y la anticipación de Dios por la casa de sus sueños. Pero Él ha estado esperando mucho más que algunos meses. De hecho, Dios ha estado esperando que se complete desde la fundación del mundo.

En la tierra, nosotros con frecuencia ponemos nombres a hogares especiales. Por ejemplo, el hogar de la reina de Inglaterra es el palacio de Buckingham. En Estados Unidos nuestro presidente vive en la Casa Blanca. La casa del actor Michael Douglas en Bermudas es Longlands. La casa del difunto George Harrison, anterior Beatle, es Friar Park. La casa del actor Nicholas Cage es Midford Castle. Lo que la mayoría de personas no entiende es que Dios comenzó esta tendencia de poner nombres a las casas mucho antes que ninguno de nosotros. Él se refiere a su casa eterna, que sigue estando en construcción, como Sión. Como el salmista escribe:

> El Señor ha escogido a *Sión*;
> su deseo es hacer de este monte su morada:
> Éste será para siempre mi lugar de reposo;
> aquí pondré mi trono, porque *así lo deseo* (Salmos 132:13-14, NVI).

Observemos que Dios desea esta casa. En otras palabras, Él la está anticipando con anhelo, al igual que Lisa y yo anticipábamos con tanto anhelo nuestra nueva casa a medida. Otras escrituras nos dicen que la casa llamada Sión ha estado en el corazón de Dios durante incontables generaciones: "Por cuanto Jehová habrá edificado a Sion" (Salmos 102:16); "[Jehová] habita en Sion" (Salmos 9:11); y "De Sion, perfección de hermosura, Dios ha resplandecido" (Salmos 50:2).

Cuando usted construye una casa, comienza con los cimientos. Escuchemos las palabras de Isaías: "¡Yo pongo en *Sión* una piedra probada!, piedra angular y preciosa para un *cimiento* firme" (Isaías 28:16, NVI). ¿Cuál (o más precisamente, quién) es ese cimiento angular? Nadie más que el amado Hijo de Dios: Jesucristo. Según Isaías, Jesús es parte del material de construcción de la casa eterna de Dios: Sión. De hecho, como la piedra angular, Él es la parte más importante.

La Palabra de Dios declara: "vosotros también, como piedras vivas, sed edificados como casa espiritual" (1 Pedro 2:5). La casa a la que Pedro se refiere, desde luego, es Sión. Se hace referencia figuradamente a Jesús como *una piedra*, y nosotros también lo somos. Somos "piedras vivas", y Él es la piedra angular. Junto con Jesús, ¡los cristianos son los materiales de construcción que constituyen la casa en la que Dios va a habitar para siempre!

> Son miembros de la familia de Dios. Juntos constituimos su casa, la cual está edificada sobre el fundamento de los apóstoles y los profetas. Y la piedra principal es Cristo Jesús mismo. Estamos cuidadosamente unidos en él y vamos formando un templo santo para el Señor. Por medio de él, ustedes, los gentiles, también llegan a formar parte de esa morada donde Dios vive mediante su Espíritu (Efesios 2:19-22, NTV).

LOS SUBCONTRATISTAS

Nosotros no sólo constituimos el material de construcción de la casa, sino que también se hace referencia a nosotros como trabajadores (véase 1 Corintios 3:9). Un término más contemporáneo sería el de "subcontratistas" (o en la jerga de la construcción "subs"). ¿Quiénes son los subs? Son los fontaneros, electricistas, carpinteros, instaladores de aislamiento, albañiles... y la lista continúa. Ellos son las personas que realmente construye la casa. Cuando Robert construyó nuestra casa, él no clavó ni un solo clavo en la casa, no puso ni un solo ladrillo, no cortó ni un sólo pedazo de madera. No, los subs hicieron todo ese trabajo.

Por tanto, si los subs son quienes realmente construye en la casa, ¿cuál es el trabajo del constructor? La respuesta tiene tres aspectos. En primer lugar, el constructor diseña la casa. Dios, como el constructor de su propia casa, diseñó su plan maestro en el pasado distante. El apóstol Pablo escribe: "según nos escogió en él antes de la fundación del mundo" (Efesios 1:4). Hebreos nos dice: "las obras suyas estaban acabadas desde la fundación del mundo" (4:3). La casa de Dios estaba totalmente planeada antes de que Adán fuese creado. ¡Increíble!

En segundo lugar, el constructor ordena los materiales a utilizar en la construcción de la casa. ¿No se alegra de que Dios nos ordenase a nosotros? Por eso Él dice: "Antes que te formase en el vientre te conocí, y antes que nacieses te santifiqué" (Jeremías 1:5). Pablo nos dice: "nos escogió en él antes de la fundación del mundo" (Efesios 1:4).

La tercera responsabilidad del constructor es organizar a los subs. Este es un aspecto crítico del proyecto, porque el enyesador no debe llegar antes que el fontanero o el electricista. El instalador del piso no debe llegar antes de quienes ponen el techo o los pintores. Si los subs no son organizados para trabajar en la secuencia adecuada, el caos es inevitable.

Las casas actuales normalmente no tienen un "subcontratista jefe", pero la casa de Dios sí lo tiene. ¿Quién cree que es el subcontratista jefe que edifica la casa a medida de Dios? Así es: Jesucristo. Gálatas 4:4 dice: "Pero cuando vino el cumplimiento del tiempo, Dios envió a su Hijo". Dios el constructor organizó que Jesús, la piedra angular y el subcontratista jefe, llegase en el momento correcto en la construcción de Sión.

Con respecto a su obra como subcontratista jefe, Jesús cumplió su tarea perfectamente. ¡Él sin duda alguna terminó bien! En la última cena, Él pudo decir a su Padre humildemente y confiadamente: "he acabado la obra que me diste que hiciese" (Juan 17:4). Jesús terminó su obra como subcontratista principal en la construcción de Sión.

¿Y qué de usted y de mí? ¿Qué dice la Palabra de Dios sobre nuestro papel como subcontratistas que edifican la casa de Dios?

Se nos dice: "Porque somos hechura de Dios, creados en Cristo Jesús para buenas obras, las cuales Dios dispuso de antemano a fin de que las pongamos en práctica" (Efesios 2:10, NVI). Observemos que fuimos creados en Cristo "para buenas obras". En otras palabras, no fuimos creados solamente para ser alguien, sino que también fuimos creados en Cristo para hacer algo. Preste mucha atención ahora: en años recientes ha habido un desequilibrio de enseñanza en el Cuerpo de Cristo con respecto a esto. Hemos hecho un fuerte hincapié en quiénes somos en Cristo, lo cual es importante, pero lo hemos enfatizado en detrimento *de lo que fuimos creados para hacer en Cristo*. Este desequilibrio ha creado dos importantes problemas.

En primer lugar, ha producido una Iglesia muy letárgica en el mundo occidental. La mayoría de creyentes asisten a la iglesia una vez por semana, y muchos ni siquiera con esa frecuencia. Quedamos enredados en avanzar en nuestros empleos, buscar una buena vida social, comprar los últimos aparatos de moda, pagar la casa, educar a los hijos, ahorrar para su educación y tener un nido de seguridad para la jubilación. Todo esto se convierte en nuestra motivación en lugar de serlo el cumplimiento de nuestra comisión personal de parte de Dios. Demasiados de nosotros somos ignorantes del hecho de que tenemos una "obra" eterna que terminar.

Piense en esto: ¿cómo pudo decir Pablo "he terminado la carrera" (2 Timoteo 4:7) si no conocía su camino? Permítame explicarlo. Si practicó el campo a través (carrera de larga distancia) en la secundaria, sabrá que todos los participantes ven un mapa del curso antes de la carrera. Si usted corre una carrera de larga distancia y no conoce el curso planeado, podría correr y correr hasta desplomarse y que sus compañeros de equipo le llevaran a su casa. Pero seguiría sin saber si terminó la carrera. La única manera de poder decir honestamente y de modo preciso que terminó la carrera es si usted conociera y hubiese terminado el curso planeado de antemano. Al igual que Jesús, Pablo estaba diciendo: "He acabado la obra que me diste que hiciese".

¿Cómo podemos terminar nuestra carrera cuando estamos únicamente enfocados y consumidos por los asuntos cotidianos? ¿Cómo podemos conocer la obra de Dios para nosotros cuando nuestra relación principal con Él es un solo y breve servicio el domingo cada semana? ¿Cómo podemos posiblemente conocer su plan si no le buscamos diariamente y con diligencia?

El segundo problema creado por nuestro énfasis desequilibrado en *ser* por encima de *hacer* es que da a muchos cristianos la impresión de que solamente quienes están en el ministerio a tiempo completo tienen un llamado genuino en sus vidas. ¡Eso son tonterías! Todo hijo de Dios, hombre o mujer, joven o viejo, tiene un llamado celestial, y ese llamado es ser un subcontratista fiel en edificar la casa a medida de Dios. La Nueva Traducción Viviente de la Biblia lo expresa de manera hermosa, aseverando que fuimos creados en Cristo Jesús "a fin de que hagamos las cosas buenas que preparó para nosotros tiempo atrás" (Efesios 2:10).

Dios le dio el privilegio de servirle como uno de los subcontratistas que edifican Sión, su hogar eterno. No es una casa hecha de ladrillos y cemento o de madera y estuco. Es una casa hecha sin manos, una casa viva compuesta por hijos e hijas reales. Como muchos subcontratistas en la actualidad, puede que usted no pueda ver (aún) el modo en que el llamado en su vida complementa el diseño general de la casa de Él, porque solamente Él ve eso como constructor principal. Nuestra contribución tendrá todo el sentido algún día en el futuro cuando la casa de Dios sea completada y, juntamente con Él, disfrutemos de su presencia allí por toda la eternidad.

Cuando Robert organizó a los subs para construir nuestra casa, dio a cada uno de ellos una parte personalizada de los planos y los esquemas. Les entregó exactamente lo que quería que hicieran. Él conocía el plan general; ellos conocían solamente su parte, y se esperaba que hicieran solamente su parte. Ellos no llegaron al lugar e hicieron simplemente lo que sentían que era necesario o lo que les parecía bien; siguieron el plan que había sido preparado de antemano por el constructor.

Dios planeó el de antemano el mejor camino para usted, para mí, para todos los que confían en Cristo Jesús como Salvador y Señor (Efesios 2:10). Al igual que los subs que construyeron nuestra casa, cada uno de nosotros tiene un papel concreto e importante en la construcción de la casa eterna de Dios. Ninguna tarea es más o menos importante que otra. Dios quiere que su casa termine exactamente tal como Él la preparó, y eso hace necesario que cada uno de nosotros haga su parte, y que la haga bien.

LA RECOMPENSA O LA PÉRDIDA DEL CONSTRUCTOR

Ahora puede entender mejor por qué en las Escrituras con frecuencia se hace referencia a nosotros como constructores. El salmista escribe: "La piedra que desecharon los constructores ha llegado a ser la piedra angular" (118:22, NVI). Pedro, como observamos anteriormente, afirma que todos los creyentes son piedras en la casa de Dios, pero entonces cambia de *quiénes somos a lo que somos llamados a hacer* en Cristo, refiriéndose figuradamente a nosotros como constructores (o subcontratistas) de la casa de Dios: "vosotros también, como piedras vivas, sed edificados como casa espiritual...La piedra que los edificadores desecharon, ha venido a ser la cabeza del ángulo" (1 Pedro 2:5, 7).

En las palabras de Pedro vemos que los obedientes son los fieles y verdaderos subcontratistas que construyen la casa de Dios, mientras que quienes no obedecen la Palabra (el diseño y los planos de Dios) en realidad están trabajando en contra del objetivo final.

Con esto en mente, estamos preparados para examinar la descripción del apóstol Pablo del proceso y la recompensa:

> Aunque cada uno recibirá su *recompensa* conforme a su labor.
> Porque nosotros somos colaboradores de Dios, y vosotros
> sois...edificio de Dios. Conforme a la gracia de Dios que me
> ha sido dada, yo como *perito arquitecto* puse el fundamento,
> y *otro* edifica encima; pero *cada uno* mire cómo sobreedifica.

Porque nadie puede poner otro fundamento que el que está
puesto, el cual es Jesucristo (1 Corintios 3:8-11).

En primer lugar y sobre todo, observemos en la primera frase que
Dios nos habla a nosotros sobre una recompensa o premio. Tenga esto
en mente a medida que continuamos profundizando en este pasaje de
1 Corintios.

Pablo ha puesto el fundamento. Sus cartas fueron escritas hace
casi dos mil años y se siguen utilizando en la actualidad como la base
confiable con respecto a cómo hemos de vivir en Cristo. Los primeros
subcontratistas que construyeron nuestra casa en Florida fueron los que
pusieron los cimientos. Cuando su trabajo estuvo terminado, todos los
demás subcontratistas llegaron y construyeron sobre el cimiento de
cemento que aquellos subs originales establecieron.

Pablo continúa: "Y si sobre este fundamento alguno edificare oro,
plata, piedras preciosas, madera, heno, hojarasca" (3:12). El oro, la plata
y las piedras preciosas se refieren a lo eterno, mientras que la madera, el
heno y la hojarasca se refieren a lo temporal. En cada momento de la
vida tenemos una elección: podemos construir para lo eterno o para lo
temporal. Cuando nuestra motivación es ganar dinero, hacernos popu-
lares, ayudar a las personas únicamente para nuestro beneficio personal,
ascender por la escalera del éxito a fin de ser importantes y otros enfo-
ques egoístas, estamos construyendo para lo temporal. Pero cuando
nuestro enfoque está en construir el Reino de Dios y su casa llevando
la Palabra eterna y la provisión de Dios a quienes lo necesitan, estamos
construyendo para lo eterno.

Pablo continúa: "la obra de cada uno se hará manifiesta; porque el
día la declarará, pues por el fuego será revelada; y la obra de cada uno
cuál sea, el fuego la probará" (3:13).

El fuego probará nuestra obra, pero también probará los motivos
y las intenciones que hay detrás de nuestra obra (véase 1 Corintios 4:5).
Cuando usted prende fuego a la madera, el heno y la hojarasca, el
fuego los devora; sin embargo, ponga el mismo fuego bajo el oro, la
plata o las piedras preciosas, y se volverán más puros y más hermosos.
Son probados y refinados. Ahora llega la recompensa: "Si permane-
ciere la obra de alguno que sobreedificó, recibirá recompensa. Si la obra
de alguno se quemare, él sufrirá pérdida, si bien él mismo será salvo,
aunque así como por fuego" (3:14-15).

Observemos que usted, el constructor, ¡recibirá recompensa si termina bien! Sin embargo, si hace trabajo que está fuera de línea con la
Palabra de Dios, si sus motivos son egoístas, desobedientes u orgullosos,
entonces su obra se quemará. Como creyente en Cristo, usted entrará

en el cielo, pero no habrá recompensa alguna de una labor duradera. ¡Fuertes palabras de advertencia para todos nosotros!

A medida que seguimos desgranando este pasaje, recordemos que Pablo no se está dirigiendo a un individuo sino a toda la Iglesia:

> ¿No sabéis que sois templo de Dios, y que el Espíritu de Dios mora en vosotros? Si alguno destruyere el templo de Dios, Dios le destruirá a él; porque el templo de Dios, el cual sois vosotros, santo es. Nadie se engañe a sí mismo" (3:16-18).

¡De nuevo palabras fuertes! Esto debería despertar un temor santo en cualquiera que pensase en tratar mal o inducir a error a la casa de Dios o la novia de Cristo: la Iglesia. Considere esto como una fuerte advertencia contra tratar mal a nadie, incluso el más pequeño "ladrillo" de la casa de Dios, o lo que denominaríamos "el último de los santos".

LA RECOMPENSA DEL SUBCONTRATISTA

Pablo concluye: "Nadie se engañe a sí mismo" (3:18). Desgraciadamente, algunos cristianos no han terminado fuertes porque se desviaron del curso para seguir el encanto de la autosatisfacción. Se alejaron de construir la casa de Dios para gloria de Él y siguieron una gloria que se desvanece, buscando la efímera aprobación de los hombres o las riquezas de este mundo que un día se quemarán.

¡No se engañe! Permanezca enfocado; tiene usted una tarea que hacer en Cristo. Su trabajo debe ser terminado tal como Dios lo diseñó originalmente, pues si no el trabajo que usted debiera haber hecho será sustituido.

La Nueva Traducción Viviente subraya este punto crucial:

> Por la gracia que Dios me dio, yo eché los cimientos como un experto en construcción. Ahora otros edifican encima; pero cualquiera que edifique sobre este fundamento tiene que tener mucho cuidado. Pues nadie puede poner un fundamento distinto del que ya tenemos, que es Jesucristo. El que edifique sobre este fundamento podrá usar una variedad de materiales: oro, plata, joyas, madera, heno u hojarasca; pero el día del juicio, el fuego revelará la clase de obra que cada constructor ha hecho. El fuego mostrará si la obra de alguien tiene algún valor. Si la obra permanece, ese constructor recibirá una recompensa, pero *si la obra se consume, el constructor sufrirá una gran*

pérdida. El constructor se salvará, pero como quien apenas se escapa atravesando un muro de llamas (1 Corintios 3:10-15).

Si nuestra obra no pasa la norma de inspección de Dios, entonces nuestra parte del edificio se desmoronará. Nadie quiere que su trabajo quede derribado, ¡especialmente cuando es un trabajo que hemos hecho para el Creador del universo!

Recuerdo cuando un subcontratista no hizo un buen trabajo en nuestra casa; no realizó su trabajo según los planos que Robert le había dado. Ya que Lisa y yo íbamos al lugar de construcción cada día, fuimos los primeros en observar el problema. Yo llamé a Robert, y él y yo nos reunimos en el lugar. Él estaba furioso. Aquel subcontratista en particular no era uno de sus subs habituales, así que Robert le despidió de inmediato. Ese hombre perdió su recompensa. No sólo perdió su salario, sino que también perdió las buenas credenciales de estar entre aquellos que participaban en la construcción de nuestra hermosa casa.

Yo vi a Robert derribar el trabajo que ese hombre había hecho; después contrató a otro sub que llegó e hizo el trabajo exactamente como Robert había especificado en los planos. Ese hombre recibió la recompensa, tanto en su salario como en su satisfacción de saber que había contribuido positivamente a la construcción de una casa tan hermosa.

Las Escrituras nos dicen que este principio es incluso más verdadero en la construcción de la casa de Dios. Estarán aquellos cuyo trabajo temporal (o incluso el trabajo de toda su vida) no permanecerá. Será derribado y no será parte del hogar eterno.

Permita que le ayude a imaginar la gravedad de esto. Como yo iba al lugar donde se construía mi casa diariamente, los subs llegaron a conocerme bastante bien. Ellos me llamaban "el predicador". Cuando llegaba allí cada día, su música rock estaba a todo volumen. Al verme, uno de los sub acudía rápidamente al reproductor de música y lo apagaba. Yo sonreía en mi interior debido a la reverencia que ellos tenían por las cosas de Dios. Entonces charlábamos durante un rato. Mantuve algunas conversaciones estupendas con aquellos hombres, incluso grandes oportunidades ministeriales.

Recuerdo un día en que los subs hablaron conmigo sobre algunas de las casas magníficas en las que habían participado en su construcción. Resplandecían mientras hablaban de sus contribuciones; se podía ver la enorme satisfacción que ellos atesoraban por haber sido parte de trabajos tan gloriosos.

Llevemos esto un paso más allá. ¿Puede imaginarse cómo se sentían los subs que construyeron la Casa Blanca en Washington, D.C.? Imagine el día en que sus propios hijos llegaron a casa de la escuela y anunciaron con entusiasmo un viaje programado para ver la casa más famosa de todo el país. ¿Puede imaginarse el enorme placer y satisfacción que papá experimentó cuando le contó a su emocionado hijo su participación personal en la construcción de aquella casa? ¿Puede imaginarse los sentimientos de papá cuando acompañó a la clase de su hijo a la Casa Blanca? ¿Cómo se sintió al ver el orgullo en la expresión de su hijo cuando los otros niños descubrieron que el papá de su compañero de clase ayudó a construir la real casa en la que reside el presidente de los Estados Unidos? ¿Puede imaginarlo?

¡Lo mismo es cierto para nosotros con la casa de Dios! Sin embargo, no estamos trabajando en una casa que será derribada y sustituida dentro de cientos de años. Estamos trabajando en la casa que será el enfoque central de todo el universo para siempre jamás. Oh, sí, escuche las palabras del profeta Miqueas:

> Acontecerá en los postreros tiempos que el monte de la casa de Jehová será establecido por cabecera de montes, y más alto que los collados, y correrán a él los pueblos. Vendrán muchas naciones, y dirán: Venid, y subamos al monte de Jehová, y a la casa del Dios de Jacob; y nos enseñará en sus caminos, y andaremos por sus veredas; porque de Sion saldrá la ley, y de Jerusalén la palabra de Jehová (Miqueas 4:1-2).

Los asuntos del universo girarán todos ellos en torno a esta casa. La sabiduría y las leyes que gobiernen toda la creación saldrán del liderazgo en esta casa. Y quizá el hecho más increíble: la casa de Dios, Sión, será tan hermosa dentro de diez trillones de años como lo será el primer día de su finalización.

> Estamos trabajando en la casa que será el enfoque central de todo el universo para siempre jamás.

Hay un gran ministro del evangelio que fue fiel hasta el final. Ministró de modo eficaz por más de sesenta años y entró en su recompensa cerca de la llegada del milenio. Aproximadamente un año después de su partida, yo viajé a una iglesia grande en la región central, donde el líder de alabanza me dijo que Dios le había dado un vívido sueño. En ese sueño, él estaba en el cielo y vio a este gran ministro que había terminado bien. Con una gran sonrisa, el ministro le dijo al líder de alabanza: "Es mucho mejor de lo que había imaginado nunca". Conversaron durante algunos minutos, y entonces el ministro se giró y señaló la obra de la que él era parte en Sión. Era masiva. El impacto de la fidelidad de ese hombre llegó mucho más lejos de lo que él había soñado mientras estaba en la tierra, y estaba justamente delante de él. Él pudo mostrar su obra, al igual que aquellos subs de la construcción que hablaban de su trabajo en las casas que habían ayudado a construir. ¡Qué recompensa! ¡Qué premio!

¿Puede imaginarse, por toda la eternidad, ser capaz de mostrar a sus descendientes, a las naciones y a las multitudes de personas que lleguen a contemplar la gloriosa casa de Dios *su parte* en la construcción de la casa de Él?

Es un pensamiento glorioso, ¿verdad? ¡Qué recompensa tan increíble que esperar! ¡Qué motivación para asegurarnos de terminar bien!

Ahora consideremos el lado contrario. ¿Puede imaginarse no tener ninguna representación de su trabajo en la casa llamada Sión porque usted no terminó bien? ¿Puede imaginarse a sus ancestros, descendientes y naciones que llegan a contemplar lo que usted hizo, pero no tiene nada que enseñarles toda la eternidad porque su parte fue derribada y sustituida por otra persona que fue fiel? Qué pérdida eterna, tal como Pablo dijo en 1 Corintios 3.

Oh, querido santo, no quiero eso para usted. Dios no quiere eso para usted. Lo triste es que eso les sucederá a muchos creyentes; pero usted puede decidir en este momento que no será una de las personas a las que le suceda. Preste atención a las palabras de Juan: "Tengan cuidado de no perder lo que hemos logrado con tanto trabajo. Sean diligentes para que reciban una recompensa completa" (2 Juan 1:8, NTV).

El Señor mismo ha diseñado una manera en que cada uno de sus hijos tenga la oportunidad de recibir la recompensa completa de haber formado parte en la construcción del hogar eterno de Dios. Su trabajo nunca se desvanecerá, nunca envejecerá, nunca tendrá que ser sustituido. Será admirado por miles de millones de personas y ángeles para siempre jamás.

Y esta es sólo la primera recompensa o premio que recibiremos por una fidelidad y obediencia implacables a nuestro Señor. Por magnífica que sea esta motivación, hay otro premio incluso mayor. Lo descubriremos en el siguiente capítulo.

17

CERCA DEL REY

Tengan cuidado de no perder lo que hemos logrado
con tanto trabajo. Sean diligentes para que reciban
una recompensa completa.

2 JUAN 1:8, NTV

L a adversidad es inevitable. El incentivo correcto nos mantendrá
corriendo nuestra carrera de modo implacable mientras que otros
que carecen de motivación se tambalearán, o incluso tirarán la
toalla. La motivación es crucial para terminar bien.

El primer premio es la recompensa de ser testigo de su trabajo en
la casa a medida de Dios a lo largo de la eternidad y saber que su trabajo fue digno de que Él dijese: "Bien hecho". La segunda recompensa
es un poco más obvia, y tiene que ver con lo cerca que estaremos relacionados con Jesús por toda la eternidad.

UNA RELACIÓN MÁS
CERCANA CON EL REY

A lo largo de mis años de viajes y de comunicarme con creyentes en todo
el mundo, a veces me pregunto si la mayoría de cristianos occidentales
creen que Dios es socialista. La percepción de muchos creyentes es que
Él recompensará a todos igualmente, y que todos tendremos la misma
autoridad, responsabilidad y honor en el cielo nuevo y la tierra nueva.
Erróneamente, no entienden esta verdad: aunque la redención de Dios
es igual para todos y no está basada en nuestras obras y nuestro desempeño, Él recompensa nuestra fidelidad según como hayamos obedecido,
perseverado y permanecido fieles a su Palabra.

Nuestra mayor recompensa por terminar bien, un premio incluso
mayor que el que exploramos en el capítulo anterior, es lo cerca que

estaremos relacionados con Jesús por toda la eternidad. No hay nada más magnífico que estar de manera cercana e íntima con Aquel a quien amamos y adoramos. Las Escrituras ofrecen evidencia conclusiva de esto. Una de esas referencias es a un grupo de vencedores que tendrán el privilegio de seguir "al Cordero por dondequiera que va" (Apocalipsis 14:4). Qué privilegio y honor: ¡seguir a Jesús dondequiera que Él va por toda la eternidad!

Esta verdad también se ve con claridad en los Evangelios. Hacia el final del ministerio terrenal de Jesús, la madre de dos de sus discípulos se acercó con una petición: "El le dijo: ¿Qué quieres? Ella le dijo: Ordena que en tu reino se sienten estos dos hijos míos, el uno a tu derecha, y el otro a tu izquierda" (Mateo 20:21).

Desde luego, el mayor lugar de honor sería estar al lado de Jesús, que está sentado al lado del Padre. ¡No podría haber lugar mejor donde estar! La Biblia identifica a poderosos ángeles, llamados serafines, que están muy cerca del trono de Dios (véase Isaías 6:1-6). Ellos continuamente claman el uno al otro: "¡Santo, santo, santo es el Señor!". Los cristianos cantan un himno sacado de sus palabras. Sin embargo, ellos no cantan tanto a fin de que Dios se sienta bien consigo mismo. No, ¡ellos responden a lo que ven! En cada momento es revelada otra faceta de la grandeza de Él, y lo único que ellos pueden hacer es gritar "¡Santo!". De hecho, tan apasionados son sus gritos que los postes de las puertas de un auditorio que acomoda a miles de millones de ángeles y santos en el cielo son conmovidos por sus voces.

Estos poderosos ángeles no resienten su lugar continuado. No están pensando secretamente: *Hemos estado haciendo esto durante tres trillones de años ya. Estamos un poco cansados. Sería lógico que Dios trajese alguien aquí que ocupase nuestro lugar para que nosotros pudiéramos tener un descanso y posiblemente explorar otras partes del cielo o del universo.*

¡De ninguna manera! Los ángeles del cielo no quieren estar en ningún otro lugar. No hay lugar en todo el universo mejor que al lado de Dios, contemplando su grandeza y oyendo su sabiduría. Para decirlo con sencillez, no hay nada en toda la creación más espectacular que el Creador. Debemos recordar que no hay nada oculto de su vista, de modo que cuando usted está cerca de Él puede ver todas las cosas desde su punto de vista aventajado. Para poner un ejemplo sin duda débil, imagínese mirar con un telescopio al espacio exterior mientras está sentado al lado de Albert Einstein, Neil Armstrong y Sir Isaac Newton. ¡Vaya, qué perspectiva obtendría! Entiendo que esto ni siquiera se acerca a ver las cosas desde la perspectiva de Dios, pero estoy seguro de que entenderá lo que quiero decir.

Un ministro al que conozco fue llevado al cielo. Él compartió
que mientras estuvo allí sentía un insaciable anhelo de estar en la sala
del trono. Y todos en el cielo sentían lo mismo: todos querían estar
tan cerca de Dios como fuese posible. Mi amigo exclamó que el cielo
era mucho más hermoso que cualquier cosa que él hubiera imaginado
nunca, pero nada en el cielo era más deseable que el Señor mismo.

Regresemos a la petición de la madre de Santiago y Juan. Jesús
respondió: "pero el sentaros a mi derecha y a mi izquierda, no es mío
darlo, sino a aquellos para quienes está preparado por mi Padre" (Mateo
20:23). Ahora debemos preguntar: ¿Hay verdaderos lugares de honor
otorgados en el cielo? O Jesús estaba más o menos diciendo: "Oigan,
no piensen en lugares de honor. ¿Por qué ni siquiera pensarían en quién
va a estar más cerca de mí y de mi Padre? Usted y sus hijos tan sólo
deberían vivir su vida para Dios. Un día todo se aclarará y Dios dará a
cada cristiano lugares de honor iguales. Todo se basa en lo que yo hago,
no en lo que ustedes hacen, así que no se preocupen por eso".

Para responder esta pregunta debemos ver otra pregunta planteada
a Jesús con respecto a la próxima vida. Un día los saduceos acudieron
a Él, queriendo ver si podían arrinconarle teológicamente. Había siete
hermanos, comenzaron los saduceos. El mayor se casó con una mujer
y murió sin tener hijos. El segundo hermano se casó con ella, pero
tampoco tuvo hijos; y así sucedió, uno tras otro, hasta que cada uno
de los siete hermanos la tomaron como esposa. Los saduceos entonces
preguntaron: "En la resurrección, pues, ¿de cuál de ellos será mujer?".

La respuesta de Jesús fue distinta a su respuesta a la madre de sus
discípulos. Él dijo: "El matrimonio es para las personas aquí en la tierra".

Mas los que fueren tenidos por dignos de alcanzar aquel siglo
y la resurrección de entre los muertos, ni se casan, ni se dan en
casamiento. Porque no pueden ya más morir, pues son iguales
a los ángeles, y son hijos de Dios, al ser hijos de la resurrección
(Lucas 20:35-36).

Por tanto, Jesús corrigió a los saduceos, y después les dijo exactamente cómo sería considerado el matrimonio del cielo. Sin embargo,
no corrigió a la madre de Santiago y Juan con respecto a la precisión de
lo que ella había pedido. De hecho, Él le aseguró que habría posiciones
mayores de honor en el cielo y que serían las que estuvieran más cerca
de Él. Esas posiciones son otorgadas por Dios Padre en el juicio. Otras
escrituras muestran que serán otorgadas posiciones de honor a quienes
terminen bien la carrera: a los creyentes implacables.

Un tipo de las cosas por venir

Esta verdad también se ve en el libro de Ezequiel. Aunque se hace referencia aquí a los *sacerdotes* del Antiguo Testamento, Ezequiel proporciona una perspectiva profética, un anuncio, de cómo será la vida en el gran templo de Sión, la casa eterna de Dios.

> Por medio del profeta Ezequiel, Dios habla de los levitas: los sacerdotes del Antiguo Testamento. ¿Cómo se relaciona esto con nosotros? El apóstol Juan nos dice:

Al que nos amó, y nos lavó de nuestros pecados con su sangre, y nos hizo reyes y sacerdotes para Dios, su Padre; a él sea gloria e imperio por los siglos de los siglos. Amén (Apocalipsis 1:5-6).

> ¿Ve el hincapié que he hecho la palabra sacerdotes? Los cristianos, que son nacidos del Espíritu, ahora son sacerdotes para nuestro Dios para siempre. Escuche las palabras de Dios:

Y los levitas [sacerdotes] que se apartaron de mí cuando Israel se alejó de mí, yéndose tras sus ídolos, llevarán su iniquidad. Y servirán en mi santuario como porteros a las puertas de la casa y sirvientes en la casa; ellos matarán el holocausto y la víctima para el pueblo, y estarán ante él para servirle (Ezequiel 44:10).

Los "ídolos" es una referencia a la idolatría de Israel. La idolatría en nuestra sociedad con frecuencia no adopta la forma que tenía en la época de ellos, pero es igual de horrible ante los ojos de Dios. Se nos dice: "No sean avaros, pues la persona avara es idólatra porque adora las cosas de este mundo" (Colosenses 3:5, NTV). La idolatría se produce cuando deseamos intensamente las cosas atractivas de esta vida. En nuestra cultura occidental en la actualidad, la idolatría es la prioridad y la búsqueda de ascenso, dinero, cosas materiales, estatus, popularidad, placer, fama o cualquier otra manifestación de envidia o ambición egoísta. Un ídolo es cualquier cosa que amamos o deseamos más de lo que amamos o deseamos a Dios. Es algo o alguien a quien damos nuestra fortaleza o de la que obtenemos nuestra fortaleza.

La idolatría puede mostrarse prácticamente en cualquier área de la vida, incluso en algo tan básico como comer. Hay numerosos cristianos que son avaros de comida. Cuando están tristes, comen; cuando están felices, comen; si sabe bien

> **La idolatría puede mostrarse prácticamente en cualquier área de la vida.**

se lo comen, independientemente de cuál sea el valor nutritivo. Ingieren pura basura en sus cuerpos debido a que desean el placer efímero del gusto. Nunca pondrían aceite usado o gasolina sucia en su auto, pero han abandonado la razón cuando se trata de la calidad y la cantidad de los alimentos que ingieren. Han hecho de la comida un ídolo. Debido a que obtienen su fortaleza de la sensación temporal del gusto y de un estómago lleno, dan su fortaleza a esa sensación.

La idolatría también puede encontrarse en el deseo de una persona de ser conocida. Hay quienes harán cualquier cosa para obtener una posición de "honor" en la iglesia, en su trabajo o en la sociedad. Murmurarán, calumniarán, engañarán, mentirán o pondrán en un compromiso la integridad para obtener un lugar de reconocimiento, posición o autoridad. Incluso si no participan en tales prácticas, hacen un dios de su búsqueda de posición. Obtienen su fortaleza de la popularidad, el estatus y la fama; por consiguiente, dan fortaleza a todo eso.

Un ídolo le robará su fidelidad implacable. Le robará la fuerza que necesita para correr la carrera con fidelidad hasta el final.

En el pasaje anterior en Ezequiel, Dios está hablando de esos creyentes que dejaron la búsqueda de Él para seguir cosas que no producen satisfacción duradera. Esos ídolos puede que nos agraden a corto plazo, pero nunca pueden satisfacernos a largo plazo. Dios afirma que los idólatras pagarán por todo lo que hicieron mal. Pagarán al ver su recompensa quemada; serán salvos, pero apenas. Pertenecerán a su casa, pero como sirvientes que hacen trabajo de poca importancia y ayudan en las tareas de la casa.

Debemos recordar que Dios también nos está hablando a nosotros, en el aquí y el ahora. Él no quiere que usted y yo nos perdamos todas las riquezas que tiene preparadas para nosotros. El cielo va a ser mucho mejor de todo lo que podamos imaginar; nada en la tierra se compara con su esplendor. Sin embargo, habrá estatus en el cielo, lugares de mayor honor y otros de mucho menos honor. Cualquier posición en la casa de Dios es mucho mejor que cualquier cosa aquí en la tierra, porque incluso David afirma: "Escogería antes estar a la puerta de la casa de mi Dios, que habitar en las moradas de maldad" (Salmos 84:10). La Nueva Traducción Viviente lo expresa con las siguientes palabras:

> Un solo día en tus atrios, ¡es mejor que mil en cualquier otro lugar! Prefiero ser un portero en la casa de mi Dios que vivir la buena vida en la casa de los perversos.

David está diciendo: "¡Prefiero ser un mero sirviente en la casa de Dios que estar en cualquier otro lugar!". No hay lugar más deseable en todo el universo que la casa a medida de Dios, la residencia de su presencia muy tangible. Cualquier posición en Sión es mejor que cualquier cosa en ningún otro lugar.

Pero no pasemos por alto el punto que Dios establece aquí. Debido a que Él nos ama tanto, intenta alertarnos de la potencial tristeza que podríamos experimentar si no llegamos a lo mejor de lo mejor: la recompensa de estar más cerca y trabajar más cerca de Dios mismo por toda la eternidad. Habrá lágrimas en el juicio del creyente, y se nos asegura que "enjugará Dios toda lágrima de los ojos de ellos" (Apocalipsis 21:4). Pero el darnos cuenta de que utilizamos mal nuestro breve tiempo de vida, que nos situó para toda la eternidad, no se irá. Siempre sabremos que perdimos debido a que buscamos lo que no permanecía. Esta es la pérdida eterna de la que hablé extensamente en el capítulo anterior (véase 1 Corintios 3:12-15).

Por otro lado, oigamos lo que Dios sigue diciendo: "Mas los sacerdotes levitas hijos de Sadoc, que guardaron el ordenamiento del santuario cuando los hijos de Israel se apartaron de mí, ellos se acercarán para ministrar ante mí" (Ezequiel 44:15).

Aunque Dios se refiere concretamente a los sacerdotes del Antiguo Testamento en este versículo, se nos dice que son "sombra de lo que ha de venir" (Colosenses 2:17) y que "estas cosas les acontecieron como ejemplo" (1 Corintios 10:11). En muchas situaciones, los acontecimientos del Antiguo Testamento son tipos, sombras o ilustraciones de cosas que han de venir en edades futuras. Observemos las palabras *ministrar ante mí*. Una cosa es ser un sirviente en la casa, cepillando pisos como David estuvo dispuesto a hacer. ¡Pero otra cosa totalmente diferente es servir a Dios!

Yo era miembro de una iglesia de 8000 miembros cuando comencé el ministerio a tiempo completo en 1983. Esa iglesia era conocida no sólo en mi ciudad sino globalmente. Tuvimos una vez hasta 450 miembros en la plantilla. Yo fui contratado para ser ayudante ejecutivo del pastor y su esposa. Era un honor servirles. Yo era más privilegiado que otros miembros del equipo porque mi oficina estaba situada al lado de la de ellos, visitaba su casa frecuentemente, y con frecuencia me unía a ellos para comer o cenar con algunos de los mayores ministerios del mundo. Había veces en que estaba sentado asombrado; se me llenaban los ojos de lágrimas al pensar lo afortunado que era de estar tan cerca de aquellos grandes líderes.

Escuchaba sabiduría, pensamientos e ideas que los otros miembros de la plantilla no tenían el privilegio de escuchar. Veía perspectivas que me siguen guiando en la actualidad. Mi posición era el trabajo más deseado en toda la iglesia. Miembros de la plantilla frecuentemente me decían: "Eres muy afortunado por servir en la posición que tienes". Algunos preguntaban, con envidia: "¿Cómo conseguiste esa posición? ¿Qué hiciste para obtenerla?". Otros frecuentemente hablaban de quién ocuparía mi lugar si yo me iba algún día. Yo sabía que tenían razón: era la mejor posición dentro de la plantilla.

Ahora bien, ¿puede imaginarse este tipo de estatus privilegiado con Dios mismo? Los creyentes implacables, quienes hacen bien su trabajo y soportan la carrera hasta el final son quienes estarán cerca de la presencia de Dios en las edades por venir. Serán quienes se sienten en los lugares de honor. Como Dios dice en Ezequiel 44:28: "Y habrá para ellos heredad; yo seré su heredad".

¡Caramba! ¿Podría haber alguna otra recompensa o premio mejores? Quienes estarán cerca de Él, escucharán sus ideas, visiones y perspectivas, ayudándole a planear el futuro y en otros asuntos de liderazgo son quienes soportan con diligencia y fidelidad. Nos sentaremos y gobernaremos con Él para siempre. Le serviremos a Él directamente. ¡Qué promesa tan increíble!

Por tanto, leamos de nuevo la exhortación de Pablo:

> Todos los atletas se entrenan con disciplina. Lo hacen para ganar un premio que se desvanecerá, pero nosotros lo hacemos por un premio eterno. Por eso yo corro cada paso con propósito (1 Corintios 9:25-26, NTV).

Los atletas profesionales se entrenan rigurosamente y persisten hacia el premio del trofeo de la Super Bowl, la chaqueta verde del Masters', la Copa Stanley y la medalla de oro olímpica, ¡pero todo eso palidece en comparación con aquello por lo cual corremos! Por eso somos exhortados: "corramos con perseverancia la carrera que tenemos por delante" (Hebreos 12:1). La Nueva Traducción Viviente lo dice con claridad: "¡Así que corran para ganar!" (1 Corintios 9:24).

Ahora hágase la pregunta: *¿Son estas palabras más significativas ahora que he escuchado sobre los premios que me esperan?*

Creo que ya conoce usted su respuesta.

18

¡NUNCA SE RINDA!

Pero el que se mantenga firme hasta el fin será salvo.

MATEO 10:22, NVI

Nadie puede obligarle a rendirse; usted es el único que puede tomar esa decisión.

Así que no lo haga.

La recompensa por vencer, tanto en esta vida como en la siguiente, es mucho mayor que la adversidad o dificultad a la que se enfrenta. Como Jesús dijo: "el que se mantenga firme hasta el fin será salvo".

Nuestro Salvador anuncia un hecho muy triste que ocurrirá en estos últimos tiempos. "Muchos se apartaran", dice Él en Mateo 24:10 (NTV). Incluso pronunciar estas palabras debió de haberle roto el corazón. Personas a las que Él ama tan profundamente, por quienes ha entregado su vida para comprar su libertad y su éxito, se rendirán.

El triste hecho es que no tienen por qué hacerlo. Dios nos ha dado su poderosa gracia no sólo para ayudarnos a atravesar la dificultad sino también para salir más fuertes, más sabios y más fructíferos que antes de que entrásemos en el sufrimiento. Muchos se rendirán porque no tienen la perspectiva correcta. No están armados.

El rendirse adopta diferentes formas. La mayoría de las veces está arraigado en hacer concesiones: un antónimo de implacable. De la visión que conté en el primer capítulo, necesitamos imitar al hombre que remaba contra la corriente. Caminar con Dios, manifestar su Reino y distinguirnos para fama de Él implica moverse contra el flujo del sistema del mundo.

Debemos ser implacables en adherirnos a la sabiduría de Dios. Ceder no es una opción.

Difícil ser cristiano

Justamente antes de su martirio, el apóstol Pablo previó las difíciles corrientes de los últimos tiempos. "Ahora bien, ten en cuenta que en los últimos días vendrán tiempos difíciles", le escribió a Timoteo (2 Timoteo 3:1, NVI). Pablo había recibido treinta y nueve latigazos en cinco ocasiones diferentes, fue golpeado con palos tres veces, una vez apedreado y sufrió años en la cárcel. Se había enfrentado a la hostilidad y la persecución dondequiera que fue; sin embargo, ¡él profetizó que en nuestro período de tiempo será más difícil vivir para Dios! ¿Cómo podía decir eso después de haber experimentado una dificultad tan extrema en su vida? Él procede a explicarlo:

> La gente estará llena de egoísmo y avaricia; serán jactanciosos, arrogantes, blasfemos, desobedientes a los padres, ingratos, impíos, insensibles, implacables, calumniadores, libertinos, despiadados, enemigos de todo lo bueno, traicioneros, impetuosos, vanidosos y más amigos del placer que de Dios (2 Timoteo 3:2-4, NVI).

A primera vista podemos preguntar: "¿Qué quiere decir? ¿De qué modo esta lista de patrones de conducta anunciada para nuestra época difiere de la era de Pablo?". Ciertamente, esos rasgos de carácter también se encontraban en su sociedad. Las personas eran amadoras de sí mismas y del dinero, eran impías y poco perdonadoras, la lista completa. Pedro incluso había dicho el día de Pentecostés: "¡Sálvense de esta generación perversa!" (Hechos 2:40, NVI).

Por tanto, ¿por qué Pablo distingue a nuestra generación? ¿Por qué se ocupa de esas características al describir la época más difícil en la Historia en la cual caminar con Dios? El siguiente versículo proporciona la respuesta: "Actuarán como religiosos pero rechazarán el único poder capaz de hacerlos obedientes a Dios" (2 Timoteo 3:5, NTV).

La gran dificultad, dice Pablo, surge de los "creyentes" que ponen en un compromiso la verdad. Junto con otros escritores del Nuevo Testamento, el apóstol advierte de que, en nuestra época, un gran porcentaje de "cristianos nacidos de nuevo" profesantes no permanecerán fuertes en la gracia de Dios. Se aferrarán al hecho de que son salvos por gracia; sin embargo, rechazarán el poder de la gracia que podría apartarles como guerreros implacables del Reino.

Son quienes han dejado los remos; puede que estén apuntando corriente arriba, pero discurren con la corriente del sistema de este mundo. Para empeorar aún más las cosas, mi visión contenía grandes barcos llenos de esas personas. Su creencia unificada hace que el engaño sea incluso más fuerte y más convincente. No sólo se engañan a ellos mismos, sino que también hacen desviarse a otros y causan que muchas personas sinceras tropiecen. Esta es la dificultad de la que Pablo habla.

Al mirar atrás en la Historia, creo que la mayor batalla a la que se enfrentaron los padres de la Iglesia primitiva fue el legalismo. El legalismo intentaba situar de nuevo a los nuevos creyentes bajo la ley para ser salvos, en lugar de confiar en la gracia de Dios.

Actualmente luchamos una batalla diferente. Creo que la mayor batalla a la que nos enfrentamos en estos últimos días es la impiedad. La impiedad comunica una salvación sin expectativa de un estilo de vida cambiado. No vivimos de forma diferente como cristianos de como vivíamos antes de ser salvos, pero ahora somos parte de un club, llevamos la etiqueta, hablamos el idioma de nuestro club en nuestro barco que se dirige corriente abajo con el flujo de la corriente. Ya no somos implacables en nuestra confianza en Dios y nuestra obediencia a sus caminos.

Jesús advierte que en estos últimos tiempos "abundará el pecado por todas partes, y el amor de muchos se enfriará; pero el que *se mantenga* firme hasta el fin será salvo" (Mateo 24:12-13, NTV). Pero, un momento; el pecado abundaba cuando Jesús pronunció estas palabras. ¿Qué hace diferente a nuestra época? La alarmante realidad: no está hablando

> Creo que la mayor batalla a la que nos enfrentamos en estos últimos días es la impiedad.

de la sociedad en general; habla de aquellos que afirman seguirle a Él. Él testifica que el pecado abundará entre cristianos profesantes en nuestra época. ¿Por qué si no terminaría su afirmación con las palabras: "pero el que se mantenga firme hasta el fin será salvo"? No se le dice a un incrédulo: "Si terminas la carrera será salvo" porque esa persona ni siquiera está en la carrera. Sin embargo, usted le diría a alguien que ya está en la fe, que ya ha comenzado la carrera: "Si terminas...".

La palabra clave que Jesús utiliza es *mantenerse*. *Mantenerse* significa que habrá oposición, resistencia o dificultad para seguir la verdad. Debemos ser implacables para terminar bien.

HA LLEGADO EL MOMENTO

A la luz de esto, la segunda carta de Pablo a Timoteo merece algo más de nuestra atención. Después de hablar de la dificultad, Pablo da el antídoto: "pero los malos y los impostores serán cada vez más fuertes. Engañarán a otros, y ellos mismos serán engañados. Pero tú debes permanecer fiel a las cosas que se te han enseñado" (2 Timoteo 3:13-14, NTV).

La verdad no sigue tendencias; permanece constante a lo largo del tiempo y no es afectada por la opinión o la cultura. Notemos que Pablo insta y a la vez advierte a su discípulo: "Pero tú debes permanecer fiel a las cosas que se te han enseñado". Mantenerse firme en la verdad es el antídoto.

El seductor atractivo es seguir las tendencias del mundo, pero solamente conducen al engaño. Por esa razón Pablo continúa:

> *Desde la niñez*, se te han enseñado *las sagradas Escrituras*, las cuales te han dado la sabiduría para recibir la salvación que viene por confiar en Cristo Jesús. Toda la Escritura es inspirada por Dios y es útil para enseñarnos lo que es verdad y para hacernos ver lo que está mal en nuestra vida. Nos corrige cuando estamos equivocados y nos enseña a hacer lo correcto. Dios la usa para preparar y capacitar a su pueblo para que haga toda buena obra (2 Timoteo 3:15-17, NTV).

He destacado dos frases clave en este pasaje: *las santas Escrituras* y *desde la niñez*. Dios inspira toda la Escritura. Es su verdad que trasciende al tiempo y a la cultura; es el fundamento sobre el cual edificamos nuestras vidas, y nos equipa con el conocimiento y el poder para agradar a Dios en todos los aspectos.

A medida que 2 Timoteo 3 llega a su fin, la mayoría suponemos que Pablo ha terminado con esta idea en particular; sin embargo, no fue hasta el año 1227 d.C. cuando la Iglesia añadió las divisiones de capítulos y versículos a la Biblia. Cuando Pablo la escribió, 2 Timoteo era una carta; y definitivamente el no ha terminado con su idea. Las siguientes palabras de Pablo continúan con el mismo pensamiento:

> En presencia de Dios y de Cristo Jesús—quien un día juzgará a los vivos y a los muertos cuando venga para establecer su reino—*te pido* encarecidamente: predica la palabra de Dios. Mantente preparado, sea o no el tiempo oportuno. Corrige, reprende y anima a tu gente con paciencia y buena enseñanza.

Llegará el tiempo en que la gente no escuchará más la sólida y sana enseñanza. Seguirán sus propios deseos y buscarán maestros que les digan lo que sus oídos se mueren por oír. Rechazarán la verdad (2 Timoteo 4:1-4).

"En presencia de Dios y de Cristo Jesús... te pido encarecidamente". Pablo no puede darle a su alumno un mandato más fuerte. ¿Cuál es el encargo? Proclamar y enseñar la Palabra de Dios. No es enseñar filosofía, principios de liderazgo seculares, técnicas de coaching para la vida, o ningún otro material relevante para la época. No, el encargo es predicar la intemporal Escritura.

Pablo acaba de establecer que toda la Escritura es inspirada por Dios y útil para dirigir nuestras vidas. Entonces insta a Timoteo a proclamarla y enseñarla. ¿Por qué? Porque llegará el tiempo (y yo creo que ahora ya ha llegado) en que quienes engañan y son engañados no soportarán la sana doctrina. ¿Qué es la doctrina? No es meramente enseñanza, sino más bien enseñanza fundamental o central de la Escritura. Es la enseñanza lo que sostiene todo.

Tristemente, he sido testigo del modo en que nuestros fundamentos espirituales (escriturales) han cambiado para acomodarse a las tendencias y los tiempos. Ha llegado a estar tan fuera de control que un ministro de una iglesia grande puede ponerse delante de su congregación, declarar que es homosexual, y recibir una ovación en pie por parte de la congregación. Otro puede declarar que ya no es la voluntad de Dios sanar, y su congregación le creerá a él en lugar de creer a la Palabra de Dios. Otro puede escribir un libro declarando que toda la humanidad finalmente entrará en el cielo, que ninguna persona se quemará el fuego eterno, y seguir siendo una "estrella del rock" en la cristiandad. Y otro puede desafiar el nacimiento virginal y el regreso de Jesucristo y seguir siendo celebrado como líder de la fe cristiana. Cada vez más, tristes escenarios como esos aparecen entre los "cristianos" cada día.

Algunas encuestas recientes puede que nos ayuden a entender estos absurdos cambios. Según una encuesta nacional, sólo el 46 por ciento de los "cristianos nacidos de nuevo" creen en la verdad moral absoluta. Más del 50 por ciento de los "cristianos evangélicos" creen que las personas pueden llegar al cielo mediante caminos distintos al sacrificio de Jesucristo. Sólo el 40 por ciento de los "cristianos nacidos de nuevo" creen que Satanás es una fuerza real.[1]

¿Cómo puede ser? La respuesta se encuentra en las palabras de Pablo a Timoteo: "la gente no escuchará más la sólida y sana enseñanza"; no estamos permaneciendo implacables en la verdad.

Cada vez más escuchamos y declaramos un evangelio que no transforma. Su mensaje central es infiel a la doctrina central de la Palabra de Dios, como al pensar "Jesús murió por nuestros pecados para llevarnos al cielo, pero somos humanos, y Dios entiende nuestros distintos vicios y preferencias sexuales". Una popular enseñanza últimamente es la eliminación de la necesidad de arrepentirse de los pecados. A multitudes de creyentes se les dice alegremente que no hay necesidad de una tristeza piadosa por la desobediencia o confesarlo a Dios porque el pecado ya ha sido cubierto por la gracia. He escuchado a hombres y mujeres que aceptan esta enseñanza presumir de lo sencillo, fresco y liberador que es ese mensaje. Pero si sencillos, frescos y liberadores fueran los verdaderos indicadores de la verdad, ¡entonces cualquier doctrina que gratifique a la carne sería verdad! Si es una enseñanza precisa el que los cristianos ya no necesitan arrepentirse, entonces Jesucristo estaba muy fuera de órbita cuando les dijo a cinco de las siete iglesias que se arrepintiesen en el libro del Apocalipsis (véase Apocalipsis 2:5, 16, 21, 22; 3:3, 19).

La verdad no cambia para acomodarse a quienes quieren pecar. La verdad no se conforma al deseo humano, la comodidad o la así denominada "corrección política". Por el contrario, el Hijo de Dios declara: "la puerta de acceso a la vida es muy angosta y el camino es difícil" (Mateo 7:14, NTV).

Ahora hemos reunido para nosotros mismos a maestros que se han desviado de la sana doctrina. Esos astutos comunicadores han ideado un evangelio que se acomoda a la desintegración moral de nuestra cultura. La verdad ya no moldea la vida de un creyente, sino en cambio la verdad es moldeada de nuevo e interpretada por medio de las tendencias culturales. ¿Por qué? Porque nuestros oídos desean escuchar palabras que nos permitan saltar a la cama con el mundo en lugar de: "Salid de en medio de ellos, y apartaos" (2 Corintios 6:17).

Muchos creyentes sí sienten el tirón de orejas del Espíritu Santo cuando comienzan por primera vez a flirtear con hacer concesiones; sin embargo, debido a los inmensos números que flotan con la corriente en grandes barcos, la mayoría finalmente apaga la voz del Espíritu, cierra sus oídos y se vuelve embotado para escuchar la verdad.

LA GENERACIÓN DE CAMPEONES

¿Y por qué debería sorprendernos eso? Se nos ha dicho que una gran apostasía se producirá en los últimos tiempos (véase 2 Tesalonicenses 2:3).

Por otro lado, también se nos ha hablado de una generación de campeones que se levantará en el mismo período de tiempo, que incluye hombres y mujeres, jóvenes y viejos (véase Hechos 2:17-18). Los profetas y apóstoles de antaño describieron a estos héroes como implacables en la verdad. La adversidad de las tinieblas y el engaño prepararían la escena para estos guerreros. No se retirarán, sino que mediante sus tenaces creencias y actos harán grandes avances para el Reino de Dios. Se distinguirán verdaderamente como fuertes luces en medio de la oscuridad. Sobresaldrán en todos los aspectos de la vida, no mediante las concesiones sino, al igual que Daniel hizo, mediante la sabiduría de Dios que se encuentra solamente en el temor piadoso y la gracia capacitadora.

Querido lector, espero que usted sea uno de estos campeones. Oro para que usted establezca su grandeza ciñendo sus lomos con la verdad y armándose con la coraza de justicia. Espero que usted sostenga el escudo de la fe y corra implacablemente la carrera que tiene por delante, luchando confiadamente contra cualquier oposición hasta el final. Usted es un vencedor. Posee la semilla de Aquel que soportó la mayor hostilidad jamás afrontada. ¡La fortaleza de Él está en usted! Su naturaleza es de usted. No fue usted hecho para rendirse, retirarse, flaquear o hacer concesiones. Usted ha sido bendecido con la increíble gracia de Dios.

Independientemente de lo grande que sea la adversidad en contra de usted, considérela como un trampolín hacia el siguiente nivel de reinado. Aprenda de la adversidad, como hizo Pablo:

> Hermanos, no queremos que desconozcan las aflicciones que sufrimos en la provincia de Asia. Estábamos tan agobiados bajo tanta presión, que hasta perdimos la esperanza de salir con vida: nos sentíamos como sentenciados a muerte. Pero eso sucedió para que no confiáramos en nosotros mismos sino en Dios, que resucita a los muertos. Él nos libró y nos librará de tal peligro de muerte. En él tenemos puesta nuestra esperanza, y él seguirá librándonos (2 Corintios 1:8-10, NVI).

Las dificultades de Pablo fueron tan severas que parecía que su equipo y él no saldrían con vida; sin embargo, él afirma que "eso sucedió para que no confiáramos en nosotros mismos". Por medio de la oposición, Pablo ascendió a un nivel más alto de autoridad y poder. La gracia de Dios (poder) es siempre suficiente. Dios nos librará una y otra vez.

Lo único que tenemos que hacer es permanecer, no soltar nuestra fe, porque al otro lado hay una gran victoria, satisfacción y realización.

Como escribe Santiago: "Dios bendice a los que soportan *con paciencia* las pruebas y las tentaciones, porque después de superarlas, recibirán la corona de vida que Dios ha prometido a quienes lo aman" (Santiago 1:12, NTV).

Usted tiene la gracia capacitadoras de Dios, su naturaleza, características esenciales y plenitud implantadas en usted. Usted es uno con Él; es usted el Cuerpo de Cristo. La cabeza (Jesús) nunca fracasó, y tampoco debería hacerlo su cuerpo. Pablo escribe: "Por todos lados nos presionan las dificultades, pero no nos aplastan. Estamos perplejos pero *no caemos en la desesperación*" (2 Corintios 4:8, NTV).

Somos el Cuerpo de Cristo; no nos rendimos. ¡No abandonamos! Pablo repite estas palabras una y otra vez: "nunca nos damos por vencidos" (2 Corintios 4:1, NTV), y de nuevo: "Por tanto, no nos desanimamos. Al contrario…" (2 Corintios 4:16, NVI), y la lista continúa. Usted fue creado para tener éxito de manera magnífica.

> Nunca piense que Dios ha tirado la toalla con usted.

Y nunca piense que Dios ha tirado la toalla con usted. Él nunca hará eso. Escuche su acorazada promesa: "Dios lo hará porque él es fiel para hacer lo que dice y los ha invitado a que tengan comunión con su Hijo, Jesucristo nuestro Señor" (1 Corintios 1:9, NTV).

¿No es una promesa notable? Dios nunca le dejará. Él es implacable en eso. Y si Él no le dejará, ¿cómo podría usted alguna vez dejarle a Él o tirar la toalla con usted mismo? Permanezca implacable.

¿Cuál es la recompensa por permanecer? Aquí está, justamente de labios del Señor:

A todos los que salgan vencedores y me obedezcan hasta el final: *Les daré autoridad sobre todas las naciones* (Apocalipsis 2:26, NTV).

¡Qué recompensa! Pablo confirma la promesa de Jesús: "si resistimos, también reinaremos con él" (2 Timoteo 2:12, NVI). Y recuerde: no es sólo en la vida venidera sino también en el aquí y ahora. "mucho más reinarán en vida por uno solo, Jesucristo, los que reciben la abundancia de la gracia y del don de la justicia" (Romanos 5:17).

Por tanto, mi querido hermano o hermana en Cristo, usted posee positivamente el poder para ser implacable. Tiene lo necesario para terminar bien: la gracia de Dios, y no puede fallar. Por tanto, corra con confianza hacia su premio. Ya sea una tarea divina, una posición clave o una relación en el Reino; ya sea para corto plazo, largo plazo o incluso para toda la vida, usted está destinado a conquistar y reinar. Tiene el privilegio de experimentar la abundante satisfacción y la vida abundante que vienen por permanecer. El reinado espera. Usted será distinguido para la gloria de su Rey. Ciertamente, una dulce recompensa. Por tanto, recuerde siempre:

Espera con paciencia al SEÑOR;
sé valiente y esforzado;
sí, espera al SEÑOR con paciencia (Salmos 27:14, NTV).

Apéndice A

ORACIÓN PARA CONVERTIRSE EN HIJO DE DIOS

¿Cómo nos convertimos en hijos de Dios? En primer lugar y sobre todo, no tiene nada que ver con usted, sino con lo que Jesucristo hizo por usted. Él entregó su vida real, en perfecta inocencia, para que usted fuese reconciliado con su Creador, Dios Padre. Su muerte en la cruz es el único precio que puede comprarle la vida eterna.

Independientemente de cuál sea su clase social, raza, trasfondo, religión o cualquier otra cosa favorable o desfavorable ante los ojos de los hombres, usted tiene derecho a convertirse en hijo de Dios. Él desea y anhela que usted entre su familia. Esto ocurre sencillamente al renunciar a su pecado de vivir independientemente de Él y entregar su vida al señorío de Jesucristo; cuando haga eso, usted literalmente será renacido. Ya no es esclavo de la oscuridad; es usted un hijo o hija de Dios nacido de nuevo. La Escritura declara:

> Que si confiesas con tu boca que Jesús es el Señor, y crees en tu corazón que Dios lo levantó de entre los muertos, serás salvo. Porque con el corazón se cree para ser justificado, pero con la boca se confiesa para ser salvo (Romanos 10:9-10, NVI).

Por tanto, si usted cree que Jesucristo murió por usted y está dispuesto a entregarle su vida, a no vivir ya para usted mismo, confiese esta oración con corazón sincero y se convertirá en hijo de Dios:

> *Dios del cielo, reconozco que soy pecador y no he llegado a tu norma de rectitud. Me merezco ser juzgado por la eternidad por mi pecado. Gracias por no dejarme en ese estado, porque*

creo que tú enviaste a Jesucristo, tu Hijo unigénito, que nació de la virgen María, para morir por mí y llevar mi juicio en la cruz. Creo que Él fue resucitado al tercer día y ahora está sentado a tu diestra como mi Señor y Salvador. Por tanto, en este día de _____, 20___, entrego mi vida totalmente al señorío de Jesús.

Jesús, te confieso como mi Señor, Salvador y Rey. Ven a mi vida mediante tu Espíritu y conviérteme en un hijo de Dios. Renuncio a las cosas de las tinieblas que una vez seguí, y desde este día en adelante ya no viviré para mí mismo, sino para ti que te entregaste por mí para que yo pueda vivir para siempre.

Gracias, Señor; mi vida ahora está completamente en tus manos, y según tu Palabra nunca seré avergonzado.

Ahora, es usted salvo; es un hijo de Dios. ¡Todo el cielo se está alegrando con usted en este preciso momento! ¡Bienvenido a la familia! Me gustaría sugerir tres pasos beneficiosos que debe dar inmediatamente:

1. Comparta lo que ha hecho con otra persona que ya sea creyente. La Escritura nos dice que una de las maneras en que derrotamos a las tinieblas es mediante nuestro testimonio (véase Apocalipsis 12:11). Le invito a ponerse en contacto con nuestro ministerio, Messenger International, en www.messengerinternational.org. Nos encantaría saber de usted.

2. Únase a una buena iglesia que enseñe la Palabra de Dios. Hágase miembro y participe. Los padres no dejan a los bebés en la calle el día en que nacen diciendo: "Sobrevive". Usted es ahora un bebé en Cristo; su Padre Dios le ha proporcionado una familia para ayudarle a crecer. Se llama la iglesia local del Nuevo Testamento.

3. Sea bautizado en agua. Aunque usted ya es un hijo de Dios, el bautismo es una profesión pública tanto para el mundo espiritual como también para el mundo natural de que usted ha entregado su vida a Dios mediante Jesucristo. Es también un acto de obediencia, porque Jesús dice que debemos bautizar a los nuevos creyentes "en el nombre del Padre, y del Hijo, y del Espíritu Santo" (Mateo 28:19).

Le deseo lo mejor en su nueva vida en Cristo. Nuestro ministerio orará por usted regularmente. ¡Ahora comience a vivir implacablemente en la verdad!

Apéndice B

POR QUÉ HE UTILIZADO VARIAS TRADUCCIONES DIFERENTES DE LA BIBLIA

A veces surge la pregunta de por qué utilizo diferentes traducciones y, en segundo lugar, por qué utilizo solamente partes de versículos de la Escritura.

1. La Biblia fue escrita originalmente con más de 11 000 palabras hebreas, arameas y griegas; sin embargo, la traducción en español utiliza aproximadamente unas 6000 palabras. Solamente con esta estadística podríamos llegar a la conclusión de modo seguro de que podrían perderse algunos matices de significados en las traducciones. Recurrir a varias fuentes en español ayuda a recuperar las abundantes riquezas de lo que Dios está comunicando.

2. Al utilizar sólo una traducción, si el lector reconoce un versículo, es fácil leerlo de pasada debido a la familiaridad. Utilizar diferentes traducciones disminuye la probabilidad de que eso ocurra y mantiene al lector enfocado en la Escritura.

3. Al escribir, leo con atención la parte seleccionada de la Escritura al menos en cinco a ocho diferentes traducciones y decido cuál de ellas comunica mejor el punto que se está destacando. También me aseguro de que si estoy utilizando una paráfrasis, la parte

que esté utilizando no esté fuera de sincronía con
una traducción muy respetada.

4. La razón de que no siempre utilice versículos com-
    pletos es que los capítulos y versículos fueron aña-
    didos a la Biblia en el año 1227 d. C. la Biblia no fue
    escrita originalmente con esas divisiones. Jesús en los
    Evangelios muchas veces sólo citaba partes de versí-
    culos del Antiguo Testamento.

PARA MAYOR REFLEXIÓN Y DISCUSIÓN

1. ¿Está de acuerdo o en desacuerdo en que el modo en que terminamos en la vida es más importante que cómo comenzamos? Explique su respuesta.
2. ¿Cómo definiría usted un "espíritu implacable"?
3. ¿Cuál diría que es el significado de la gracia de Dios? ¿Cómo ha sido mejorado su entendimiento de la gracia por la lectura de este libro?
4. ¿Cuáles son las implicaciones para usted de la verdad de que los cristianos deben "reinar en vida" (véase Romanos 5:17)? ¿Cómo afecta esta verdad a su familia? ¿Y a su trabajo? ¿Y a su respuesta a cualquier reto en la vida?
5. Muchos cristianos no parecen reinar en vida. ¿A qué cree que se debe eso?
6. ¿Cuáles son algunas de las actitudes y actos básicos que hacen posible que un creyente se convierta en gobernador en cada reto que la vida presenta?
7. ¿Cuál es el plan de juego de oposición de Satanás contra usted (véase Juan 10:10)? En los últimos días o semanas, ¿cómo ha visto usted a Satanás obrar para "robar, matar y destruir" en su vida?
8. Jesús dijo que tendríamos aflicción en este mundo pero que Él había "vencido al mundo" (véase Juan 16:3). ¿Qué es lo que nos ayuda realmente a ser vencedores y conquistadores?
9. ¿Cuáles son las características de alguien que es orgulloso? ¿Cuáles son las características de alguien que es humilde?
10. El apóstol Pedro instó a los seguidores de Jesús: "revestíos de humildad" (1 Pedro 5:5). En términos prácticos en la vida, ¿qué cree usted que quiso decir?

11. ¿Cuáles son algunas de las tácticas que podemos utilizar para resistir al diablo?
12. ¿Por qué es la dificultad una realidad importante en la vida de un cristiano?

¿Cuál es el papel de la oración en la vida de un cristiano implacable?

13. ¿Cómo describiría usted la oración "ferviente"?
14. ¿Por qué habrá diferentes tipos y niveles de recompensas en el cielo?
15. Al reflexionar en los temas principales de este libro, ¿en qué áreas de su caminar con Dios quiere obtener ayuda del Espíritu Santo para aumentar su "espíritu implacable"?

NOTAS

Capítulo 1
Implacable

1. Compartí brevemente esta visión en un libro previo, *Un corazón ardiente* (Nashville: Thomas Nelson, 1999). Ahora siento la urgencia de volver a contar esta historia y desarrollarla con más detalle.

Capítulo 8
Armados

1. 1. David W. Bercot, editor, *A Dictionary of Early Christian Beliefs* (Peabody, MA: Hendrickson, 1998).

Capítulo 16
Correr para ganar el premio

1. Para una discusión más profunda de la casa de Dios, consulte mi libro *Guiados por la eternidad* (Florida: Casa Creación, 2007).

Capítulo 18
¡Nunca se rinda!

1. www.barna.org/transformation-articles/252-barna-survey-examines-changes-in-worldviewamongchristians-over-the-past-13-years.

¡Es hora de ir en búsqueda de su vida *extraordinaria*!

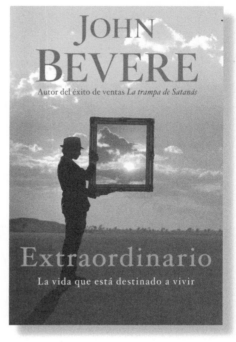

En *Extraordinario*, el autor de éxitos de ventas y orador internacional John Bevere revela cómo cada uno de nosotros hemos sido creados "para más"; hemos sido extraordinariamente creados para una vida que es todo menos ordinaria. En este libro encontrará el mapa para su viaje por la transformación, porque ha sido marcado para una vida que va más allá y excede las usuales definiciones de éxito o realización.

EXPERIMENTE LA GRACIA.

UTILICE EL PODER QUE DIOS LE HA DADO.

CUMPLA SU DESTINO.

VIVA EXTRAORDINARIAMENTE.

CASA
CREACIÓN

www.casacreacion.com